藤原辰史

分解の哲学

腐敗と
発酵をめぐる思考

青土社

分解の哲学　目次

分解の哲学

腐敗と発酵をめぐる思考

掃除のおじさんに

凡例

1 引用中、〔 〕内の補注は翻訳者のものであり、［ ］内の補注は引用者のものである。

2 引用文の旧漢字については新字体に改め、旧仮名遣いはそのまま用いた。

3 引用文のルビについて、著者のルビはそのまま残し、引用者のルビは（ ）で括った。

4 引用文にいまから見て差別用語にあたる言葉がある場合、そのまま残した。その言葉を隠蔽することによって、かえって現在に残る差別の文脈がうやむやにされることを防ぐためであり、差別を助長するためではない。

序章　生じつつ壊れる

1　掃除のおじさん

品川に四年ほど住んでいたことがある。窓を開け、ベランダに出ると重くて低いエンジン音があちこちから響いてくる公共住宅が住まいであった。古くなった自動車をスクラップする工場や主に品川区のゴミを焼却する品川区清掃センターも遠くないところにあった。巨大なフードコートを誇るショッピングセンターも徒歩圏内だ。たまに光化学スモッグ注意報の発令が街頭のスピーカーから流れる。すぐ近くに大型道路も、新幹線も、京浜急行線も、モノレールも走っていて、粉塵と騒音の理由には事欠かない。自宅からバスで一〇分ほど離れた品川駅の高輪口と港南口を結ぶ通路を、平日の朝は、黒い服を着たサラリーマンたちが一〇列縦隊くらいで、黙々と職場に向かう。

けれども、晴れて空気の澄んだ朝は、雪のかぶった富士山を遠くに眺めることができる。最寄り駅の名前でもある青物横丁の北側には下町が広がっていて、祭りの日は、品川生まれのお母さんも法被を着て屋台でお酒を飲む。商店街も元気で、いつも「っすよ」と語尾をつけるサラリーマンたちが昼ごはんをかっ込み、夜は酒で肝臓を痛めにやってきて、賑わいを見せている。目黒川の河口付近にある近くの海上公園は、下水処理施設の隣りに作られた公園である。土日は、ケタケタ笑いながら走り回る子どもたちや、子どもの投げたボールをヨタヨタと追う眠たそうな顔のお父さんを見ることができる。ここは、大都市の真ん中にありながら、少し息をつける穏やかさが残っていた。

同じことは、住環境にも言えた。一一階建てで、一五〇〇戸入居可能な公共住宅は、人の出入りが激しく、自治会もない。当然見知らぬ人が多く、エレベーターで一緒になると挨拶をするくらいだ。だが、それでも不思議な居心地の良さがあった。その最大の理由は「掃除のおじさん」であった。岩手県出身の彼は毎朝八時頃にこの公共住宅に到着後、カラフルなバンダナを頭に巻き、青い作業服を着て、ゴミ捨て場にたまったゴミを整理し、収集車が来るときにはゴミの溜まったコンテナを道路に整然と並べる。ゴミの整理がひととおり終わると、掃除用具と水の入った大きな焼酎ボトルと携帯ラジオを台車に載せて、各階の共用通路を掃除する。私は、毎朝デッキブラシで床をこする音が聞こえると、一日が始まったような清々しい気持ちになったものだ。足が少し悪くて歩行に特徴があるおじさんが通過したあとの廊下のチリひとつない清浄さに、いつも柔らかな表情のおじさんの身体に刻まれた厳格な職人気質のようなものを感じていた。

おじさんが住人たちに慕われていたのは、掃除中に岩手の方言で声をかけてくれるからだけではない。全員の名前と性格を知っていて、彼らや彼女らにあわせて話をしてくれるからだけでもない。実は、手先の器用なおじさんは、ごつごつした指を駆使し、ゴミ置き場でおもちゃを作ってくれたのである。各家からゴミとして出された段ボールや発泡スチロールなどが、ゴミ置き場の机のうえで恐竜になったり、自動車になったりするから、遊びに来た子どもたちの目は爛々としている。子どもたちの誕生日には手作りのケーキを持ってきてくれる。段ボールや色紙でできた紙製のケーキである。そのなかに、おじさんが自腹で買ってくれた食べられるおやつが入っていて、これまた子どもたちの心をわしづかみするばかりでなく、親たちの心を融かすのであった。

また、多摩川でつかまえたというカニやカメを、ゴミとして捨てられた発泡スチロールに入れて、ゴミ捨て場で子どもたちに見せてくれる。近くの虫かごには巨大なバッタが大量に詰められていて、「これはなに、おじさん」と聞いた女の子に、おじさんは「カニのエサ」とさわやかに答えていた。いつもゴミ捨て場は清潔で、塾と宿題に追われる子どもたちが自然に集まってくる場所であった。

ただ、おじさんの子どもたちに対する接し方は、結構クールであった。ダメなときはダメと言うし、無理なことは無理だと言う。よしよしと頭をなでたり、幼児語を使ったりはあまりしない。媚びをいっさい売らない。適度な距離感を保ちながら、子どもたちの要望に結構ドライに対応しているのだが、この距離感がまた子どもたちに心地良いらしかった。

私は、出勤前にゴミを捨てるとき、おじさんと会って話をすることが多かった。おじさんは、よく私に昔話をしてくれた。岩手の貧しい農家に生まれた彼は日本各地で様々な職歴を経て東京にやってきたのだが、詳細について語ることはここでは避けたい。とにかく、掃除のおじさんが歩んできた道のりは日本戦後史そのものであり、その苦心の末に到達した境地が「掃除のおじさん」であったことを知った。震災のときに、非常階段におじさんが掲げた「ケッパレ、東北」という横断幕も、おじさんの人生からにじみ出た表現であった。

ある日、近所のお母さんから、「おじさんがどこかに行っちゃうらしいよ」という話が飛び込んできた。慌ててゴミ捨て場に行って彼に訊いたら、「話したら泣いちゃうから、こっそり出て行こうと思って」とうつむいてしまった。どうやら、斡旋していた仲介業者が変わってしまい、おじさんも自然と契約解除になってしまうらしい。

普段おじさんにお世話になりっぱなしで、きちんとお礼もできていなかった私たちは、作戦を練った。近所のお母さんは、東京に引っ越してきても微動だにしない関西弁で住宅管理会社に執拗に電話をかけ続けた。私たちは署名用紙を作り、それを全戸のポストに入れた。すぐに、たくさんの署名用紙が戻ってきた。そのうちの多くは名前も顔も知らない人たちであった。おじさんの似顔絵を書いた子どもの手紙、子どもはいないけれどおじさんの仕事ぶりには感謝しているという夫婦の言葉が添えられた手紙、知らせを聞いた子どもたちが泣き出したと書いてある手紙もあった。

すぐにそれをまとめて住宅管理公社に届けたところ、とても丁寧な対応で、しかも前向きな返事があった。ただ、おじさんの働きぶりからすればあいかわらず薄給であり、この点についてきちんと訴えられなかったことは大いに反省しなければならなかった。これほどの稀有な仕事をどうして労働市場はもっと的確に評価ができないのだろうか。このおじさんよりも二桁も五桁も違う報酬をもらう人たちが、どうしてこの世に存在するのだろうか。初めて給与額を知ったとき、単純に疑問を抱いたし、自分の不明を恥じた。いずれにしても、こうして、おじさんは作業服を変えてふたたび働くことができるようになり、子どもたちから不安な表情が消えていった。

もちろん、署名運動のあいだ、近いうちに京都に引っ越すことはおじさんに言っていなかった。ある日思い切って打ち明けたら、やはりおじさんは私の前で泣き出してしまった。

おじさんは、毎日たくさんのゴミを捨て続ける私たちに対して、「こんなまだ使えるものを捨てるの、もったいないね」と一度も言わなかった。「むかしだったら、こんなにものは捨てなかった」と愚痴をこぼすこともなかった。私自身はどこかで叱られることを願っていたのかもしれないが、おじさんはただ黙々と、家庭で分別されたはずのゴミをさらに分別し、そのうち再利用できるものをおもちゃや掃除道具に変えていった。だから、おじさんに面倒をみてもらっていたのは、実は大人たちだったのかもしれない。すくなくともおじさんの子どもぐらいの年齢であるはずの私は、おじさんのカッターナイフをもつ指と、岩手の方言で繰り広げられる昔話に、童心に帰っていたことを告白しなければならないだろう。

2　属性を失ったものの必要性

掃除のおじさんのこれらの行為とは、いったい何を意味していたのだろうか。何がそれほどまでに人びとの心を揺さぶったのであろうか。近代社会の視点からすれば、おじさんの行為は、二重の意味で、ものの延命と呼べる行為であった。

第一に、建物のメンテナンスをしたこと。掃除のおじさんがいなければ、建築業者の手を離れたあと、建物はもっと速度を上げて朽ち果てていくはずだ。そのはずのコンクリートの塊を、毎日洗い清めるものだから、傷みや汚れが出にくくなる。日々の手入れによって、無機的な素材の住宅を延命させるのが、掃除のおじさんの仕事であった。そして、それは、住宅に住む人間や人間以外の生命体の身体から地面に落ち、コンクリートの上では分解できないものを集めて、ゴミ袋に入れる、という行為である。掃除とは、基本的に汚れていると「きちんとなされていない」ことが気づかれる一方で、毎日精魂込めてやっていても、特段褒められることも、賞賛されることもない。まさに、料理や洗濯などの家事と同様にシャドー・ワークと呼ぶべき仕事である。掃除のおじさんもおそらく掃除だけでは、雇われているから当たり前と思われ、住民から直接感謝される、ということはなかっただろう。

第二に、ゴミを子どもたちのおもちゃや掃除用具に変えたこと。つまり、掃除のおじさんは、ゴミとなって社会的価値を剥奪されたものをふたたび社会的価値のあるものに組み立て直し、その延命を成し遂げたのである。

第一の意味では、たしかに延命と言える。しかし第二の場合、「延命」とは高度に産業化された社会にしか当てはまらない表現である。ゴミとは、ある製品がもはや使用価値がなくなったと判断され、場合によっては価値があるにもかかわらず所有者の手を離れたあと、別の所有者を見つけられぬまま、最終的には燃焼されるか地中への埋め立てへと向かうものの総称である。ゴミとはつまり、ものの名前ではなく、ある特定の社会経済状況のなかでのものの最終形態をあらわす言葉にすぎない。新品がゴミという名称に変わるにすぎない。プラスチックやコンクリートも存在しなかった時代は、たとえば、木材は何度も再利用されたし、台所で食用に適さなかったものはゴミにならず、ウサギやヤギやブタの餌になったり、肥料になったりして、最終的には土中の昆虫や節足動物や糞虫や微生物の餌となって、食い破られ、刻まれ、粉々になっていた。昆虫や節足動物や微生物が、有機物を、再度別の生物が吸収しやすいように、より小さな有機物や無機物に細かく砕いていった[1]。別の見方をすれば、ものの生産量が自然の分解能力を上回るときに、はじめてゴミは生まれる。だから、掃除のおじさんは、捨てられるべき運命にあるものの死を先に延ばしたのではなく、ものの死などそもそもなかった時と場所ではごくあたりまえだった「はたらき」を、まったく無意識に促進していたにすぎない。

　このように、ものの属性（何かに分かちがたく属していること）や機能（何らかの目的のためにふるまうこと）が最終的にしゃぶりつくされ、動きの方向性が失われ、消え失せるまで、なんども味わわれ、用いられることを、生態学の世界では「分解」と呼んでいるが、この概念は「一つのものを個々の要素に分けること、または分かれること」という「分解」の基本的定義から逸脱するものではない。本書でも生態学的ニュアンスをつねに念頭に置きつつも、より普遍的な意味でこの概念を用いる。「分解」は、掃除のおじさんにみられるように、壊れた自動車をスクラップする工場のように、台所から出た魚の腸を肥料にするように、灰をレンガの素材に用いるように、人間社会でも一般にみられる現象である。

ものに絡みつく属性が剥ぎ取られ、機能を失い、バラバラにされ、「ただそこにある」「何かに作用する状態にある」としか言いようのない状態に達したとき、それは別の同様のものと合成しやすくなる。たとえば、水に溶けやすくなる。水に溶けやすいということは重要である。水溶性の物質は、動きやすくなり、拡散しやすくなるばかりか、水を保有するもののなかにも浸透しやすくなる。そのうえ、プラスの電荷とマイナスの電荷をもった電解質（イオン）に分離し、ほかの素材と結合しやすくなる。結合しやすい素材が浸透しやすくなるということは、別のものの素材になりやすくなり、何らかの一部として復活しやすくなる。そうならなければ、地球という惑星はとっくの昔にゴミ屋敷に変貌し、熱さのあまりほとんどの生命体は死に至っていただろう。

ものに潜む熱を放散し、解体し、静かにさせて、眠らせること。人間と植物と動物と、さらに言えば、生命体と人工物の垣根さえも自由に超えゆく超領域的な現象に、岩手出身の掃除のおじさんは、おのずと参入していたのである。しかも、掃除のおじさんは、あるひとつの系を保つために、不要物を分解し、捨てることを促進するだけでなく、分解プロセスで副産物を生み出し、その系の住人たちに再配分するということまでやってのけたのだった。それはまるで、腐敗していくコメからアルコールを算出する微生物のような、あるいは、腐敗を制御して良質の酒を醸す杜氏のような、発酵の担い手としてのふるまいであった。

少し傷ついただけでものをゴミ箱に放り投げ続ける消費者たちも、掃除のおじさんよりもこの現象を感じ取る知性と感覚を欠いているだけで、ちょうど多摩川から品川に連れてこられた気の毒なザリガニのように、自分の身体を使って、水、植物、動物、空気などを取り込み、身体の隙間や穴や割れ目や継ぎ目から気体やら液体やら固体やらそれらの混合物やらを放出して知らず識らずこの壮大な事業に参加しているのである。

本書の目的は、公共住宅の住人たちを魅了して止まなかった掃除のおじさんと彼のふるまいを、これまで先人たちが紡いできた思考と行動してきた歴史のなかに置き直し、普遍化することにほかならない。

3　人間界と自然界のはざまで

このような分解現象や掃除のおじさんの再利用の技術に私がどうしても目がいってしまうのは、これまで食と農の現代史を研究するなかで無謀にも挑んだ大きな問いの遍歴に依っている。それはだいたい四つに分かれる。

なぜ、国民社会主義ドイツ労働者党（ナチ党）の独裁体制のもとで「土壌－植物－動物－人間の生物学的共生」を唱える農村計画学者が中東欧の人種的・景観的再構築を目標とする東部総合計画を打ちたて、化学肥料よりも土壌内の腐植 humus を重視すると述べたのか。つまり、自然と人間の幸福な関係を目指し、労働を至上の原理とする運動体かつ政治体制が、どうして、別の「人種」に対しては幸福な関係ではなく、抹殺を選んだのか。地球に優しくありたいと願い行動する人間が、ほかの人間に優しいとは必ずしも言えないのか。[2]

なぜ、自然と人間の物質代謝のかなめである台所という空間は、二〇世紀に入り、さまざまな科学者が分析し、改良案を提出して、システム化を遂げたのか。(3)いかにして、大都市の底辺で働く労働者たちは、捨てられたものを集め、ふたたび利用できるものに変えていったのか。(4)

なぜ、糞尿を生産する機能を持つ家畜のかわりに、二〇世紀に入って世界中の圃場でトラクターが犂《すき》を牽引するようになり、圃場はより広く四角になっていったのか。そして、有機質肥料の代わりに化学肥料が世界の農村を席巻し、農薬の散布がなされるようになったのか。(5)

実は、どの問いも、つぎのような大きな問いから派生したものでもある。社会が近代化していくなかで、人間と自然のあいだの物質循環的な関係が、その接点（たとえば、台所や土壌）で、どのように変化したのか。もう少し踏み込んで言えば、その多元的な関係が、どうして世界各地の化学物質や核物質による汚染、さらには森林、海洋、大気の汚染にみられるように、これほど急激に単調化したのか。なぜ、それを人間たちは進め、しかも、人間同士の関係性をも、ナチズムにおいて突出しているように（しかも現代社会でも進行中であるように）単調化してしまったのか。

それぞれの問いに対する私なりの暫定的な答えは、限られた思考能力の範囲内でこれまでの著作のなかで提示してきたのでここではあえて記さない。だが、これらの大きな問いについては、それぞれの派生的な問いに取り組んでいるあいだは言語化を怠ってきたし、自分の問いを完全には対象化できていなかった。また、なぜこれらのような問いが浮上したのかについて、こうした問題に私よりも前から突き当たっていた先行する思考者たちに関連して考えてこなかった。さらには、私や先行者たちを取り囲む出来事や思考の潮流の確認を熱心にはやってこなかった。

もちろん、このような確認をしなくとも、遭遇した問いとのたわむれのなかで、おのずから浮かび上がるものを見守るという態度も潔くて良いと思うのだが、考えてきた諸々のテーマがとっちらかって見えるのも事実である。そこで、自分の食と農をめぐる歴史学の前提的思考を生じさせた読書および耳学問の遍歴をたどることで、分解論の布置を考えてみたい。

一般的に言って、歴史学者は哲学者や思想家の作り出す形而上の概念をどれほど忌避しようと、そこから大きな影響を受けるものであり、一次史料だけから分かるものをどれほどとらえようとしても、形而上の世界から逃れ切ることはできない。近年では歴史学の専門職化が進み、思想書や哲学書をあまり読まない歴史学者も増えているが、たとえその歴史学者自身が読んでいなくても、それらの影響を完全に阻止することは困難である。史料を発掘し、それをまとめた結果、これまでの歴史叙述にはなかったことが言えたとしても、その意味や意義をきちんと読者に伝えることまでは、ある程度の理論と概念を学んでいなければ不可能である。

研究を始めた頃の私は、農薬汚染や土壌の劣化が地球を滅亡に向かわせるのではないかという焦燥感にかられつつ関連書籍を読み漁り、それと並行して、広島や長崎やビキニ環礁での核兵器の爆発や、不知火海の水銀汚染や、チェルノブイリ原発の爆発がもたらした人間と自然の破壊の思想的原因を突きとめるべく、狭い範囲であるが、哲学や思想の本や文学も紐解いた。

哲学者たちの思考経歴をなぞり、自分の研究を点検するなかで感じたのは、しかしながら、これらの事件と対峙する思想形成の困難さであった。やはり、ハンナ・アーレントが警告したように、ドイツのナチズムとソ連のスターリニズムという二つの影が亡霊のようにこの類の思考者の背後を付いて回るのである。私たちは、チェルノブイリや水俣病や原爆という圧倒的な暴力を前に、生命現象の尽きることのない無限の力や肉体労働をする人びとの美しさを対比したくなりがちだが、そうしたくなればなるほど、ナチスの生命至上主義的な思想に接近してしまうというパラドックスに向かう[6]。ナチスが「生命法則 Lebensgesetz」、すなわち、人間は生命の循環に従うべきだという原理を説いたことは、人間と自然の豊かな関係を国家として築いていくことを宣言した一九三五年の帝国自然保護法で花開き、他方で、人間は人種という自然の摂理に従うべきだという原理となんら矛盾なくつながった。労働の神聖さを訴え、経済原理とは相容れない行為であると主張したナチズムやスターリニズムは、労働できない、あるいは労働能力が低いとされた人間の蔑視、そして抹殺へと向かった。しかも、ものを考えたり、議論したり、家具を造ったりすることを、すべて労働に落とし込み、余暇でさえも消費や政治教育などの時間への組織化を目指したナチズムやスターリニズムは、労働と消費の往復運動がますます人間の生を覆い尽くすようになった現代の社会の先駆的なものと言っても良いだろう[7]。

では、ナチズムやスターリニズムを振り切ったうえで、なおも生命と人間社会の多元的で連鎖的なふるまいをとらえるためには、どうすれば良いだろう。「国民」とか「一体性」といった粘着性を取り除きながら、他方で、各所と接続が可能な、いわば身体を飛び出た神経回路的な概念が必要であることも一方で感じた。さもなければ、たちまち労働という荘厳な生命循環過程を重視して、国民の統一をはかったナチスの罠にはまってしまう。

この罠は、ちまたの議論が「生命」や「循環」や「自然」という合言葉に疑いなく寄りかかってしまうことで社会全体の罠に化ける。「環境」や「エコロジー」という言葉はしばしば、そこにはらまれる危険性を解毒されたうえで、お守りのようにさまざまな議論や文書の結論に用いられる。どれもがどこか遠くからシステムが順調に動いていることを確認するような見方で、具体性に乏しく、言葉を尽くして説明していない。神の摂理のように当たり前の現象として循環をとらえるような「高みの見物」ばかりでは、「循環」を「サステイナブル」という国連用語および「企業の社会的責任」的用語と一体化させ、その政治・経済言説空間での王座の地位を強固にさせるだけである。そうではなく、どのような作用が循環の前提となっているのか、そもそも循環やサステイナブルと呼ばれている現象は、そんなツルツルでピカピカの現象ではなく、荒々しく、つぎはぎだらけで、皮がむけ、中身が飛び出し、過酷で、賑やかで、臭気が充満する現象であり、グロテスクの極みのようなものであるとともに、微生物や昆虫などの小さな分解者たちによって、人知れず、頑なに、いそいそと担われる健気さのエッセンスのようなものでもある。

しかも、自然界の物質の循環は、これまで見てきたように人間社会でも機能している。落穂拾い、屑拾い、修理屋、廃品回収、牛馬の死体の処理、ごみ収集にいたるまで、素材を再利用できるまでに加工し尽くす存在、つまり分解者は、社会的にタブーとされてきた歴史的経緯もあってあまりにも軽視されている。

生命の偉大さに身を捧げる、森羅万象の海に身を委ねる、諸行無常の営みとして自分をむなしゅうする、というような超越的なものへの礼賛とは異なる回路で、自然界と人間界を統合的に語ることはできないだろうか。

実のところ、そのような分解現象は、神話や宗教の世界で描かれてきた。愚鈍と周囲に言われていたが、釈迦の言いつけで、掃除を一日も怠ることなくし続けた結果、ついに悟りを開いた周利槃特《しゅりはんどく》は、赤塚不二夫の表現世界では、子育てで用いたホウキを子どもが巣立ち、妻に先立たれたあとも手放せない男、レレレのおじさんとして具現化しているが、来る日も来る日も居場所を掃き清めるという反復行為が実は人間の心も掃き清めることであった、というふうに、自然界と精神界を同じ概念で同時に説明している。掃く行為とは、この世にしばらく必要なものと自然に分解してもらうものとを分別する営みなのだから。

さらに、「ハイヌウェレ型神話」と呼ばれるように、死体から作物が生まれる神話が世界各地でみられるが、あらゆる神話がそうであるように意外と描写があっさりしている。腐敗のなかの生成を描くのは、たとえば、『古事記』のあまりにも有名なつぎの一節にもみられる。

食物《をしもの》を大気津比売神《おおげつひめのかみ》に乞《こ》ひき。ここに大気津比売、鼻口《はなくち》また尻《しり》より、種種《くさぐさ》の味物《ためつもの》を取り出《いだ》して、種種《くさぐさ》作り具《そな》へて進《たてまつ》る時に、速須佐之男《（はやすさのを）の》命、その態《しわざ》を立ち伺《うかが》ひて、穢汚《けが》して奉進《たてまつ》るとおもひて、すなはちその大気津比売《の》神を殺しき。故《かれ》、殺さえし神の身に生《な》れる物は、頭《かしら》に蚕《かいこ》生《な》り、二つ目に稲種《いなだね》生《な》り、二つの耳に粟《あは》生《な》り、鼻に小豆《あずき》生《な》り、陰《ほど》に麦《むぎ》生《な》り、尻《しり》に大豆《まめ》生《な》りき。故ここに神産巣日《かみむすひ》の御祖命《みおやの》、これを取らしめて、種《たね》と成《な》しき。(8)

鼻や尻から様々な食材を取り出して、料理をもてなした大気津比売を、汚らわしいとして須佐之男命が殺すが、その死体の頭から蚕が、二つの目から稲が、二つの耳から粟が、鼻から小豆が、陰部から小麦が、尻から大豆が生じ、そこから種をとった、という五穀の起源を物語る一節である。頭以外は、すべて粘膜が外部に晒されている部位であり、そこには粘液が分泌され湿気があり、微生物が棲み、感染症の発生源にもなり、傷つきやすく、分解の絶好の環境であり、土壌のような場所である、ということをつい私は考えてしまう。危険と豊穣のはざまでこそ、五穀が「生る」のである。『古事記』のような神話でありながら、生物学的で直接的な描写が、かえって生命崇拝的な世界観から逃れるヒントをあたえてくれるようにも思える。

さらに言うまでもなく、須佐之男命の大気津比売に対する向き合い方の粗雑さに如実に現れている、「力礼賛としての父性崇拝」、「自然礼賛としての母性崇拝」という図式は、現在にいたるまで根強く存在し、男性の女性に対する権力行使の無意識的な裏付けであり続けている。それが神話にあることを確認しないことは、あまりにも牧歌的である。この図式を解体していくことは、そもそも図式の固定化と正反対のふるまいであり現象である分解を考える本書では、不可欠の課題である。

以上のような思考の遍歴をたどるなかで、頭から離れなくなったあるイメージが、ダーウィンが晩年に偉大な耕作者として論じたミミズであり、より抽象化して言えば、生態学のなかの分解者と呼ばれる存在であり、その具現化したものとしての「掃除のおじさん」なのであった。

4 壊れたもののなかの理念——ナポリの技術

ただ、捨て去られたもののなかに始まりの萌芽を見出す、という議論は、すでに言い古された議論のようにも聞こえる。昨今のポスト・ヒューマンの議論の隆盛のなかで、あるいは、東日本大震災によるあらゆる構築物の脆さとはかなさを網膜に刻んだあとでは、比較的よく耳にする言い回しかもしれない。「廃物化したものの可能性とか、そういうものに対する美学的感性を大事にしよう」というような議論に「またかよ」と嘆く論者もいる。[9] 人類学者のメアリ・ダグラスが、『汚穢と禁忌』(一九六六年)で「不浄なものが新生の儀式に用いられる」事例について詳細に研究したことも、よく知られているとおりだ。たとえば、ダグラスはこんなことを述べている。ある種の宗教が異例なるものないしは忌むべきものを特別に扱い、それらをして善きものを生むための能力《ちから》たらしめるのは、雑草を鋤き返し芝を刈って堆肥《たいひ》を造るのと同じことなのである」[10](塚本利明訳)。

遺棄されたものに宿る再生の可能性という話は、そもそも神話の時代から人類史の主要なモチーフであり、芸術やサブカルチャーにも深く浸透している。ジャン・ヴァルジャンは革命の喧騒から逃れ、パリの下水道に入り糞尿を全身に浴びることで、愛するコゼットへの独占欲を解体した。ゴーリキーはゴミ捨て場のような「どん底」で社会から捨てられた者たちの調和なき共存を描き切った。ピカソは、ゴミ捨て場から拾った自転車のサドルとハンドルを組み合わせて「雄牛」と題する作品を作った(11)。どこにでもあるプロットである以上、たしかに、新しさはないのかもしれない。安易に廃墟と再生を結びつけるような議論に、私自身も飽き始めていることは否定しがたい。

けれども、本書の議論はここで終わるわけではない。その理由は第一に、すでに述べたように、廃物化したものに可能性をみる議論の多くが、「廃物化」とそれがふたたび何らかのものの一部になっていく医学的、生態的、社会的、つまり物質的な部分と結びついた領域の検討を怠っており、どちらかというと神秘的に、遠まきに眺めているからである。さらに、アーレントのように分解の世界を労働や生命と切り分けないままであれば、分解に内包される非ナチズム的な複数性の政治の可能性を見過ごしてしまう。しかも、それは安易に「美しい」とか「再生」と呼べるようなものではなく、まったく異なった人文学な視角が必要な現象である。

第二に、宇宙物理学が高密度・高エネルギーの特異点からビッグバンが始まったとするように、のちの宇宙を構成するすべての物質とエネルギーが詰まっている一点が弾けて、その破片が四方八方に加速度的に散らばるわけだが、そもそも、何かが「始まる」とはそのまま「分解する」ということなのではないか、という予感があるからである。

作る、生産する、積む、上げる、重ねる、生み出す、というふうに、私たちは、基本的に足し算や掛け算の世界を生きている、と思わされている。キャリアアップすることも、教養を身につけていくことも、自分を「形成」することだと思い込んでいる。子どもを産むことも、作物を育てることも、ほかならぬこの本を書くことも、「生産」と言われ、映像を制作したりゲームをプログラムしたりする人のことをクリエーターと呼ぶこともある。ナチズムもスターリニズムも資本主義は批判したが、生産そのものを批判はしなかった。どの国も生産量を分析し、国内総生産（GDP）の順位に一喜一憂しているうちに、その国の活性度の尺度と思い込まされている。年は重ねるもので、経験は積まれるものだと思われている。

けれども、宇宙がそうであるように、タネの殻が突き破られて芽が出るように、卵が破られて幼虫が顔を出すように、破水してから子宮に格納されていた子どもが外の世界へ向けてじりじりと産道を押し進むように、私たちの暮らす世界は、破裂のプロセス、すなわち分解のプロセスのなかを生きているにすぎず、そのなかにあって何かを作るのは、分解のプロセスの迂回もしくは道草にすぎず、作られたものもその副産物にすぎない。受精卵は、一個の細胞をつぎつぎに分裂させながら成長し、赤子は、垢も体液も糞尿も地に落としながら肉体崩壊へ向かう旅への門出をみなから祝福されている。生まれたときにはすでに分割と崩壊に向かっている、というよりは、分割し崩壊し始めることを生まれるというのではないか。つまり、私たちは足し算や掛け算というよりは、引き算であり割り算の世界を生きているのではないか。

生物学者の福岡伸一も、生命が「合成することよりも、分解することのほうを絶えず優先している」と述べている。つまり、他の生物のタンパク質を食べ、消化し、バラバラにすることで、それを自分を構成する物質と絶えず入れ替えているのだが、合成以上に分解を進めていかないとエントロピーの法則に逆らって生命を維持することができない。福岡はこれを「動的平衡」と呼ぶ。私は、福岡の提唱する「動的平衡」を、人間とそれ以外の生物、さらには人間と人間のかかわり合いを描くにあたっても有効だと考えている。(12) 当然、この生命論はDNAを偏重する現在の生物学への批判であることも申し添えておきたい。

他のいくつかの先行する思考も、このような予感を私に抱かせた。ドイツと日本とイタリアという、偶然にもかつての枢軸国だった国にそれぞれそのような思考が存在するので、本書の前提として以下に紹介したい。

まずはドイツ。この議論は日本でも一部で知られているが、あとに述べる理由からそのイタリア語訳の要約に基づいて部分的に言及されているにすぎず、全貌はあまり知られていないので紹介したい。フランクフルト学派との交流が深い哲学者のアルフレート・ゾーン゠レーテルが一九二六年三月二一日に『フランクフルター・ツァイトゥング』紙に発表した「壊れたものの理念——ナポリの技術について」という小論である。(13)

科学技術立国のドイツからやってきた哲学者ゾーン゠レーテルは、ナポリで用いられている道具や機械がなんだかおかしいことに気づく。

技術に関わる諸装置は、ナポリでは原則として壊れている。つまり、損傷のない新品があるとすれば、それは例外にすぎないし、奇異な偶然のおかげなのだ。ナポリに滞在しているうちに、すべてのものはすでに壊れた状態で作り出されているという印象を持つようになる。[……]

しかしながら、それらが壊れているからといって機能しないというわけではなく、ナポリ人にとっては、何かが壊れていることで初めて機能し始めるのである。

このエッセイが書かれた一九二六年という年は、第一次世界大戦が終わって八年を経たばかりであった。物不足のなかで、ヨーロッパでは、低コストでシンプルな素材から新しい建築や造形芸術表現を模索する動きがみられた。ロシアの構成主義[14]やドイツのバウハウスの建築運動、あるいは、後者の同時代的影響を受けたインドのタゴールの民芸運動にこうした面が色濃く表れていた。ゾーン＝レーテルの壊れたものへのまなざしは、こうした時代背景と無関係ではないだろう。彼は、ナポリ人の技術への対応のユニークさを、とりわけ自動車に対する対応から見い出す。

ナポリ人は、卓越した名人芸で、自分の所有する壊れた自動車を、街頭で見つけたような小さな木の棒という予想外のものを取り付けて、ふたたび走らせることができる。だがもちろん、当然のことながら、まもなくそれはふたたび壊れるだけだ。というのも、完全に修理してしまうことは、ナポリ人に嫌悪感をもたらすから。ナポリ人はむしろ完璧な自動車など最初からあきらめているのである。

完璧な自動車は、それであること以上に何もナポリ人の関心を惹かない。もし、ナポリ人が、それではそもそもモーターや技術的な目的をもった道具を利用しているということにはならない、なんて言われたら、驚いてその人を見るだろう。しかもナポリ人は躍起になって反論するだろう。自分たちにとっては、もはや技術の本質は壊れたものの機能にある、と。そして、壊れた機械を扱うなかで、ナポリ人は、しかしながらすべての技術を克服し、君臨している。〔……〕

これに反して、いわゆる自動的に機能する損傷がない新品は、ナポリ人にとっては根本において不気味である。というのはまさに、それが何もしなくてもきちんとはたらくからであり、最終的には、どのように、そしてどこに向かって動くのかを一度として知ることができないからだ。

ここで重要なのは、ものの傷のなさ、歪みのなさ、欠陥のなさ、完全さに対するにナポリ人の嫌悪感であり、また畏れである。完璧なものは、ナポリ人にとって、このように両極に振れてしまう。どちらにせよ、自分から遠い。壊れたものは自分に近い。壊れているものの修理を通じて、そのメカニズムを体で理解して、ようやくものと深い関係が築ける、というのがナポリ人の哲学である。ゾーン＝レーテルは、ピカピカの新品は基本的に自分が関わっていないので「不可解」であり、そういったものは、むしろ技術の領域の問題ではなく、たとえば、ドイツのオスラム（ジーメンス傘下のランプメーカーの商標）の電球がナポリの教会にある聖母画の後光のかわりに用いられるように、「宗教的な諸力の栄光と合流する」ものだと述べている。

そして、本書の関心からして、ゾーン＝レーテルの議論でもっとも興味深いのは、「始まり」についてである。完璧な機械を扱う場合、人間と機械の関係の「始まり」は生まれない。「技術は、むしろ、人間が、自分に敵対的で閉鎖的な機械のオートマティズムに拒否権を発動するところではじめて始まる」のである。

このエッセイは、こうしてナポリ人の壊れたものへ愛着を説明した末に、最後につぎのような印象的な光景で終えられている。

機能の例外的な力によって、どこか間違った給水管を通って流れてきている水が噴き出し、歓声を上げるストリートチルドレンの口の中へと注がれ、天にも昇る心地にさせている。そして、近所の人びとは総出で、この大いに歓迎すべき泉の出現を喜んでいる。この都市では、こんなふうにして、もっとも複雑な、目的をもったはずの技術の諸道具が、きわめて単純に結合されているが、しかしこれはけっして手に入れたいと夢見た装置ではない。それらの諸道具は、それらの諸利益にとっては不本意な構造に完全に改造され、その本来の目的を首尾一貫して拒んでいる。

水道のインフラが機能していないがために、本来届くべきところに届かず、まったく関係のない場所で泉のように吹き上がっている。それを貧しい子どもたちが享受する。目的は果たされない。計画通りにいかない。イライラの原因であるこれらの現象は、しかし、ナポリ人のものに対する穏やかさ、あるいは、語弊を恐れず言えば「いい加減さ」に由来する。

壊れていることを前提にして、ものとつきあっていくナポリ人の態度には、生産のなかにすでに故障が含まれている、いや、生産からすでに故障が始まっている、という資本主義社会あるいは社会主義社会にはあるまじきことだ。だが、実は、何も壊れていないこと、新品であることがここまで重視される社会こそ、人類史では極めて珍しい時代であることを、逆説的にこのエッセイは読者に伝えているのである。

5　機能から切り離された器官

つぎに、ナポリを抱えるイタリア。イタリアの哲学者ジョルジョ・アガンベンは、『裸性』（二〇〇九年）の「天の栄光に浴した肉体」という章で[15]、これまで論じてきたゾーン＝レーテルのエッセイを紹介している。

この章では、「天の栄光に浴した肉体」、つまり、天国で復活した肉体をめぐる聖職者たち、とくにトマス・アクィナスの議論が取り上げられる。食人種に吸収された人肉は天国ではどちらの肉として蘇るのか、髪の毛、爪、血液、乳、黒胆汁、汗、精液、粘液、尿など天国にはふさわしくないと考えられているものはどう復活するのかなど、きちんと腑分けしつつ、大真面目に議論しているのである。

重要なのは、生殖器官や消化器官など、もはや天国では必要とされない器官である。睾丸、ペニス、ヴァギナ、子宮、胃、腸はどう復活するのか。天国ではもはや神が定めた数しか人はいないので生殖機能は必要なく、復活した肉体は三〇歳くらいの肉体であり最初から完璧なので、これ以上伸びたり縮んだりせず、よって成長のために何かを食べる必要もないからである。どうやら天国にはレストランも台所も存在しないようだ。

だが他方で、天国、すなわち完全なる自然には余計なものは何ひとつない。ここでパラドックスが生じる。このパラドックスを、トマスは、「器官をその特有の生理学的機能から切り離す」ことが肝心な点である、と述べ、解きほぐそうとする。アガンベンはトマスの戦略をこうまとめている。「作業から切り離され、いわば宙吊りにされた器官あるいは道具は、まさしくこのために、明晰な機能を獲得し、宙吊りにされた作業に対応する徳をひけらかす」ためにも有用なのだ、と。[16]

自動車に木片をあてがって走らせ、やがてすぐに故障するが、めげずにまた修理するナポリ人の話が登場するのは、この文脈である。人間の身体の一部が社会的に期待される機能を果たしていない、あるいは果たしきれていないこと。機械が壊れていること。つねに修理や援助が必要な状態であること。アガンベンはこれらを同じ思考平面に並べて論じている。目的からはずれた無為は、かならずしも不活性を意味するのではない、というのである。

肉体を無為の状態へと導く性的な喜悦は、人間を自然に結びつけているしがらみを断ち切る。同様に、身振りのさなかでその潜勢力を凝視しひけらかす肉体は、第二の、そして最後の自然を受け入れるが、それは潜勢力にほかならない。天の栄光に浴した肉体は、より機敏であったり、美しかったり、より輝いていたり霊的であったりする、もうひとつの肉体ではない。そうではなくて、無為が肉体を魔法から解き放ち、新しくてありうべき共通の使用へと肉体を開いていく、そういう肉体なのである（岡田温司＋栗原俊秀訳[17]）。

傷のない完璧なものとしてきちんと機能することは、一見「美しく」見えるが、それは表面上のことにすぎない。完璧であることは、何か別の存在を必要としないため、「共通の使用」がなされないままとなり、また、社会的に期待される機能を脱ぎ捨て、倒錯した使用がなされるような「喜悦」は生じない。つまり、ある志向性を持って構築された構成物からあらゆる機能と付随物を剥ぎ取っていくという分解現象は、アガンベンの語る「喜悦」、そして「裸性」のたわむれとして欠かせないのである。

これは障害者たちが、普段ならまったく気づかない完璧でスマートな社会を、脈絡なく大声をあげたり、渋滞のなか車椅子でゆっくり道の真ん中を進んだりして、その凝りをほぐしていくことを「分解」と呼んだ猪瀬浩平の観察とも無関係ではない。全体をスムーズに動かすために要求される機能から漏れ出る行為は、社会的規制から剥ぎ取られた、いわば「裸」の行為であるが、この裸性が、スマートな社会こそが「共通の使用」の喜悦を奪う存在であることを気づかせる、というわけだ。

そして、最後に日本から。藤田省三の「新品文化――ピカピカの所与」（一九八一年）という文章である[18]。

一九八一年の日本社会の分析から、藤田は筆を進める。

たしかに今日、街の構造は新しい装いを以て一変し、建造物も自動車も、人の着る物も手にする物も尽《ことごと》く新品化した。しかしそれらの新品は既に見たように製品として与えられているものなのである。どんな誂え物も本質的部分において製品である。むしろ高級なるお誂えの特製品の中においてこそ一層多量の理性が包括的な形で物品化されている。(19)

新品にあふれる輝かしくきらびやかな社会。しかし、それはけっして居心地の良いものではない。「複雑な構成を持つ新品は一切の痕跡がないことによって、疵もシミもないことによって、ツルツルの所与に他ならない」とも藤田が述べていることは、ゾーン＝レーテルの観察したナポリ人の感覚とも通底する。藤田は新品文化に「モンタージュ」という言葉を対立させる。

例えば一枚の戸板が修繕された時そこに現われる「更《あらた》められた新しさ」すなわち更新はここ「新品文化」にはない。戸板の一枚だけが周囲の延長的連続から断ち切られ、連続の中断を以て「引用」され、その抽《ひ》き抜かれた部分に新しい挿入が、機械的にではなく周囲との関係の再形成として行なわれる時、並べ直された断片のそれぞれは変身し、そこに現われるモンタージュ効果は関係の更新という点で全的に新しい。そういう新しさは完結した現在形としての新品の世界にはない。新品世界にあるのは丸ごと取り替える廃棄と購入の手続きだけである。(20)

ツルツルでピカピカな「新品世界」には生じないモンタージュ効果という副産物。分解の担い手は、まさにこの変身の担い手である。長方形のコンクリートで作られたゴミ捨て場を子どもたちの居心地の良いアジールに、捨てられたゴミを、ダンボールの恐竜やケーキが生まれる作業場に変えた掃除のおじさんは、藤田の言うモンタージュ効果の担い手にほかならない。

ものが壊れてようやくものとの関係性を深めるナポリ人を観察したアルフレート・ゾーン＝レーテル。天に浴した肉体のなかで行き場を失った生殖器官や消化器官の無為に、エロスの根源を見たジョルジョ・アガンベン。壊れた戸棚の修理がもたらすモンタージュ効果にかえって「新しさ」を見つけた藤田省三。三人の分解の観察者は、本書の出発点である。

しかしながら、三人の議論からは、大きな論点が欠落している。それは、第一に、それにもかかわらず現代世界がなおも、しかもさらに洗練されたかのような新品世界によって覆われている理由である。第二に、これらの人間界の修理・修繕・清掃行為と類似する土壌微生物や腸内細菌などの生態学的な分解現象を同時に論じないために、どの主張もどうしても人間が中心に据えられ、アガンベンでさえも「排泄」や「体液」に注目しつつ生理的な世界との接点に気づきながらも、それを展開し切れていないことである。

この展開、つまり人間界と自然界の横断的探求の手がかりになるものとして、形態学者の構えがある。吉村不二夫は『形態学の復権――分子生物学を超えて』（一九八七年）のなかで、こんなことを述べている。「一般に形態学的な等価値を相同（homology）といい、形態学的に異価値でありながら、機能的に等価値であるものを相似（analogy）という。相同と相似の概念を用いることによって、形態学者は雑多な生物の形態を比較統一し、類同性によってそれを体系化してきたのである」[21]。先述の福岡伸一と同様に、遺伝情報に重きを置きすぎる生物学全体に警鐘を鳴らす吉村の企図は、雑多なものの形態の統一的描写を試みる本書にとっても刺激的である。

それゆえに、次章ではまず新品世界の強靭さとその統治の巧妙さについて形態学的に考えたい。この新品世界は、直接的な暴力を顕在化させるわけではない。現在もなお、兵器から鉛筆にいたるまで、地球上を柔らかな膜のように覆い、地球の住人の感性を刺激し続け、財布の開く場所をコントロールし、利益をどんな階層の人間からも吸い上げ続け、生き延びているように思える。こうした怪物じみた存在を分解と再生を繰り返すものとしてもっとも戯画的に描写したのは、アントニオ・ネグリとマイケル・ハートであった。まずは、ネグリとハートの議論を参照にしつつ、新品文化に潜む脆さのありかを探り（第1章）、分解論の基本モデルとして積み木遊びと幼稚園を論じたあと（第2章）、カレル・チャペックの作品群（第3章）、屑を拾う人びとの社会とその歴史（第4章）、生態学史のなかの「分解者」（第5章）、そして修理と修繕の世界のダイナミズム（第6章）を分解の観点から考えていきたい。

第1章　〈帝国〉の形態——ネグリとハートの「腐敗」概念について

1　隠される腐敗

唐の時代の画家呉青秀が最愛の妻の腐れゆく屍を描く心理を、正木博士は「私」にこう語る。

その死美人の腐敗して行く姿を、次から次へと丹念に写して行くうちに呉青秀は、何とも言えない快感を受け始めたのだ。画像の初めから終りへかけて、次から次へと細かく冴えて行っているその筆致《ふでつき》を見てもわかる。人体という最高の自然美……色と形との、透きとおる程に洗練された純美な調和を表現している美人の剥き身が、少しずつ少しずつ明るみを失って、仄暗く、気味わるく変化して、遂には浅ましく爛れ破れて、見るみる乱脈な凄惨たらしい姿に陥って行く、その間に表現《あらわ》れて来る色と形との無量無辺の変化と推移は、殆ど形容に絶した驚異的な観物《みもの》であったろうと思われる。(1)

夢野久作の長編小説『ドグラ・マグラ』（一九三五年）は読者を攪乱する。呉青秀、彼の末裔だとされる「私」、その「私」を監禁ではなく、病院の敷地内に解放して治療しようとした九州帝国大学精神病科教授の正木敬之博士、呉青秀のような快感の持ち主を「キチガイ」と呼ぶ世間……それらのうちいったい誰が本当に「キチガイ」なのか。最後まで結論がつかない。結論がつかないから、読者は考える。目の前で進んでいく毎日の暮らしの前提を疑いはじめる。自分がオカシイのか、社会がオカシイのか、頭を抱える。「ホルムズ」がロンドンの阿片窟や浮浪者に犯罪を解く鍵を発見したり、「フロイド」が「無意識」のなかに神経症発症の論理を見いだしたりしたように、押しのけられ、隠されることにこそ、何か「驚異的な」事実があるのではないか、という知的な武者震いを、読者にもたらすのである。

腐敗していく剥き身の死体の変化を、私たちは九相図《くそうず》を通じて鑑賞することができる。山本聡美と西山美香が編集した『九相図資料集成――死体の美術と文学』（二〇〇九年）によると、九相図の源流は仏典にあるという。「出家者は、自己の姿を飾って美しく立派に見せたい欲求や他者への性欲など、悟りの妨げとなる自他の肉体への愛染《あいぜん》〔愛に執着すること〕を除かなくてはならない。肉体が執着するに値しない不浄なものであると知るために、死体が腐乱し骨となって朽ち果てていく様相を、九つの段階に分けて観想する」のだが、そのことを九相観と呼ぶ。やがて、このモチーフは絵解きや伝説を通じて大衆化し、漢詩や和歌や説話などの「世俗のテキスト」にも結びつき、広く親しまれることになる[2]。山本聡美によれば、九相図やそれに関する説法はたんに仏教者の「性的煩悩滅却」のために用いられたのではない。貴族女性の信仰を獲得するための教養としても注目された、という。(3) 九つの相は、図や文によって異なるが、たとえば、滋賀県の聖衆来迎寺《しょうじゅうらいこう》蔵の「六道絵人道不浄相図《ろくどうえにんどうふじょうそうず》」では、新死相、肪張《ぼうちょう》相、膿血《のうけつ》相、逢乱相、瞰食《かんじき》相、青瘀《しょうそ》相、白骨連相、骨散相、古墳相と移行していく。白い着物をまとい、桜の散る野原に放置された女性の死体が、黒ずみ、膨れ、皮膚の裂け目から膿が流れ、髪が抜け、虫が湧く。瞰食相では、犬や鳥などが死体の肉を食いちぎっている。その残滓はやがて白骨化する。どの九相図もおおよそこうしたプロセスをたどるが、ここに現れているのは、死の静けさというよりは、花、草、木、犬、鳥、蛆虫など、生物たちの自分勝手で賑やかなふるまいの連鎖である。新品であることを尊び、そのためには、古いものは使えても捨てていく現代社会に対しても、九相図と九相観は強烈なカウンターパンチを食らわせる迫力を備えている。

アントニオ・ネグリとマイケル・ハートの『〈帝国〉』（二〇〇〇年）と『コモンウェルス』（二〇〇九年）は、このような現代社会の秩序を変更するために書かれた思想書であり、闘争のための書でもある。しかも本書の関心からすると興味深いことに、ネグリとハートは夢野久作や九相図とはまったく別の角度でありながらも腐敗現象に注目している。貧しい者をより貧しく、富める者をより富ませつつ、富を一定方向に吸い上げ続ける世界秩序には、実は中心がなく、領土さえもなく、ただ、ネットワークのように世界を覆っていると彼らが論じたことは、あまりにも有名である。この見方は、藤田省三の「新品世界」を考える本書にとっても有効である。というのも、モデルチェンジを繰り返す新品はもはや店舗がなくても人びとの生活世界の末端にまでやってきて、たえず更新され続けているからである。ネット通販の画面は選りすぐりのデザイナーたちを動員して飾り立てられ、使用料まで吸い上げている末端デバイスを通じて、各家庭の消費欲をかきたて続けている。

ただ、ネグリとハートの診断では、現在の世界秩序（彼らはそれを装置と呼ぶ）は、腐敗 corruption 現象さえも自分の体内に取り込んでおり、藤田の新品世界批判だけでは通用しないくらい巧妙な秩序になっている、ということになる。新品世界自体が、使い古した風情とか、モンタージュとか、ブリコラージュとかの効果を飲み込み、商品化し、壊しては作るという循環作業を繰り返している、とネグリとハートの論に従えば、考えざるをえない。たしかに、ディズニーランドやユニバーサルスタジオなどの新品世界の聖地に作られた城や町並みには、古びた感じやすすけた感じの演出が施されている。

ただ、これまで食物や農業に関わる史料を漁っていた私には、ネグリとハートの考える「腐敗」があまりにも都市的で人工的なものに映り、その延長線上で、私の脳裏に『ドグラ・マグラ』の死体腐敗描写、そして九相図の生々しい描写が突然蘇生したわけである。腐敗とは、実は、もっと美的で、もっとダイナミックなはたらきかもしれない。呉青秀は私を揺さぶった。

もちろん、ネグリとハートが用いる「腐敗」の原語は、アリストテレスの『生成と消滅』からとられた corruption であり、「消滅」と日本語でも訳される。putrefaction や decomposition、すなわち、化学的な現象としての分解過程とは異なり、道徳的な意味合いが強く、腐敗の意味を強調しすぎると誤読になる恐れがある。それでも、「腐敗」という訳語での統一が日本語読者に corruption と putrefaction の両方の意味を意識させ、ネグリとハートの議論の射程を伸ばしているように私は考えている。

ここでは、腐敗に生化学的な意味も込めることで、ネグリとハートの自然科学的な、あるいは生態学的な、もっといえば美学的な潜勢について考えてみたい。

2 土壌から考える

この腐敗という化学変化がとりわけダイナミックに展開される舞台は、海洋世界と、足の下に広がる土壌世界である。土壌は、地球の球面に貼り付く薄皮である。だが、この薄皮こそが全地上生物の生命を支えているのである。まず、土壌学者の話に耳を傾けてみよう。

［養分の供給や保持、水分の保持や通気性など植物の生産に関わる「生産者」としての機能とは別の］土壌のもつもう一つの重要な機能は、［……］「分解者」としての機能である。森林の落葉・落枝はいつか分解されて、その中に含まれていた植物栄養は再循環される。動物や人間の作り出す排泄物も土壌に還すことによって「こやし」としての価値を得る。これらはいずれも土壌のもつ分解者としての機能に負っており、環境の保全と浄化に果たす土壌の役割はきわめて大きい。

従来は、土壌の働きを、もっぱらその生産者としての機能によって評価し、物質のリサイクルに果たしてきた土壌の分解者としての機能はほとんど評価されてこなかったきらいがある。[4]

土壌の腐敗機能が従来評価されてこなかったことを告発するこの一文は、それだけでも一読に値する。腐敗という現象は、機能論的に言えば分解であることも確認しておきたい。

「腐」が付く言葉は農業に欠かせない。たとえば、腐植、腐熟、腐葉土は、科学者の言葉であるとともに、普段農民が使用する日常語でもある。どれもが、人間がヒトとして生命を維持するのみならず、生態系が定常的な循環を続けるために必要だ。「腐植 humus」は土壌中の動植物残渣や微生物を除くすべての有機物であり、しばしば無機物と結合し、植物に無機イオンを提供する。「腐熟」は堆肥の製造過程に必要な化学反応であり、落ち葉が堆積し腐った土である「腐葉土」は、地温を保ち、排水が良く、菜園では重宝される土の一種である。

さて、重要なことに、ネグリとハートもまた、『〈帝国〉』で、生成 generation と腐敗 corruption という言葉に生物学的なイメージを重ね合わせている。けれども、問題なのは、その重ね合わせ方が中途半端なことである。

生物の死骸や排泄物などは、節足動物や菌類や細菌類によって分解され腐植となる。腐植は、基本的には、そのまま根に吸収されることはない。腐食等土壌有機物は有機栄養細菌によってアンモニア態窒素へと無機化され（そのまま脱窒されると、窒素に還元され大気中に放出される）、あるいは、別の微生物のはたらきで腐植の一部が無機体のリン酸のような無機物になることで、植物は必須元素である窒素やリン酸を吸収できるようになる。それ以外では、一部の小さな分子の有機物を吸収する経路か、窒素固定菌が空気中の窒素をアンモニア態窒素に変え、それをそのまま吸収する経路しか残されていない。

このような分解者がいなければ、この地球の支配者は、国王でも、国民でも、アメリカ合州国でも、ましてや、ネグリたちの言う〈帝国〉でもなく、ただのゴミとなり、地球の表皮はたちまちゴミで溢れる。地球上では、一個一個の物質を秩序だて、生命を維持する営みは時限付きの例外にすぎず、腐敗・分解・崩壊していくことこそが実は本来的な現象である。これは、「平家物語」や「方丈記」や「熱力学の第二法則」にご登場願う必要さえない、ごくありふれた暮らしの知識だろう。納豆、堆肥づくり、土葬……いたるところにその知識は根づいている。ただ、それが見えにくい場所で起こる現象であるから意識しづらい。

「生成」に対して「腐敗」はいつも日陰者だ。九相図などできれば見ないで暮らしたい。にもかかわらず、腐敗は、現存する時空間を裏から支える平常的な現象であり、生成とはむしろ例外現象なのである。ネグリとハートがここに目をつけないのはあまりにも惜しい、と私は思ったのだった。

もちろん、彼らは、「腐敗」を、議論の中核を占める概念に仕立て、現状分析に有効な政治哲学的概念に鋳直している。では、どのような意味で使用されているのか。二点、確認しておきたい。

第一に、〈帝国〉とそれを支える諸制度は、そういった腐敗を前提に、むしろそれを養分としながら、分解と生成を繰り返し、命脈を保っている、と述べられている。たとえば、こんな例を出す。合州国では父・母・子で構成される核家族の占める割合が減少の一途をたどり、他方で、刑務所の囚人の数が増加して刑務所の運営を圧迫している。これは、家族と刑務所という二つの制度が危機に瀕している証拠だが、だからといって、家父長制の力が低下しているわけではない。刑務所制度もまた同様である。むしろ、監禁の論理と技術が社会の諸制度に拡がる。

諸制度は故障すればするほど、より一層うまく稼働するのだ。主体性が生産される場所の無規定性は、生産された主体性の形態の不確定性に対応している。それゆえ〈帝国〉の社会的諸制度は、主体性の生成と腐敗〔分解〕の流動的なプロセスのなかに見出されることになるだろう（水嶋一憲他訳）[5]。

〈帝国〉と呼ばれる世界秩序は、まるで巨大なナポリ人だ。そして、現在の地球上を覆う目に見えない主権者であり、私たちの生を管理する網目状の力である。見えないけれど生きているような不思議な存在が、私たちの労働を規律化し、搾取する、という。この存在は、金融恐慌や制度疲労などの新しい危機によって腐敗しているように見えるが、それは〈帝国〉の病や死の兆しではなく、その再生を促す契機であり、むしろその生の本質である、と言う。「〈帝国〉の経済＝組成はまさに腐敗を通して機能する」[6]。

第二に、家族、企業、国家によって〈共〉が腐敗すると指摘する。〈共〉とは、the commonの訳語、つまり、共有すること（もの）、みんなで力を合わせること、という意味だ。共有するものとは、川・空気・土・植物・動物などの「自然的なもの」、情動・協力・知などの「社会的なもの」に分けられる。それらを家族・企業・国家が独占し、〈共〉の潜在力・連結力を弱めている、つまり、腐らせていると指摘する。これとの関連で、家族や国家など同一性を軸に築かれる愛のかたちを腐敗した愛と呼んでいる。[7] ネグリとハートの描く、見知らぬ人にも届くような「愛」と比べれば、このような閉鎖的な愛はむしろ有害であるわけだ。

しかも、腐敗という語を用いるとき、ネグリとハートは、道徳的な意味で用いることを拒否する。腐敗選挙区の腐敗という意味ではほとんどない。モンテスキューやギボンが古代ローマ帝国の衰亡過程を分析するさいに用いた常套句として考えるのでもない。つまり、形態学的に腐敗をとらえ、それを生成とセットで考えよ、と言うのである。

たとえばアリストテレスは、発生にとって相補的なプロセスである物体の生成変化として、腐敗〔消滅〕を理解している。これを踏まえつつ、私たちは腐敗のことを、脱－生成として――換言すれば、生成および合成とは反対のプロセス、変化のために空間を潜在的に解放するような変性の契機として――考えることができるだろう。〈帝国〉の退廃や腐敗や脱生成《ディジェネレーション》＝退化に言及するさい、心に浮かんでくるありふれたイメージを、すべて忘れ去らなければならないのだ。そうした道徳主義はここでは完全に場違いなのである。それよりも、形態に関して厳密に論じることのほうがはるかに重要なのだ。言いかえるなら、〈帝国〉は形態の流動性によって――いわば、形成と変形、生成と変質の満ち干によって――特徴づけられるものなのである（水嶋一憲他訳[8]）。

この一節で、「生成および合成とは反対のプロセス」の「合成」は composition の訳語。その反対語は decomposition で分解（腐敗）の意味になるが、ここでは、退化 degeneration という語しか使用されていない。ネグリとハートの議論を突き詰めれば、本来 decomposition も議論されてしかるべきだろう。

いずれにしても、ここに、生きものが発する臭気を嗅ぐことができるだろう。この化け物じみた存在は、自分の身体の一部を腐敗させて、形態を変え、新たなエネルギーを吸収しながら生きながらえる。しかも、それは、筋繊維が負荷によってちぎれたあと、それが修復する過程で以前よりも太く再生されるように、膨張を続ける。恐慌が資本主義を終わらせるのではなく、資本主義を再生し強化する、というこれまでの歴史を念頭に置きながら、ネグリとハートは地球を覆う世界秩序を描く。つまり、この世界秩序は、腐敗をあらかじめ予想していて、腐敗した箇所をきちんと利用するシステムなのである。彼らは、冷徹な観察者として、得体の知れない生きものを見つめ、その姿を描くことにある程度まで成功している。

3 〈帝国〉を描く

腐敗という概念を用いるのは戦略的に言っても効果的である。まず、腐敗 corruption という語の接頭辞は、「共」cor であり、ruption は、ネグリとハートも触れているように、ラテン語の ruptura、つまり「破砕」という意味につながるからである。「共倒れ」とも言うべき、自然発生的かつ共時的な現象である腐敗。この言葉に含まれているさまざまなイメージがここで解き放たれている。

さらには、〈帝国〉を形態学的に描くことで、それに対抗する難しさを知ることができるからである。だからこそ、対抗する主体だとされるマルチチュードもまた形態学的に分析せねばならない。統治者が予測しづらく、わらわらと湧き群がるマルチチュード。この不気味さを、ネグリとハートはドストエフスキーの長編小説から拝借して「悪霊的 demonic」と表現した。(9)

このような形態学的描写方法をもっとも効果的に使用した書物のひとつが、『資本論』(一八六七年)である。マルクスは、『資本論』で、商品や資本の世界を描くために生物学的な言葉を慎重に使った。羽化、変身、形態……。貨幣や資本が昆虫であるかのように、彼は商品の世界の形態変化を観察し、記録する。卵、孵化、幼虫、蛹、羽化、成虫。さらに循環や交換といった機能も同時に描くことで、商品や貨幣の世界を生きいきと描いている。

たとえば、『資本論』第四章第二節、つまり、商品が、剰余価値を生む資本に転化する条件を探りつつ、流通のなかにそのトリックが存在しないことを説明し、のちに労働力の商品化にその容疑者を絞っていく前段階の箇所で、マルクスはつぎのように述べている。

　貨幣の資本への変態は商品交換に内在する法則を基盤にしてはじめて展開しうるのであり、それゆえ等価物の交換がその出発点となる。まだ資本家の幼虫として存在しているにすぎないわれわれの貨幣所有者は商品をそのとおりの価値で買い、そのとおりの価値で売らねばならない。しかもその過程の最後では最初に投じたよりも多くの価値を引き出さねばならない。その幼虫がチョウになって羽根を広げることは、流通圏のなかで生ずべきものともいえない。

従来、転化（たとえば岩波文庫版）や変容（たとえば筑摩書房版）と訳されてきたVerwandlungは、生物学用語で言うと「変態」、カフカの小説で言えば「変身」であり、Kapitalistenraupeは、「資本家のさなぎ」（岩波文庫および筑摩書房版）ではなく、「資本家の幼虫」である。また、筑摩書房版で「脱皮」と訳された原語はEntfaltungであるが、これはむしろ、幼虫から蛹を経て成虫になる過程で、最後に蝶が畳んでいた羽根を広げる「羽化」の様子を描いている。さらに言えば、「流通」Zirkulationも、生活環や物質循環といった生物学用語を想起させる概念であることは強調しておいて良い。

この背景にはもちろん、「経済的社会構成の発展を自然史的過程としてals einen naturgeschichtlichen Prozeß」（『資本論』第一版序章）分析しようとするマルクスの意図がある。彼は「人間が主体であるとも、自然が主体であるともいっていない。「偏差」としてのたわむれを根底にみいだす。というよりも、根底の不在をみいだすのである」（柄谷行人[10]）。労働を自然と人間の物質代謝としてとらえたマルクスが、『資本論』を「自然史」として描く必然性は容易に理解できよう。

それは、一八〇九年に生まれ、一八八二年に死んだチャールズ・ダーウィンの進化論に、一八一八年に生まれ、一八八三年に死んだマルクスが同時代的な影響を受けたからだけではない。むしろ、物質循環を化学者の立場から解明したユストゥス・フォン・リービッヒの影響も、いまからみれば不十分であるとはいえ受けているからである。一八〇三年に生まれ、一八七三年に死んだリービッヒは、植物を育成させる栄養素を特定したり（これが化学肥料生産の産業化を促すことになる）、肉のうまみ成分を特定の元素に還元したり（これはブイヨンの産業化を促すことになる）、弟子のアンリ・ヴィクトル・ルニョーとともに塩化ビニルを発見したりしている（これはのちに開発されるポリ塩化ビニル、いわゆるビニールの元になっている）。こうした物質の視点に立ち、さらには物質の循環を化学的に説明し、土地とその自然力は人類全体の財産である、と述べた化学者である。〈帝国〉の主要なエンジンである化学産業の科学的な祖と言っても良いだろう。椎名重明も、『農学の思想――マルクスとリービヒ』（一九七六年）のなかでこう述べていた。資本制生産を、人間と土地とのあいだの物質代謝、つまり、土地の肥沃土の持続の永遠的な自然条件を攪乱する生産様式だとし、土地も労働者も破壊することによってのみ、社会的生産過程の技術と結合を発展させるというマルクスの考え方にはリービッヒの無機質論がある、と。(11)

そして、見逃してはならないのは、『資本論』の内実とそれを伝える形式が連動していることだ。経済発展を自然史として描くことそれ自体も、自然史的な行為である。別の言い方をすれば、自然をたんなる機械のようにとらえないことである。機械には、ほかの生物に頼って死後の自分を腐らせて次世代の生態系の養分になる、という高度な機能が原則として存在しないからである。

この点で、ネグリとハートはマルクスの継承者である。彼らは腐敗もしくは分解という概念を導入することでマルクスの叙述形式を発展させているからだ。だが、自然と人間の物質循環、つまり、物質循環の原理に貫かれた空間にかんしてはマルクスよりも描写力が弱い。それはなぜだろう。彼らはこう述べている。

なるほどたしかに私たちの世界のなかには相変わらず森やコオロギや雷雨が存在しているし、また私たちはいまなお自分たちの精神構造が自然的な本能と情念によって突き動かされていると理解しつづけてはいる。だが、自然の諸々の力と現象がもはや外部としては受けとめられなくなっているという意味で、言いかえれば、もはやそれらが市民的秩序の人為的工夫から独立した原初的な姿のまま存在するものとは知覚されなくなっているという意味で、私たちはすでに自然をもってはいないのである（水嶋一憲他訳[12]）。

ネグリとハートは、グローバル化が日々の暮らしにまで貫徹しつつある時代、もはや外部はない、と言う。外部の典型である自然ももはや内部でしかない。たしかに、科学者たちは、生命の秘密を遺伝子コードの解読によって明かそうと躍起になっている。あらゆる崇高な自然はエコツーリズムの対象となってしまい、「天然水」は石油よりも高く売られ、土はビニール袋に詰め込まれて売られている。

けれども、だとしたら、ネグリとハートはどこにいるのか。彼らが〈帝国〉をあえて形態学的・自然史的に描いたのはなぜか。疑問が残る。鏡なしに自分の形態を描けないように、描くとは、基本的には外部からの行為だ。まだ外部に自分の生存の根が残存しているからこそ、あるものを観察し、分析して、スケッチできる。対象化しなければ描けない。自然は、そのほとんどが〈帝国〉の力によって管理されているとはいえ、まだ把握しきれていない外部性が残っているからこそ、ネグリとハートは〈帝国〉を、たんなる比喩としてではなく、腐敗と生成のドラマチックな過程を内包する化け物じみた存在として描くことができたのではないだろうか。いや、仮に内部から〈帝国〉を描けるとしても、腐敗という現象そのものにもっと寄り添わなくては、〈帝国〉を、せっかく腐敗と生成のダイナミズムのなかで描いた利点が十分に生かされなくなる。

そして、ネグリとハートの議論のもう一つの弱みは、その強みと背中合わせであるが、アリストテレスの生成消滅論をモデルにしていることである。アリストテレスはこう述べている。太陽が「接近し、近くにあることによって生成せしめるのであれば、その同じものは遠のき、離れることによって滅ぼすのである。また、繰り返し接近することで生成せしめるのであれば、繰り返し遠のくことで消滅せしめる。なぜなら、相反するものの場合、それらの原因も反対のものだからであり、自然的な消滅と生成とは等しい時間でおこなわれるからである」[13]（池田康男訳）。アリストテレスはたしかに、生成と消滅（分解）の分かち難い連続性を見抜いていた。だからこそ、ネグリとハートはアリストテレスを援用できた。だが、すでにみたような土壌の分解世界の複雑さや、九相図の気味悪さを捉えるためには、アリストテレスからどうしても拭い去りがたいこの天文学的な規則性と調和をもっとかき回さなくてはならない。土や水や微生物のはたらきはもっとアナーキーである。

つまり、「描く対象」と「描き方」を連動させること、これが私たちの課題である。

4　腐敗を考える

それゆえ、ここでふたたび「腐敗」に戻る。

ネグリとハートは、すでに述べたように、〈共〉の腐敗をもたらすものとして家族制度やナショナリズムをあげていた。他方でその腐敗が、家族以外に家父長的な文化を広めたり、ナショナルな管理が家族に根を張ったりしながら、支配を強化する〈帝国〉の様態についても、すでに言及した。しかし、〈共〉には、水、土、植物、動物といった自然もある。これはどう説明すべきか[14]。

たとえばこうなるだろう。〈帝国〉は、水、土、植物、動物を大地から切り離し、私有化・商品化することで「腐敗」させる。そのせいで周囲の自然環境から切り離された〈共〉は、その力を減少させ、〈帝国〉の富もまた縮減させる。だが、これは〈帝国〉の危機ではない。〈帝国〉は、感心なことに「環境保護活動」に取り組みはじめる。荒れた土地に木を植えたり、野生動物を保護したりする。だが、「環境保護」は、環境が保護された地域の販売市場化を促進する。その地域に住む人びとが買い手になるよう、そして、株価が下がらないために企図されたイメージアップのためにこれらの行動が広告に用いられる。「持続的な社会」という掛け声も、自然の私有が前提であると、私有および搾取の持続性の隠れ蓑となる。これが腐敗だ、と説明できるだろう。

ここで、ネグリとハートの議論の輪は閉じられる。これ以上議論をかき回すことは、その鋭さを鈍らせるかもしれない。しかし、ネグリとハートの理論を、土、空気、海へと解き放つためには、やはりどうしても抜本的な補修が必要である。自然という〈共〉は一筋縄ではいかないからである。とくに土壌や海洋やそこから生じる食をとらえるには、何筋もの縄を必要とする。たとえば、土は、あらゆる陸上生物の墓場である。そこに崩れ落ち生命過程に終止符を打った死骸や剥がれ落ちた肉体の一部は、無数の微生物や昆虫や節足動物たちによって貪り食われ、消化され、排出され、分解され、別の生物の養分になる。海もまた、あらゆる海中生物の墓場である。そこで崩れ落ち生命過程に終止符を打った死骸や剥げ落ちた肉体の一部は、無数の海洋生物の餌になる。そこに道徳や感傷の入る隙は一寸もない。この腐敗力こそが、〈帝国〉に抗する〈共〉の潜在能力である。人間の作り上げたもの、たとえば、テレビや自動車や原子力発電所は、解体されてもほとんど腐敗しない。錆びても黴びはしない。腐敗しないということは、自然に還らず、ゴミとして地上にうず高く積まれるということである。土に還るコーヒーフィルターや生分解性プラスチックは商品世界のなかでまだごく一部にすぎない。そのゴミのなかでももっとも厄介で、たらい回しにされているのが人体に有害な放射線を放つ核のゴミであることは、もはや説明を要しないだろう。

そのうえで、土地の私有が何をもたらしたのか考えてみよう。土地が農地であったり林地であったりして、それを所有した農民が、同じ地域に住む人びとと地域の資源を管理しながら、その腐敗過程に寄り添い、それを補助できるかぎりにおいては、その〈共〉はみずからの機能を保てた。けれども、その私有化は、規制をかいくぐって、農地の宅地・工場・発電所へと転用をもたらす。砂利やアスファルトを敷き詰められた土壌から、腐敗の機能がほとんど消える。ようするに、〈帝国〉による〈共〉の腐敗が、同時に自然の腐敗能力を縮減させたのである。このような言葉の用法の混乱は、ネグリとハートの議論を表面的に概念操作することで回避できるわけではない。すでに、彼らは、〈帝国〉の根強さを、自然の腐敗現象を意識しながら描いてしまったからである。

腐敗でもって腐敗に抗する。この矛盾をどう説明するか。つぎなる問題はこれである。

5　分解者としてのマルチチュード

「マルチチュード」は、〈帝国〉の体内で相利共生しつつ、最終的には廃棄される「獅子身中の蟲」である。どこにも根づかず、あらゆるところに出現してはすぐに移動し、また別のところで管理されては脱出を繰り返すマルチチュードは、それだからこそ、〈帝国〉への対抗軸になる、とネグリとハートは述べる。マルチチュードは、〈帝国〉の外部にはいない。〈帝国〉を内部から死滅させること以外に、彼らの勝利の道はないのである。

ネグリとハートが、マルチチュードを連結させるものとして期待しているのが情報経済の発達である。資本が、マルチチュードの共同作業、つまり〈共〉に依存して生み出したインターネット諸技術を、あるいは情報関連企業の私有物となってしまった情報網を、マルチチュードが奪還する。この展望は、現在の抵抗運動がインターネットを通じて普及していった諸事例をみれば、それほど現実離れしたものではないだろう。しかもネグリとハートは、農業でさえも、日々の市場や天候の動きの情報を得ながら、生命を管理操作するという非物質的労働になりつつある、と指摘する[15]。大型トラクターや農薬散布用のドローン、最先端の遺伝子操作技術によって開発された種子、さらには膨大な化石燃料を使用して作られた化学肥料や農薬など、現在の先駆的な農業がハイテク産業であることは、やはり否定できない。

けれども、インターネット・テクノロジーを支えるインフラに必要な鉱物やプラスチック、エネルギー源である電気を生み出す発電所は腐敗しない。腐敗しないものに支えられているかぎり、そのものに支えられた社会は恒常的ではない。ネグリとハートは農業の観察を先走りすぎて、一面的にとらえてしまっている。

〈帝国〉が、それを支える諸制度の腐敗の機能をうまく使いながら再生していることはすでに述べた。ところが同時に〈帝国〉は、自然を私有化・商品化することで、自然に棲むさまざまな生きものと水や土や空気とのつながりを切断し、この成員を孤立させ、腐敗機能を弱体化させてきた。そして、世間は、この現象を「環境問題」と呼んできた。腐敗機能が弱体化すると食物連鎖の基盤が弱くなり、基盤が弱くなることで鎖の連結が弛緩し、土や海から台所を経由して人間の口に届く食料が劣化あるいは減少して、飢餓を生み出す。自然は内部化されているとネグリとハートがいくら宣言しても、〈帝国〉がゴミで覆われたり、食べものが入ってこなかったりすれば、〈帝国〉は人類とともに死を迎える。ここが〈帝国〉のアキレス腱である。しかし、これではまだ相討ちにすぎない。

生命を生存させたままで〈帝国〉を死滅させるにはどうすればいいのか。そのヒントもやはり腐敗、つまり分解にある。というのはつまり、マルチチュードが自然の腐敗の手助けをして、地球全体の腐敗能力を徐々に高めることで、〈帝国〉をも分解し土に還す、という構図である。

では、腐敗の手助けとはどのような作業か。ここでもう一度だけ土壌学者の言葉に耳を傾けたい。その食性から「根食者、枯食者、屍食者、糞食者、菌食者、捕食者、雑食者」に類別されるという土壌生物のはたらきを、こう描いてみせる。

落葉の一連の分解過程に複数の土壌動物が関与している。落ちて間もない落葉は硬くて乾燥しており、ワラジムシ、オカダンゴムシ、ササラダニ、ミミズなどの一次分解動物によって摂食・粉砕される。通常一次分解動物では、炭水化物、脂肪、タンパク質は消化・吸収されるが、ヘミセルロース［細胞壁の主要な構成成分である多糖類のこと］、セルロース、リグニンはほとんど消化されずに排泄される。落葉は粉砕されるとともに、その含水量を増す。一次分解動物のフンと粉砕された落葉はトビムシ、ヤスデ、ミミズ、センチュウなどの二次分解動物によりさらに分解され、土壌の団粒化、腐植粘土複合体の形成に寄与する。[16]

かくも慎み深い作用、かくも秩序だった連携。ちょうど死んだ女性の死体の変化を美に昇華した九相図のように吟味できる文章である。このダイナミックで、余分な道徳を排し、しかも、絶対的権力者も存在しない、みずからの食欲と排泄欲に忠実な世界に、人間たちも最大限の敬意を払って加わる。ここに新品をつぎつぎに作り出し、捨て続ける〈帝国〉の自壊の鍵が隠されている、という予想のもとで本書は書かれている。

これまで多くの哲学者や経済学者が抱いてきた資本主義の未来像は、資本主義がいずれ瓦解することを前提として考えていたため、いま資本主義を撃つのではなく、それを高速で回転させて、加速させ、オーバーヒートさせ、故障させ、自壊させるというものになりがちであった。この自壊を待つという一種のメシアニズムは、つまり、生産力を基盤にした発展史観に基づいているのである。ネグリとハートは資本主義の新しい形態である〈帝国〉を描くには生産力だけでは不十分だと考え、腐敗という概念を組み入れた。〈帝国〉はただ腹を膨らませるだけではなく、排泄をし、場合によっては腐敗した四肢を切り取る荒技だってできてしまう。ただし、ネグリとハートは、これに対抗するマルチチュードにも、結局のところ生産・建設の主体というイメージを与えてしまった。たとえどれほどマルチチュードの存在の特異性を評価しようとも、これではまだ〈帝国〉との境界が曖昧なままだ。たとえ、マルクスの法則が貫徹されたとしても、〈帝国〉の爆死に多くの人間たち、とりわけ経済や環境の変動に生存条件が揺らぎやすい人間たちが巻き込まれるだけである。

だがもしも、〈帝国〉を爆死ではなく腐敗死させることができるとすれば、人間中心的に言えば、その腐敗死のあとに巻き添えにならない。そのときマルチチュードは、つぎの三つのはたらきを担うことになるだろう。

第一に、ちょうど土壌に生息する生きものたちのはたらきのように、互いに好き勝手に、解体、分解、修理を遂行する。企業が、消費者に修理代金を高く請求するのは、春夏秋冬モデルチェンジを繰り返し、古きものを捨て新品を買い続けるシステムでないと、金融機関は融資をしぶり、金融商品の売買も停滞し、弛まぬ成長と拡大を前提とする〈帝国〉が生き延びてくれないからである。いまある耐久財を半永久的に使用できるように、分解と修理を科学および芸術の領域にまで引きずり込むことがまず必要である。

第二に、農業に従事するマルチチュードも、土壌の腐敗作用を最大限活性化する。土壌中の力と根を張る植物の力を発揮できない化学肥料を過剰使用するのではなく、土壌の微生物のはたらきが活発になり、腐植が土壌中にしっかり作られるプロセスを助ける。たとえば、酪農家と稲作農家、大豆農家と麦作農家、あるいは農家と漁家と林業家が連携して、本来は「プライスレス」であるはずの排泄物のバトンリレーを回復させ、土壌の腐敗力を活性化し、化学肥料と農薬に依存する近代農業から〈共〉を助け出すことで、およそ二世紀におよぶ歴史を有する近代農業を抜本的に改修する。

第三に、マルチチュードが「食べる主体」になることである。人びとは毎日食べて生きているではないか、という反論はしかし現状にはあてはまらない。食べる客体ではあっても、食べる主体であるとは言い難い。現在、「食べる」行為は、生産ラインの尻尾にくっつくおまけでしかない[17]。食品に関わる産業は、消費者が生産物を口に入れること、そうでなくても購入してくれることを見届けられれば仕事を完了する。しかも、多くの食品は食べ、消化し、排泄しやすく加工されている。食の形態は液状化し、咀嚼時間は短縮し、顎の筋肉は衰える。市場は、口と肛門の距離を短縮する。そうすると、〈帝国〉が爆死するまえに人間の胃袋が破裂する。もしも、食べものの腐敗、解体、消化、排泄の過程にもっと時間をかけ、エネルギーが投じられれば、ようやく食べることは回復する。もちろん、だからといってただちに食べる主体になるわけではない。食べることは、分解過程のネットワークの一部であり、つねに受動的でもある。受動性を引き受けつつ、それでも、大量生産され大量廃棄される食品流通システムの端末装置にならないような自律性が求められる。食べる主体は、すべてを自分で決定し行動する主体とは異なる。

それゆえ、マルチチュードが食べるものは、自然の腐敗力を借りた食べものに自然に移行するだろう。発酵とは腐敗の一種であり、たまたま人間に有用な腐敗現象を発酵と呼ぶにすぎない。発酵食品は臭いが強く、何よりも手間がかかるので、近代化のなかで清潔・安全第一の消費者および大規模小売店には忌避されてきた。グルタミン酸ナトリウムのような化学調味料とは異なり、発酵食品の味の深みはたんに食味を多元的にするのみならず、細菌を通して自然と人間とを半ば強引に連結する。食べる主体になるということは、自らの舌と歯と食道と胃袋と十二指腸と小腸と大腸とそのほかさまざまな消化器官およびそこから分泌される消化酵素、そして、とくに大腸に棲む無数の腸内細菌を自分の内なるマルチチュードとして活性化することにほかならない。人間は、こうして生態系の一部として生きているのみならず、微生物に使われ放題の〈共〉である自分を自覚しはじめる。人間が生態系の一部であり、生態系そのものであることが認識されると、マルチチュードは情報網に頼らなくても互いに連結できる。修理・修繕も、省農薬・省化学肥料の農業も、そして時間をかける料理も食事も、それ自体、人間諸関係を自然と連結する行為だからである。この連結については、後段で詳しく論じたい。

つまり、活性化させるべきは生産過程ではない。分解過程なのである。

6 歴史に聴く

生産力ではなく腐敗力、構築力ではなく分解力を高める。それが〈帝国〉を瓦解させる。しかし、序章で述べたように、生命循環に価値を強く置きすぎると、物質代謝である労働を何よりも尊いものだといったナチ党体制のようなものが生まれ、討論を生み出すような公共空間における活動力を弱めるだけになる。

ハンナ・アーレントは『人間の条件』（一九五八年）のなかで、モノの「耐久性」に注目して瞠目すべき議論を進めた。「触知できる物のうちで最も耐久性の低い物は、生命過程そのものに必要とされる物である[18]」。食べものは触知できるが、腐りやすい。思想は触知できないが、腐れない。労働を称揚し、物質代謝を高めることは、テクノロジーの介入する余地を広め、逆に生を制御してしまうだろう。一方で、思想や思考や討論は、それが触知できないものだけに軽視されやすい。だが、これらの軽視が、人間統治のテクノロジーである官僚制を、自然統治のテクノロジーである科学技術とともに膨張させる。とりわけ、マスメディアという情報技術がもたらした公共圏の退廃は、アーレントの議論を引き継いだハーバーマスによって繰り返し批判されてきた。

だが、歴史は、そうではない可能性が存在したことを教えてくれる。たとえば、ナチスは腐敗

Verderbに対して敏感であった。戦争を遂行できる自給自足国家建設の観点から食物が霜やネズミや害虫に喰われたり、腐ったりすることを、何よりその対策を怠る堕落 Verderb した国民を増やすことを嫌がった。それが、一九三四年一一月に始まった「無駄なくせ闘争 Kampf dem Verderb」つまり、「腐敗をめぐる闘争」だった。その戦いの主体として、ナチスは、台所に立つ主婦を設定した。[19] 逆に言えば、腐敗は、ナチズムの生の管理および膨張主義にとって障害になりえたのである。

あるいは、幸徳秋水は、いまも開催される「世田ヶ谷の襤褸《ぼろ》市」の様子を、いまから一〇〇年以上も前につぎのように活写している。

毎年十二月十五、十六の両日いまだ夜深き午前三時頃より六時まで、荏原郡《えばらごおり》は世田ヶ谷宿に襤褸屑物の市ありて、一年中の賑《にぎわ》いを極む。都人は嫌がる雑踏を、自然の単調に饜《あ》ける近郷近在の老若は、市の風に吹かるれば無病息災百難を遁《のが》るるとて、三里五里の道を此処《ここ》に集まり、穢《きたな》き襤褸屑物を買い取るを無上の楽しみとはなすなり。さればこの市の景気は常に農家の購買力の高低を試験し得べしとぞ。[20]

世田ヶ谷宿の街道沿いに、おでん、どぶろく、寿司、駄菓子などの飲食店や見世物小屋などが立ち並び、賑わいを見せている。どぶろくも寿司も発酵食品であることを頭の片隅におきながら、もう少し襤褸市を歩いてみよう。

襤褸は足袋、股引、シャツ、手袋、手拭、袷《あわせ》、単物《ひとえもの》、前掛け、襦袢《じゅばん》、羽織、袢纏《はんてん》、婦人の湯巻《ゆまき》、手巾、靴下、糸屑にて、荒物は柄杓《ひしゃく》、硯箱《すずりばこ》、火鉢、茶盆、大小の桶《おけ》や盥《たらい》、下駄雪駄、笊《ざる》類、荒縄、小児の便器、古板、机、鍬、鎌、鉈《なた》、斧、熊手、鶴嘴《つるはし》、鋤《すき》、篦《へら》、薬缶《やかん》、鉄瓶、明樽、明罎《びん》、米、麦、粟、蕎麦《そば》、豆類など数えも尽くせず。
可笑《おか》しくもまた憐れに感ずるは、これらの品物、穀類を除くのほかは一として満足なるはなく、破れたる足袋の左は十文《ともん》、右は九文《くもん》なるがあれば、穴あける靴下の右は黒にて左は白なり。(21)

襤褸市には、耐久性のあるもの、耐久性のないもの、食べられるもの、食べられないもの、おでんや寿司のようにすぐ食べないと腐るもの、薬缶や鎌のように腐らないもの、みな等しく並べられている。パッケージで売られていたものは、ばら売りされている。どこからか拾ってきたようなものでさえ、ここでは売りものになる。ちなみに、横山源之助は、東京の「くずひろい」という職業についてこう述べている。

先ず貧民多数の稼業においてもっとも余輩の注意を惹《ひ》くは、万年《まんねん》町、山伏《やまぶし》町、神吉町、松葉《まつば》町に住める屑拾《くずひろい》これなり。紙屑と言うも種々あり。これを分てばボロ屑あり、紙屑あり。紙屑に西洋紙屑あり、日本紙屑あり。硝子《ガラス》屑あり、陶器屑あり、ランプの壊れあり、石炭のカケあり、古下駄《ふるげた》あり、古草鞋《ふるわらじ》あり、古縄あり、明俵《あきだわら》あり、汚れ褌《ふんどし》あり、破《や》れ足袋《たび》の片夕足あり、簪《かんざし》の足あり、缶の曲《ゆが》めるがあり。世に器具物品に千種万別あると共に、天下にあらゆる廃物汚物は屑拾の籠《かご》に集まりて事物の運命を示す(22)。

世田ヶ谷の襤褸市は、消費された商品のゴミの掃き溜めであるとともに、それらの修理工場であり、しかもそれは都市と農村の境界に位置する。つまり、村民と都市民が入り乱れる場所だ。そこは、ある人にとっては屑でしかないものを売り物に「変態」させる。ほかにも、貴重な肥料になる魚のハラワタを集める「魚腸拾い」も底辺社会の重要な職業であったという。「昼は終日《ひねもす》醤油《しょうゆ》の空樽《あきだる》を提《ひっさ》げ川岸《かし》を駈《か》け廻《めぐ》りて魚腸を拾い、夜《よ》に入れば大親分の家に帰るものありまたは川岸の納屋《なや》裏に転寐《まろね》するもあり(23)」。

空の醤油樽に入った魚のハラワタが、海から陸へ逆流する。ちょうど、海藻やニシンが畑の肥料になるように。陸から川を通じて海へと物質が流れ、海洋生物の栄養になっていくのとは逆の方向の物質移動が成立している。こうした物質の流れをもたらす分解力こそが、プロレタリアートというにはあまりにも雑多な人びとの、屑拾いの、魚腸拾いの、それを購入する農民や貧民の基本的には私利私欲的で自己保存的なはたらきであった。しかもこのはたらきは、それぞれがつながっていなければ成り立たない。「連帯」や「団結」というには緩やかで、「ネットワーク」というには不均一な、つかずはなれずの連係作業が、この分解過程を成り立たせている。連携はしばしば、水に溶けたイオンを通じてもなされる。ネグリとハートのマルチチュードという言葉を最大限ポジティブに見積もったうえで私が思い起こすのは、さしあたり、こういった人びとのことである。「底辺」や「下層」と名付けられることで、そこで営まれているはたらきの重大さが見づらくされてきた領域、私は、このような場所こそ、ハーバーマスの言うÖffentlichkeit（公共性と訳されてきたが、語源的には、たんにいろいろな存在に開いている状態を意味する言葉）が確保された「オープン・スペース」、あるいは「開かれの空間」と呼びたい。この日本語訳である「公共空間」では、やはり硬直的に響きすぎるだろう。

ただ、言うまでもなく、第四章で確認するように、この空間には統治者による公衆衛生と治安維持のまなざしが向けられてきた。感染症の温床であり犯罪者の巣窟である、とされ、カネと科学が投じられてきた。この空間の担い手を「分解者」と呼ぶことが、どれほどこうした統治の視線から自由であるか。そのことは自覚せねばならない。場合によっては、そのような監視の力を補強しさえする。あるいは逆に、ここを理想郷のように称揚することも無意味である。ここにある貧困状態とボス支配を理想化することこそ、安価な労賃を求める〈帝国〉の養分である。清貧の思想は支配者の思想にすぎない。しかも、こういう見方がかえって、この世界のはたらきを見えにくくする。

だからこそ、そのうえでなお、私は、作用が錯綜する土壌世界の形態を観察し、その生物世界と人間世界との諸作用の連結可能性を想像してみたい。腐敗という言葉から道徳を排除せよ、この現象を形態学的にのみ論じよ、とネグリとハートが訴えたのは、もっと深いところでは、以上のような意味を持ちうるのではないか。

呉青秀ほどの筆力も、土壌学者ほどの観察力も、このオープン・スペースの生成を、そしてそこから発動するかもしれない〈帝国〉の腐敗死を促進するものではあっても、そこへの参加資格ではない。食べて、消化して、排泄する存在として、つまり分解者としての自分と自分以外の人間を認めること、それで十分なのである。

第2章　積み木の哲学——フレーベルの幼稚園について

1　崩すおもちゃ

小さな手が、積み木に向かって伸びていく。

その指は、一本一本に脂肪がふっくらとついていて、唾液でテカテカと光っている。その手が拾いあげた積み木は、絡まる指もろとも口に運ばれ、いわゆる「歯がため」の行為、つまり、歯茎や乳歯で噛まれたり、舌で舐められたりする。積み木の硬さ、かたち、テクスチュアを口のなかで確かめているようである。食べることと認識することがまだ分離していないこの時期では、積み木と食べものとの距離はそれほど離れていない。

その口に入れたばかりの木片を、子どもは、発作的に投げたり、落としたり、蹴ったり、かき回したりする。大人は、散らばった積み木を集めて、それぞれの積み木の特徴をつかみ、崩れないように、高くなればなるほど、音を立てないように、ゆっくり、そっと積みあげてみせる。少し遠くから眺めたり、両手を使ったりして、全体のバランスをとりながら、子どもの注意を向けさせるように小さな建造物を素早く作ってみせる。

しかし、小さな手の持ち主は大人の努力を一瞬で水泡に帰す。小さな手や足や、その手でもった物体で建造物を壊して急に笑い出す。積み木が崩れ、木と木がぶつかりあって床に落ち、カラカラと不規則な音が鳴り響く。大人気ない舌打ちの衝動をかろうじて押し隠して片づけ始める私のような未熟な大人も多いだろう。一方で、子どもは声をあげ、両足をハサミのようにパタパタと動かし、積み木をまた蹴る。大人が心底悔しがれば悔しがるほど、子どもはそれだけ笑う。大人の感情の動かぬ片手間の遊びでは子どもの心には届かないことも、積み木遊びから簡単に学べる。

崩し、積まれ、また崩す。ときどき蹴って、投げる。

月日が流れ、やがて、小さな手から少しずつ脂肪が落ちはじめると、床や体の一部を使いながら、積み木を持ち替えて、積み上げる動作をするようになる。積み木を口に入れる回数も減り、積み木が食べものではないことがちょっとずつ理解されるようになると、食べられない物体として積み木をとらえるようになる。ある程度積み上がるとまた崩して、うれしそうな顔をする。崩した積み木が偶然にも何かのかたちに似ていると、そこから積み木を整えてその何かを描こうとする。

崩し、積み、また崩す。ときどき、並べる。

さらにまた月日が流れ、子どもは積み木で自分の座高ほどもある建造物を作り始める。不安定な組み合わせを楽しみながら、思い思いのかたちに積み上げる。友だちや大人たちと一緒に積み上げることも増える。やがて、自分以外の人間が、自分の作品を崩してしまうアクシデントに遭遇する。子どもは泣いたり、怒ったり、抗議したり、あるいは笑ったり、喜んだりする。しばらくすると、また積み上げる。

積み、崩し、また積む。

積み木は、積み上げる高揚感と、崩れ去るはかなさが分かちがたく結びついているおもちゃである。接合ブロックやプラモデルと異なり、部品と部品が接合されていないために、ちょっとした接触で界面が滑り、崩れやすいし、崩れてもすぐに作りやすい。たしかに、接合ブロックも分解することにそれほど時間はかからないにせよ、一定程度の経験が必要になってくるし、積み木ほどの扱いやすさ、壊れやすさ、つまり単純さはない。接合ブロックは重力に逆らって接合することができるが、積み木は重力に逆らった接合をすることができない。その欠点を補うかのように、音がよく響く。積み木の崩落は、拍子もメロディーも生み出さないが、ブロックとブロックが接触する音よりも柔らかく心地良い、この世に一回限りの音を響かせ、一回限りの残骸の模様を目の前に現出させる。

積み木は、日本語の語感からしても積むおもちゃであると思われがちである。しかし、実のところ積み木遊びには、崩すこと、ばらばらにすること、あちこちに散らばること、偶然にできた散らばりの様子を見ること、そして音を鳴らすことも含まれている。いわば崩し木である。仮に積み木が糊で接着させる遊びであったとすれば、バラバラと崩れる積み木にあの響きは出ない。私のささやかな観察のなかで感じてきた以上のことは、数世紀にわたって無数の人びとが目撃してきたはずであるし、また、積み木の建造物を崩すときの、内に秘められた破壊衝動を放出するというような快楽や、完成されているものを分解したいという欲望が記憶に残っている大人も私だけではないだろう。じっさい、少なからぬ観察者が、子どもが積み木を崩すことについて記録してきた。

たとえば、医師で育児評論家の松田道雄は、ベストセラーとなった『定本 育児の百科』（二〇〇八年。初版は一九六七年）のなかで、八ヵ月から九ヵ月頃になって手先が器用になったら積み木を与えても良い、積み木は大きい方がつかみやすい、というアドバイスを与える。興味深いのはそれに続けて、「積み上げることはできないが、打ち合せたり、母親がつくった塔を押し倒したりすることはできる」と説明していることである。[1] つまり、松田も、一般論として、子どもが初めて積み木に触れるときの遊び方が「積み上げること」ではなく、「音を鳴らすこと」と「崩すこと」であると認めている。

また、積み木を製作する側にとっても、積み木を崩すことの愉快さは折り込み済みであった。たとえば、キディオは、自社製の積み木セット「はじめての積み木」に付属する『ガラガラドッシャーン』（一九九一年）という擬音語を中心に構成された絵本で、まさにその面白さを描いている。[2] このなかでは、胴体がバネのように伸びる男の子や女の子の妖精や犬が一緒になって積み木を「たかく、たかーく」積んでいくが、突然恐竜がやってきて「ガラガラ　ドーン！」と全部崩してしまう。しかし、妖精や犬は「だいじょうぶ　だいじょうぶ」「ねえ　ガラガラってくずれるの　おもしろいよ」「ぼくたち　じゃんじゃん　つむから、また　くずしてみて」と返す。恐竜がふたたび崩すと、今度は「わーい、おもしろい！　みて　みて！　にょろにょろってならんでいる」と偶然に床に出現した蛇のかたちの積み木のつならりを見て、今度は、平面上にどんどん積み木を並べていくのである。このようななんの変哲もない絵本にさえも、しかし、建造、崩壊、再生という積み木遊びの循環過程がきちんと描かれている。

もちろん、親も、積み木が崩すおもちゃであることを見逃してはいない。比較的最近の事例では、伊藤智里のA児の観察がある。(3) A児は、伊藤のひとりっ子で、〇歳一〇ヵ月で初めて積み木を触った。松田道雄が積み木で遊び始めるといっている時期とほぼ一致している。A児は、一歳六ヵ月から二歳までは、積む、並べる、という行為に加え、やはり「崩す」ことと「打ち鳴らす」ことを経験した、という。父親から教えてもらったドミノ崩しに挑んで、積み木が倒れていく様を楽しんだり、積み木を両手にもって長い時間打ち鳴らしたりしたという。「積み木の長さや大きさにより、音が微妙に違うことを発見した様子がみられた」。

そして、二歳六ヵ月になるともう少し複雑な遊びをするようになる。A児は、二歳一〇ヵ月二四日で、半球の窪みがある角柱を横たえて、その上に彩色された立方体（角柱の半分の大きさ）を二列六段に積んで「A児の家」を作った。つぎに、その家の前に座り、両手で一番頂上にある立方体を一個ずつ持ち、一段ずつ両方同時に取り上げて崩す。何をしているのか尋ねると、驚くべきことにA児は「窓を開けている」と答えたと言う。最後まで立方体を崩して、満足して一息つくと、二列四段に立方体を積み直して手本を見せ、母親に積み木の前に座って窓を開けるように指示した。母親が指示に従って立方体を崩していく。

伊藤によれば、積み木遊びの直前に、A児の母親である伊藤が自宅の引き戸の窓を開けていたと言う。A児も手伝ったが、手の届かない窓もあり、それは母親が開けた。そのいわば代理行為として積み木で表現しようとした結果がこの動作だったわけである。A児にとって積み木を崩すことは、あたかも自宅の窓を開けて外の空気を入れるように、自分の存在する世界と異界のあいだに引かれてある境界を取っ払うことであった。積み木を口に入れたり、崩壊の様子と積み木がぶつかる音を同時に楽しんだりする遊びは記述されていなかったが、積み木に、音を楽しむ面と、崩す面があることを伊藤は繰り返し述べていることは注目に値する。

崩し、積み、また崩す。

積み木遊びのなかの分解の要素は、これまで教育学の研究者によって確認され言及されてきたとはいえ、いまなお、どうしても組み立てる点に目が向きがちである。その原因を探っていきながら、子どもの積み木崩しの遊びに端的にあらわれる分解という現象を、より広く、自然、人間、社会、歴史の盛衰のなかに位置づけていくこと、これが本章の課題である。

2　フレーベルの幼稚園

積み木というおもちゃを発明したのは、一九世紀初頭に活躍したドイツの教育学者であり教育の実践家であるフリードリヒ・フレーベル(4)である。もちろん、物を積んだり崩したりするという遊びは、人類が地球に誕生して以来、土をこねたり、動物を追っかけたり、木の実を拾ったり、というような、暮らしの原型、生存の訓練とも言うべきありふれた風景であったにちがいない。木こりや指物師の子が木片を、漁師の子が貝殻や海岸の石を、レンガ職人の子がレンガやその破片を積んでは崩すという遊びをしてきた、ということは誰しも容易に想像できるであろう。

ただし、それでもフレーベルが積み木を「発明」したと言えるのは、それが徹頭徹尾教育の目的のために構想され、設計されたからである。そして、その教育の場所もまたフレーベルの発明であった。これこそ、子どもたちの庭《ガーデン》、日本語では幼稚園と訳される「キンダーガルテンKindergarten」にほかならない。学齢に達するまでの子どもたちの教育を担う幼稚園の誕生は、その後の幼稚園の世界的な展開をかんがみれば、教育史の革命的な出来事と言っても過言ではないだろう。

一七八二年四月二一日、フリードリヒ・フレーベルは、プロテスタントの聖職者の息子として、現在のテューリンゲン州のオーバーヴァイスバッハで生まれた。(5) だが、生まれてすぐに母を亡くし、そのかわりに嫁いできた継母とは彼女が異母兄弟を生んでから関係が悪くなる。継母に、自宅の敷地内を出ないように軟禁され、村の子どもたちと遊ぶこともできず、もっぱら、庭の植物や動物と触れあうことに慰めを求める幼少期を送った。この孤独な暮らしにのちのフレーベルの自然観や教育観の根源を見ようとする誘惑にはあらがっておきたい。というのも、伯父の元に移ってようやく「心の平安」を取り戻したというフレーベルは、教育者としての自分を見出す以前に、林務官の見習いとして測量を学んでいたり、その合間に岩石の収集にあたったりして、自然との対峙に時間を十分に費やしていくことになるからである。源流はむしろ複数あると言うべきだろう。

青年時代のフレーベルは、シェリングやノヴァーリスの書籍に親しんでいたが、教師となり、さらにスイスの教育者ペスタロッチ本人との対話を経て、教育法の研究に没頭するようになる。ペスタロッチを再訪して二年間研鑽を積んだのち、ゲッティンゲン大学とベルリン大学で鉱物学と哲学の研究を並行して続け、ベルリン大学ではフィヒテの講義を聴講したり、鉱物学研究所で助手も務めたりした。一八一三年三月、ナポレオンからの解放戦争の「義勇兵団」に参加もしたが、その後兄の死に直面し、兄の遺児たちを引き受け教育する。必要性に迫られるという私的出来事が彼を大学でなく現場へと向かわせた。グリースハイムに「一般ドイツ教育所」を開いたのである。工業化が進展し、母親が労働者として工場に通勤したり、子どもまでも労働力として用いられたりして、とりわけ労働者たちの家族環境が大きく変わりはじめるなかで、子どもを預かることを主な目的とする従来の託児所では子どもの人格陶冶が阻害されることに危惧を覚えたフレーベルは、家庭教育や就学前の教育の重要性を痛感した、というフレーベル博物館館長のマルギッタ・ロックシュタインの分析は説得的である(6)。

そののち、紆余曲折を経て、一八三九年、ブランケンブルクで、町の子どもたちが遊べる「遊びと作業の園舎 Spiel- und Beschäftigungsanstalt」を設立。翌年六月二八日、フレーベルは、子どもたちの楽園という意味を込め幼稚園と名づけたこの施設の設立式典を、ブランケンブルクで挙行した。女性幼稚園教諭の養成や玩具の販売とを組み合わせた幼稚園を運営するなかで、就学前の子どもたちの人格を、花壇や畑や室内での自由な遊びを通じて形成していくことを目標に据えた。当初の予定ほどは資金難でうまく実現しなかったけれども、一八四四年から幼稚園の理念の伝導活動を開始し、一八四八年三月の革命が彼のリベラルな幼児教育方法を後押しし、上昇気流を生み出す。フレーベルの弟子たちがヨーロッパ中に幼稚園を設置し始めるなかで、徐々に、幼稚園は人びとのあいだに知られるようになっていく。

子どもたちの自由な遊びのなかに教育の理想を見る幼稚園は、しかし、プロイセン政府からは社会主義的な、あるいは自由主義的な傾向と目され、信仰心のない子どもを育てるものとして白眼視される。一八五一年八月、すでに革命を鎮めたプロイセン政府は、幼稚園禁止令を発布。禁止が解けた一八六〇年、フレーベルはもうこの世にいなかった。一八五二年六月二一日、ニーダーザクセン州のマリーエンタールで七〇歳の生涯を失意のなかで終えていたのだった。

3　フレーベルの積み木の哲学

幼稚園と積み木に集約されるフレーベルの教育哲学については、荘司雅子を嚆矢として膨大な蓄積がすでに日本には存在し、その理解を深める手段には事欠かない。ここではあくまで、積み木とはどんなおもちゃなのかについて、フレーベルの書いたものを読みつつ考えていきたい。

フレーベルはまず、子どもたちをじっくりとあるがままに観察することを読者に促す。

われわれは、まず進んで家族部屋の子どもの遊びのコーナーや、あるいは子ども部屋の遊び机のところへ場所を転じて、そこでつぎのことをいっしょに観察しようではないか。すなわち子どもが自己作業を始めるにあたって、彼を駆りたてているものはなにであるか、あるいはむしろ子どもは自己において、また自己を通じて、なにによってそしてどこへ駆りたてられようとしているか、自己作業によって子どもはなにを外に表現したがっているか、そしてそのために子どもはなにを必要としているかを観察しよう。われわれはそこでは、できるだけ静かに、そしてできるだけ気づかれないように席について、つぎのことを注目しよう。すなわち、一歳から三歳までの子どもが、自分が扱い得る完成品の物体を、その形態や色を観察したあとで、それを手にもってあっちこっちに動かしたり、その硬さを試したりしたかと思うと、こんどは、その物体に新しい特徴を発見したり、新しい使い方を見出したりするために、その物体を分解しようとしたり、少なくともその形を変化させようとしたりするのを注目しよう。もし子どもが物体を分解するこの最初の試みに成功すれば、われわれは、彼がつぎに部分を最初の全体に継ぎ合わそうとしたり、あるいはいっしょに一つの新しい全体に整えようとしたりするのを知るであろう[7]（荘司雅子訳。一部改変した。以下同様）。

ここでの「物体」は必ずしも積み木とは限らないが、フレーベルの目がおもちゃを分解する子どものふるまいにきちんと向いていることを確認したい。完成品の物体の分解や変形を通じて、世界には部分と全体があることを論理で理解するまえに身体で感ずる。このことは、フレーベルの積み木の哲学の根幹にあるテーマにほかならない。積み木は、たんに建設するおもちゃではない。その誕生のときにはすでに分解するおもちゃとしても想定されていたのである。

フレーベルは、幼稚園を設立する前に、指物《さしもの》職人に六つの玩具を作成させ、それらを「与えられしもの Gabe」と名づけ、未就学児の教育で用いようとした。日本では「恩物《おんぶつ》」、英語ではギフト gift と訳されている。フレーベルは神から子どもへの贈りものという意味を込めていると考えるのが通常であるが、もちろん、親から子へ、あるいは自然から子どもへの贈り物というニュアンスを排除するものではない(8)。

これは六つの種類に分けられる（図を参照。なお、図は、荘司雅子の作成したもので、「恩物」ではなく「遊具」と記されている）。第一恩物は、羊毛でできた六つの球のみ。第二恩物は、木製の球と円柱と立方体の組み合わせ。第三恩物は、木製の立方体を八つの合同の立方体に分割したもの。第四恩物は、木製の立方体を八つの合同の直方体に分割したもの。第五恩物は、木製の立方体を三×三×三の合同の立方体に分け（ちょうどルービックキューブのようになる）、そのうえで三つの小立方体をそれぞれ二つの合同の三角柱に分けて、別の三つの小立方体をそれぞれ四つの合同の三角柱に分けたもの。第六恩物は、文章では説明にかなりの紙幅が奪われるため、図を参照いただきたい。第三恩物および第四恩物の立方体は一辺が五センチメートル、第五恩物および第六恩物の立方体は一辺七・五センチメートルであった。

このうち第三恩物から第六恩物までどれも立方体を直線でパーツに分けたものであり、部分によって構成される全体というフレーベルの基本的な世界観に沿ったおもちゃとなっている。非常にシンプルなおもちゃであるが、それには理由があった。

遊具一覧（第一から第六まで）

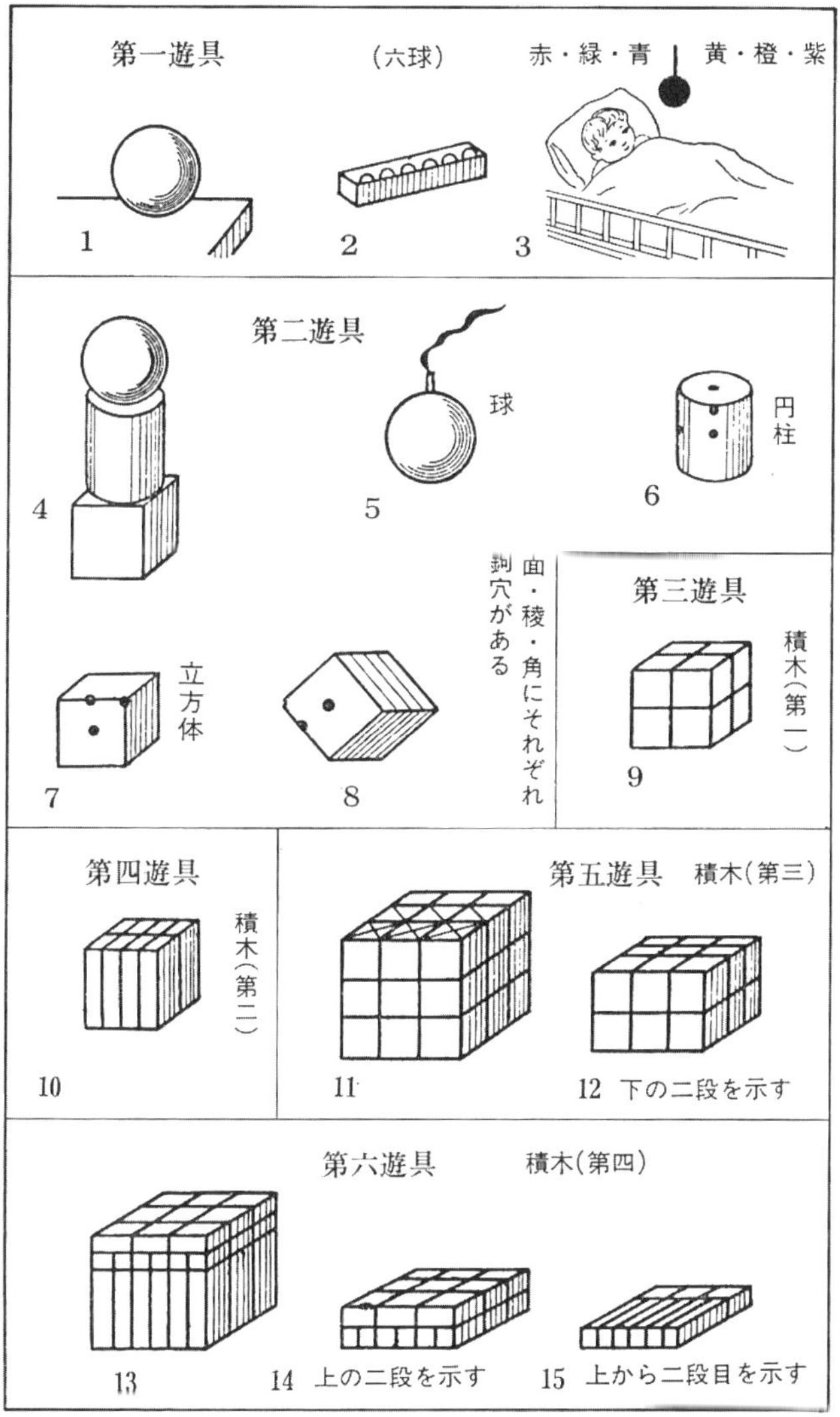

図　恩物の種類

あまりにも形づくられすぎており、あまりにも完成されすぎているような遊具［……］では、自分からもはや、なにものをも始めることができないし、それによってなんら多様なものを十分自分からつくりだすという力が、それによってじっさい殺されてしまうのである。同様に、もしわれわれが子どもたちに、すでにあまりにも完成されすぎているものをあたえるならば、そのことによって同時に、一般的なもののなかに特殊なものを見るという要求を子どもから奪い去ってしまい、またそれを発見する（たとえば、全く一般的な立方体的な形およびその集合のなかに、あるいは一個の家具ないし部屋の器具を見たり、あるいは一匹の動物その他を見たりする）手段を奪ってしまう[9]（荘司雅子訳）。

積み木は「形づくられすぎて」いない、あるいは「完成されすぎて」いない、というフレーベルの考えは、すでに藤田省三の新品文化論やゾーン＝レーテルのナポリ人論を知っている私たちには理解しやすいであろう。たとえば、現在の遊びの現場をかんがみれば、テレビゲームやプラモデルはまさに積み木の対極にあるおもちゃと言えるかもしれない。すべてが製作者によってお膳立てされすぎていて、子どもの目の前に広がるイメージが完成されすぎている。そこに子どもの創造力が発展する余地は小さい。「子どもになにも考えないで作業をするようなことをさせないこと、むしろ自分が行動するさいに、いつもある一定の目的を心にとめさせること、少なくともその目的を眼中にとどめざるを得ないようにすることである[10]」。

一方で、積み木は、「自己完結的な、しかもたやすく分離され、そしてふたたびもとどおりにされ得る一個の立方体[11]」にすぎない。だが、積み木は、創造と分解を繰り返す自然の摂理と同様に、分離と再生の繰り返しのなかで、「全体と部分」を生きいきととらえることができるようになる。第三恩物のように、八分割された小さな立方体を、ふたたびある中心点にお互いの角をぴたりとくっつけることで、元の大きな立方体の秩序を回復する。「生命の内面的な中心点・関係点および融合点、もしくはそれらの生命の調和と統一」を、積み木を通じて子どもは、神の創造した自然として観察し、体感しているのである[12]。

そして、その自然の摂理は建築の原理にも応用される。八つの直方体に分離される第四恩物の説明では、かまどのかたちに積み木を組み合わせる事例が出てくる。「スープの用意ができた。料理ができあがった。母と子はかまどを押す。かまどは崩れる。崩れてもとの建材、またはレンガになる。かまどは同じ大きさの建材からできているのである[13]」。部分と全体の調和を、かまどという生命維持の基礎的な道具の建設と分解を通じて知る。

第五恩物は三種類、二八のパーツに分けられ、かなり複雑な表現が可能になる。すると、積み木遊びは「都市の建設」へと向かう。

子どもたちの世界は、最初は家や部屋のなかで、テーブルや腰掛けの上で、また小さい寝台のなかで展開されるが、いまや記憶のなかにおいてもそれらの像や表象やそれにもとづく表現もまたそれと同じように拡がってゆくのである。家の階段や屋外階段・井戸・教会・市町村役場、主要な建物のある一つの村全体があらわれ、つぎにふたたび共同のパン焼きかまどだけがあらわれる。さらに市場があらわれ、そしてここでまた市庁舎あるいは守衛本部、市の門、そしてこの市の門を通って外に出たところにある橋などがあらわれる。これによってわれわれはふたたびつぎのようなことを知るのである。すなわち、これらの恩物は、子どもの内的ならびに外的な発達過程といかに密接に結びついているか、またその内的な発達過程をいかに促進し、明瞭にするか、また子どもはそれを手段にしていかに自己を強め、そしていわば自己自身でいかに成長するか、ということである[14]（荘司雅子訳）。

後半はやや分かりにくいが、要するに、フレーベルの積み木の思想のなかには、積み木を積み上げていき、建造空間を拡げ、都市を開発していくことと、子どもが自己を形成して知見を広めていくことが、ちょうどドイツ語の bilden と英語の build という動詞に「建物を建てる」という意味と「人格を形成する」という意味がともに含まれているように、表裏一体となっているのである。積み木は、あたかも自分自身の成長・発展の鏡のような存在であると言っても良いだろう。

だが一方で、積み木遊びには、たんに積み上げるだけでなく、崩すという行為も最初から組み込まれていることはすでに述べた通りである。では、積み木遊びのなかで、人間の建設と都市の建設の連続と融合は、崩しやすいという積み木の性質とどう関わってくるのか。また、花壇や畑に囲まれた幼稚園という生きものが蠢く教育空間のなかで、積み木はどういう位置づけにあるのか。

4　積み木の無限性

フレーベルは、積み木遊びの無限性についてこう述べている。「この遊びにはなお二つの新しい現象があらわれてくる。すなわち均衡 das Gleichgewicht と自己増殖的な運動 die sich fortpflanzende Bewegung という現象である[15]」。また、フレーベルは、相互の位置交換が自由である場合には、おそらく一〇〇〇に近いほどの異なる表現が可能であろう、とも述べている[16]。

これらは、第四恩物、つまり、一個の一辺六センチメートルの立方体を八個の同形の直方体（六×三×一・五センチメートル）に分割したものについての説明である。そのうえで、フレーベルはつぎのような遊び方を提案する。母親は、まず立方体を「かまど」に見立て、幼児にそう伝えたあと、かまどでスープを作ってわたす動作をする。かまどを崩して「煉瓦」に分解、その煉瓦を使い、長い壁、高い壁、寄りかけとひじかけのあるベンチ、両面から掛けられるベンチ、テーブルなど、物語にあわせてさまざまな壁や家具をつぎつぎに作ってみせる。八個の同形の直方体があればかなりの種類の表現が可能だ。椅子、机、三段の塔、神殿を表現することもそれほど難しいことではない。積み木は、たしかに無限の組み合わせ、無限の遊び方を幼児に与えてくれる。

ただ見過ごしてはならないのは、フレーベルは、幼稚園で積み木自体の数を買い足し、増やしていくことをあまり考えていないことである。「自己増殖する sich fortpflanzen」という再帰動詞は、本来、植物 Pflanze が生殖によってみずから増殖していくありさまを意味するドイツ語であり、転じて、「蔓延」「伝播」という意味にも使用される。つまり、積み木遊びの形態のなかに、生殖なり繁殖なりみずからに内蔵されている増殖の機能と形態に基づき子孫を増やしていくというイメージをフレーベルが抱いていたことは注目に値する。じっさい、第四恩物について言えばわずか八つにすぎない。最終的には一つの立方体に回収され「均衡」を保つことができる限られた積み木の数であるからこそ、逆に幼児の想像力が無限に膨らむのである。

有限のなかに無限をみることは、荘司雅子が繰り返し述べているように、フレーベルの教育学の原理である。それはどこから来るのだろうか。

第一に、「現実的なものに神秘的な姿を、知られたものに知られざるものの尊厳を、有限なものに無限な仮象を与え」ようとするロマン主義を見逃すことはできない。すでに述べたとおり、フレーベルの学的展開にシェリングとノヴァーリスの果たした役割は大きい。

第二に、キリスト教の信仰である。「フレーベルは、神の本性を主として無限の創造的行為として見ており、神の一々の思想そのものはすでに仕事であり生産的な活動であると見ている。したがって神の子である人間もすでに児童の時から神の本質である創造的行為の萌芽を蔵し、こうして児童の活動や行動は一々創造的な意味をもっている[17]」。

これまでフレーベル研究は彼の思想史・文化史的な背景に特に注目してきたが、経済史的な背景についてはそれほど考慮されてこなかったように思える。しかし、フレーベルが、積み木というおもちゃに「自己増殖」と「均衡」という二つの要素をみたことは、フレーベルが思想を育み、活動した一九世紀前半という時代背景を抜きに論じることはできまい。一八〇六年八月、神聖ローマ帝国が崩壊し、フランス皇帝ナポレオンはその版図にあった「ドイツ」と理解されていた地域を支配下に収めた。フレーベルが生まれ、しかものちに幼稚園の実践の舞台となっていくテューリンゲン地方は、統一した国家ではなく、多数の侯国に分かれており(のちに一八一四年・一五年のウィーン会議ではこの地域からは結局一二の諸侯がドイツ連盟に加盟するように)、さまざまな国に分かれていたドイツのなかでもさらに細かく分裂した地域であった。一八〇六年七月以来、これらの諸侯は「ライン連盟」に加入し、ナポレオンに軍事援助をするばかりでなく、プロイセンのシュタイン゠ハルデンベルクの改革に端を発する近代化を進める。農民解放令によって、さまざまな身体的・精神的拘束を領主とその家族および管理者から受けてきた農民がそのくびきから解放され、また、共有地の分割も進められ、農地が流動化し、農業の資本家的経営が進められる土台が形成された。ちなみに、プロイセン王国で元医者のアルブレヒト・ダニエル・テーアが近代農学の大著『合理的農業の基礎(18)』を刊行したのも一八〇九年から一八一二年にかけてである。隷属状況からの解放によって、領主からの保護規定と土地所有の権利を失った農民たちは都市に流れる。つまり、工場労働者層の創出である。フレーベルが、この頃普及していた託児所を批判し、幼稚園の構想を思い浮かべたとき、その託児所は、農村から都市に流れてきた労働者層の役に立っていたし、幼稚園も最終的には教育のみならずそのような役割を果たすことも求められてきた。

さらに、一八〇六年一一月二一日、ナポレオンが大陸封鎖令を発したことで、敵国イギリスおよびその植民地との商品のやりとりが禁止され、経済的再編がダイナミックに進んでいく。イギリスに穀物を輸出していたドイツの東部や北部の大農場は折からの穀物価格の下落によって大打撃を受け、経営が立ち直らない農場は競売にかけられる。一方で、テューリンゲンの隣のザクセン公国（一八〇六年一二月より王国）では木綿工業が急速に発達、機械紡績工場が急増する。ザクセンのケムニッツにはドイツ最初の機械工業が発展、そして、テューリンゲン諸国もザクセン王国と足並みをそろえながら、繊維産業を成長させていく。積み木に宇宙を投影するようなフレーベルのロマン主義が花開いたのは、そのような背景のもとであった。そもそもロマン主義の音楽の背後に、親指から小指まで均等の力にするようにピアニストの指先を機械で強化するというような飽くなき機械信仰があったことも、音楽学では指摘されている[19]。

以上のような一九世紀ドイツの近代化は、フレーベルの活躍した時代はとくに穀物価格の下落で食費が下がり賃金が低位のままであったこともあり、着実かつ不可逆的に進められていった。フレーベルが積み木の無限性について「自己増殖的」と形容するとき彼自身がどこまで具体的に考えていたかは別として、彼が生きた時代は生産と増殖の時代の始まりであった。人間と自然のはたらきが分析され、要素に分解され、それを再統合し、機械化して、同時に、機械化された商品生産システムで商品を複製・増殖、究極的には資本を蓄積し、循環させていく。すくなくとも、フレーベル自身も、積み木の配置の組み替えによって無限に「創造」と「生産」が可能であることを繰り返し述べている。フレーベルは、積み木を使って、自己の建設のみならず、都市の建設を象徴的に試みた。フレーベル自身がナポレオンからドイツを守るために解放戦争に従軍し、啓蒙主義的な叙述をできるかぎり教育学から排除しながらも、啓蒙のプロジェクトのきわめて重要な要素である「積み上げること」を、積み木という鏡を用いて人間教育の要素として利用していたこととも無関係ではない。バラバラな要素を拾い上げ積み上げていくことで、立派な「市民」になること。同様にして、無限に増殖する「経済」を建設すること。神の無限性を幼児が感じるだけではなく、それを社会や経済の建設の無限性に移行させること。積み木にそのような作用さえ見ることも、実は可能なのである。

たとえば、アメリカのプラグマティズムを代表する哲学者で教育学者のジョン・デューイは、一九〇〇年に刊行された『学校と社会』のなかで、フレーベルとくにその弟子たちの象徴主義を批判しつつ、他方で、将来の経済や社会の活動に役立つためのデューイの「学校」の理想がフレーベルの「幼稚園」にあることを認める。「小さな社会」であるべき学校で、木工や料理などの実践的な作業を試みることに対するフレーベルの積み木の効用を暗に認めつつ、「ミシシッピ川」が自分の家の隣を流れる川だと知らずに地理で川の名前を覚えさせるような現実離れした教育を批判している。このとき、デューイは、実際的な目的に応じて手足を動かす積み木遊びを、理想論や宇宙論から引きはがし、具体的な社会や経済の建設の基礎として役立てようとしているようにも読める(20)。

フレーベルもまた積み木の無限性を手放しで讃えない。すでに述べたように、フレーベルは、積み木の性質として増殖だけでなく、均衡も見ていたが、これはフレーベルの秩序への最終的な帰依によるところが大きい。積み木はかならず立方体に戻し、それを遊具箱のなかに収めなければばならず、遊ぶときはまずその遊具箱から立方体のまま取り出して遊ぶようにフレーベルは繰り返し注意を促す。たとえば、幼児が複数で第三恩物（八つの同形の立方体）と第四恩物（八つの同形の直方体）で積み木遊びをするときの注意点をこう述べている。

材料［……］を整頓しないまま他の子どもに押しやるようなことだけは、けっしてしてはならない。このことは子どもに自分の遊具に対する変わらない尊敬、いな、愛を注ぐばかりでなく、子どもに秩序の精神を目覚まし養うためにまったく本質的に必要なことである。［……］同じように必要なのは、数人の子どもが同時に同じ種類の遊戯で遊ぶとき、つまり八つの立方体か八つの直方体かで遊ぶとき、つねに八つずつの立方体、または八つずつの直方体を自分の箱に入れていること、そして遊びの始めにその箱からそれらを取り出し、そして遊びの終わりには、ふたたび箱を片付けなければならないということである。子どもたちがそれらを個々別々に共同の箱や戸棚から出したり入れたりすることは、けっして許されないのである。［……］それは子どもの健全で確固とした発達のために、自分の周囲の事物を秩序正しく理解するために、また自分自身のうちにさまざまな概念や判断を確実に形成するために本質的なものである[21]（荘司雅子訳）。

さまざまな恩物を大きな木箱に入れて保存することも可能であろう。しかし、フレーベルは秩序を重んじる。恩物はあくまでその恩物が入っていた小さい遊具箱に戻さなくてはならない。それは、子どもに「秩序」を経験してもらうためである。ただしそれは、たんなる秩序への欲求というよりは、無限に膨大する混乱から幼児の想像力と創造力を守るための欲求である。積み木の数は、あくまで幼稚園児の数に応じて制限されている。おもちゃの買い足しによって子どもの想像力を貧困にしてしまうのではない。フレーベルにとっては、あくまで積み木による都市の増殖は限られた材料によるものでしかありえない。「生産と分解」にくわえ、「増殖と制御」という基本的な世界の機能を積み木に託していたフレーベルの教育者としての凄みがあらわれている。

5　育むものとしての人間と植物

積み木というおもちゃの底なしとも言うべき世界観は、人工物の世界にとどまらない。積み木が神の摂理をあらわしている以上、当然、積み木は神が創造した自然の写し鏡でもある。冒頭でも述べたように、自己増殖という言葉には、植物の生殖と繁殖という原義が込められていることからも、それは立証できる。

フレーベルの植物に対する愛着は幼少の頃からであったが、伝記の記述にはしばしばこんなエピソードが語られる。兄のクリストフに、植物にも雄しべと雌しべがあり、両性があることを聞いて、なぜ人類が性の問題にこれほど苦しめられるのかと悩む自分の心を鎮めた、という有名なシーンだ。荘司雅子は述べている。「今まで幼い彼の心を苦しめていた事柄は全自然界に普く行きわたっている法則であって、美しい花でさえこの法則を免れることはできないということが彼に分かったのである。それ以来彼には人間の生活と自然の生活、心情の生活と花の生活とは分離できないもののひとつになった」。これは、フレーベルの自伝に即して表現されているのだが、自伝特有の執筆時の心境の投影がどこまであるのか正直なところ分からない。けれども、すくなくとも、物質的な植物の生殖器官のあり方から類推して人間と植物をつらぬく摂理をとらえようとしていたことは、注目して良いだろう。また、一七九七年、フレーベルが一五歳のときに、彼はテューリンガー・ヴァルト（テューリンゲンの森）の東端あたりに位置するエルベ川の支流ザーレ河畔のヒルシェンベルクで、林務官に弟子入りしたときの経験も大きい。主人が多忙のため放任され、林務官としての技能は習得できなかったが、毎日、森や林を歩き回り、主人の書斎で植物学の本を読み漁っていた。彼の植物に対する学識と経験はこうして鍛えられていった。(22)

一八四〇年六月二八日、同じくテューリンゲンの森の懐に抱かれたブランケンブルクで、フレーベルは、グーテンベルクの印刷技術発明四〇〇年を意図的に意識して選んだこの日に「一般ドイツ幼稚園」を創設、その記念祭を開いた。言うまでもなく、印刷技術もまた分解された活字をひとつひとつ拾って再構成する、分解と再生の技術であり、フレーベルは積み木と印刷技術をこのような意味で比較してはいないにせよ、たんなる偶然の一致とは言えないだろう。

「ドイツ」とは、旧神聖ローマ帝国の版図にあった「ドイツ」という地域であり、また自身影響を受けたフィヒテによって鼓舞された「ドイツ」でもある。フレーベルは、バラバラな領邦をドイツに統一していくイメージを積み木に投じることはほとんどないが、当然、一人の人格から家族を経て世界までの「統合」を思い描くフレーベルにとって「ドイツ」は統合の象徴でもあろう。いずれにしても、一般ドイツ幼稚園では、人間のみならず植物が一緒に育つことが目標に据えられていた。幼稚園のドイツ語の原語がキンダーガルテン（子どもたちの庭）であるのは、そのためでもある。ちなみに、日本でキンダーガルテンを「幼稚園」と訳したのは、真宗大谷派の僧侶、関信三である。関は、ヨーロッパ外遊中にフレーベル教育に感化され、東京女子師範学校内の日本最初の幼稚園、つまり現在のお茶の水女子大学附属幼稚園の設立に携わり、初代園長となった。幼稚園が創設され、かつ翻訳された年はともに一八七六年。フレーベル没後わずか二四年後であるというのは、幼稚園の同時代史的意義を考えるとき特筆すべきことであろう。

フレーベルは、「家族の一員としての、民族の一員としての、また人類の一員としての人間、すなわち子どものなかに活動衝動・探求衝動および形成衝動をはぐくむことによって、家庭生活をはぐくんだり、民族や人類の生活を陶冶したりするための「一つの園舎 Anstalt」」を目指した。それは同時に「遊びと創造的な自己活動と自発的な自己教授によって、人間が自己を啓発し、自己を教育し、自己を陶冶するための施設、したがって人間の全面的な形成のための、またそれ自身統一的な形成のための「一つの施設」」でもあった[23]。さらに、フレーベルは言う。

幼稚園（Kindergarten）という言葉は、もしわれわれがその言葉を支えている語に注意を払うならば、みずからその方法（Wie）と手段（Wodurch）をわれわれに語ってくれる。すなわち、それは「子どもたちの庭において」（im Garten der Kinder）である。したがって幼稚園、幼稚園の完全な理念、もしくは明瞭に表現された幼稚園の思想は、必然的に一つの庭を要求し、さらにこの庭のなかに、子どもたちのためのもろもろの庭を要求する。〔……〕というのは、「人類の一員としての人間、すなわち子どもは、早くから個人としてまた個別なるものとしてと同様に、より大きな全体生命の一員としても認められ、取り扱わなければならないのみでなく、そのようなものとして自己自身を認識し、それを行為によって示さなければならないからである[24]（荘司雅子訳）。

フレーベルの計画書「幼稚園における子どもたちのための庭」（Der Garten für die Kinder im Kindergarten）では、片方には園芸植物、もう片方には農作物が育てられ、それらに挟まれるかたちで、幼稚園児がそれぞれ自由に植物を育てられる小さな庭が個別に（あるいは共有で）用意されることが想定されていた[25]。フレーベルは農作物にしか具体例を挙げていないが、その例を挙げてみると、スペイン・クローバー、いがまめ、むらさきうまごやし、葉キャベツ、ちりめんタマナ、赤キャベツ、白キャベツ、テンサイ、ルタバガ、食用葉牡丹[26]、ジャガイモ、ソラマメ、大豆、カラスノエンドウ、レンズ豆、エンドウ豆、キビ、スペルト小麦、カラス麦、大麦、ライ麦、小麦、アマナズナ、アブラナ、ナタネ、麻、亜麻、芥子、ヒマワリなどがある。穀物類、飼料、野菜、工芸用作物にいたるまで、ほとんど自給農場と言っても良いほどの多彩さである。これとは別に幼稚園を囲むように、比較的広い大麦畑と幼児専用の広い畑がある。幼稚園に菜園や花壇が設置されることはいまでも珍しいことではない。

では、このような農園的幼稚園と積み木の性質はどのように結びつくのであろうか。一般ドイツ幼稚園が創設される一年半前の一八三九年一月七日、ザクセン王国の首都ドレスデンのツヴィンガー宮殿で、皇后のまえ、すなわち、彼の生涯のなかでもっとも晴れがましい舞台で、フレーベルは自身の教育理念をこう訴えていた。

もし自然および人生のいたるところに、内的に統一している関連が存在しているとすれば――それが真理であることをわたくしどもは認めましたし、あるいは少なくとも真理と認められるものとみなしたわけではありますが――そうすれば、各々個々のものは、人生においてみずから全体であると同時に、全体の一部であり、それは部分的全体（Gliedganzes）でなければなりません[27]（荘司雅子訳）。

「部分的全体」は、辞書にも掲載されていない、分かりにくい概念である。自分を部分的全体として認めるということは、要するに、自分を全体でもあり部分でもある存在と認めることである。つまり、こうした二律背反を引き受ける存在形態のことだ。そして、もちろん、部分であり全体である存在形態を理解するためには、やはり、積み木がもっともふさわしいことは、すでにこれまでの記述で明らかであろう。フレーベルは、別の論文でこう述べている。

人間はしかし被造物であり、そしてこのようなものとして、彼は部分であり全体である。それゆえに人間は一個の部分的全体である。［……］

生命そのもの、生命それ自身であり、それゆえにまたふたたび生命をあたえるものとしてのこの本源的・根本的な人間の本質は、人間の創造的な形成衝動のうちにあらわれている。そしてこの本源的・根本的な本質は、すでに子どもにおいて、すなわちものを観察し、ばらばらにし、ふたたび一つにしたり、また構成したり創造したりする子どもの活動衝動のうちにあらわれている[28](荘司雅子訳)。

つまり、幼稚園は、子どもと植物を同時に育てるところであり、子どもは植物の生育をいわば鏡にするばかりでなく、積み木にみずからの形成衝動や活動衝動を投影して、それを鏡にして育つ。植物もまた生命の部分と全体を担うものであるからである。神、自然、人間を理念的に結びつけるために絶対にはずせない遊具こそ、積み木にほかならなかった。積み木の「生産と分解」および「増殖と制御」という性質は、植物と人間という生命あるものを同時に表現し、さらに、人間のさらなる自己増殖である経済建設および都市建設をも胚胎するおもちゃであった。

6　歌と音

これまで、積み木の組み立てと分解という現象の考察を、その発明者フリードリヒ・フレーベルの生涯からヒントを得つつ進めてきた。だが、積み木というおもちゃから汲み出すべき要素は、まだなおたくさん残されている。積み木を発明したフレーベルの教育思想と、彼が影響を受けたルソーやペスタロッチのそれとの差異、神学の影響、積み木を依頼されて作った指物師ハインリッヒ・レーンなる人物、フレーベルのその他の恩物や遊具との関係など、本論はあまりにも多くの課題のまえを無神経に素通りしてきたようにさえ感じる。

ただし、たとえこれらの課題は別の機会に譲るとしても、フレーベルが指遊びだけでなく積み木遊びにも「歌」をつけていたという事実を見過ごすことだけは、やはりここでは許されないだろう。たとえば、第三恩物の歌には「うえした　したうえ、うえした　したうえ」とあるが、「Auf und ab und|ab und auf,|auf und ab und|ab und auf」という詩の、一語一語に音階をつけるようにフレーベルは指示している。また、自己増殖を制御する積み木としての、第四恩物については、こんな詩が説明文のなかに突然あらわれる。

ごらん　なんとたくさんの美しいものを
わたしは立方体からつくり出せるのでしょう
椅子　テーブル　パン焼きかまど　腰掛
トランク　安楽椅子　書棚つきの文机
あなたの小さなベッドまで
みんな必要な家具ばかり
まだまだたくさんあるのです
安楽椅子やカウンターテーブルもあなたの前にありますよ

まだまだたくさんのいろんなものを
わたしの立方体はたえず新しく見せてくれます
わたしが立方体を好きなのは
こんなにもたくさんのものがこめられているからです
立方体は本当に　小さな世界なのです(29)

（荘司雅子訳）

また、フレーベルは『母の歌と愛撫の歌』（一八四四年）という本を刊行し、彼の書いた母と子の愛撫や手遊びの詩のほとんどにローベルト・コールが曲をつけている。歌にあふれた幼稚園生活のなかで積み木遊びに歌があることは、取り立てて驚くべきことではないかもしれない。だが、フレーベルのもたらした革新性はまさにここにある。というのも、積み木を積みながら歌をうたうことは、歌の原初的形態と呼ぶべきものだからである。歌と労働はかつて不可分のものであった。田植唄、馬引き唄、粉ひき唄、木挽き唄などの労作歌は、もともと仕事の苦痛を軽減させること以外に、仕事にリズムをもたらす、あるいは、共同作業者との呼吸を合わせるという効果があった。積み木をはじめ、さまざまな遊びにメロディーがつけられるフレーベルの幼稚園は、まさに、リズムのなかで作業を活性化するという効果を園児にもたらす。

ただし、フレーベルの積み木の論考には、積み木を積み立てるときの歌があっても、積み木を崩すときの音に注意が払われていない。そもそも、崩すときの音に関する描写がない。それこそフレーベルが教育の現場にあってはならないと考える「乱れ」であり「無秩序」だからかもしれない。すでにこれまで述べてきたとおり、フレーベルが積み木の性質として分解と統一に言及するとき、重きはつねに「統一」に置かれ、「分解」はあくまでその補助的役割を果たすにすぎなかった。積み木はつねに整理され、一定の遊具箱に入れられる。積み木を共同で使用することは大いに奨励されていたが、その場合は、かならず、自分のものと他人のものを認識して使用し、最後には自分の箱に片付けることが注意書きとして述べられていた。

けれども、積み木が崩れる音は転生の音でもある。それは、積み木の分解の副産物であり、発酵の音でもある。積み木が地面にぶつかる音は反転の音でもある。積み木がまさに崩れようとするときの息を呑む空気の緊張は新しい世界の兆しであり、そのときの気配は何かが生まれることへの期待である。これは象徴的に述べているのではない。積み木遊びをフレーベルほどの子どもの観察に卓越した能力を持つ人間であれば、崩すという幼児たちの仕草と、崩す寸前に熱を帯びる幼児たちの赤らんだ顔と、幼児たちのまわりを包む張り詰めた空気のなかに新しい創造性がすでに含まれていることに、もっと目を向けてもよかったはずである。さらに言えば、積み木というおもちゃは、生産も増殖も分解の一構成要素にすぎず、基本的には分解過程のなかの一瞬の輝きにすぎないことを伝えているようにさえ思える。

フレーベルが積み木遊びから「秩序」を生み出そうとしたことの意義は認めつつも、なおそのうえで、以下のようなことを想像せずにはいられない。積み木を、何よりもまず「分解するおもちゃ」だと定義できれば――。かまど、家、城、都市空間、そういった建造物を「作り上げるもの」である以前に「分解されるべきもの」ととらえれば――。その建造もまた分解に向かってなされているのであり、分解されるべきものを建設することを建築と呼ぶのであれば――。幼児の教育は幼児を高みに連れていくのではなく、無秩序な深いところで磨かれることであるならば――。人間の成長は統一ではなく、人間を柔らかくほぐしていくことだとするならば――。この世界に増殖し続ける建造物・生産物がすべて分解しやすいものであったならば――。

積み木は、そんなありえたかもしれない別のしなやかな「世界」を静かに示している。あるいは、幼稚園の園庭にあふれんばかりに育てられることが想定されていた植物も、ものが不変ではなく、枯れて土に還ることを園児たちに長い時間をかけて無言のまま教えてくれている。人間も土のように、ものを分解し、みずからも分解していく存在であると自己認識できるのであればば――。精神も「統一」から漏れ出るものがあり、それがまた人間の特徴となり、創造性の源になるとするならば――。人間総体をもっと異なったふうに、柔らかく、寛容に捉え直すことが幼稚園という環境のなかでこそできるのではないか。

しかし、フレーベルは、教育学の論考のなかで植物に言及するとき、植物が種から芽を出し、花を咲かせ、実を成らせるところまでしか基本的には目を向けていなかった。幼児の心と体に対してもまたそうであった。フレーベルの捉え方や思想を正確に訳し紹介した荘司雅子も、以下の[30]ように論じている。

彼に言わせると植物であろうと人間であろうと、およそ発育するものはすでに発育の条件を自己のなかに具えている。言い換えれば完成された全き人間となることは、子どもの最初の出現の中に決定的に横たわっていて、それはあたかも完成された花や木になることが、すでに花や木の最初の芽生えの中に秘められているのと同じである。(31)

けれども、生産や創造がもたらす秩序ではなく、分解がもたらす秩序が想定されてもよかったのではないか。育つことの条件はすでに種のなかにあり赤ん坊のなかにある、というフレーベルの教育と自然をつらぬく哲学は、もちろん、個別性、多様性を育てようとする教育学の理念からすれば欠かせぬ主張だっただろう。けれども、植物の未来のあり方はすべて種につまっているわけではない。人間の性質もその赤ん坊のなかに、現代の言葉で言えば遺伝子の塩基配列のなかにすべて胚胎しているわけではない。植物は、土と空気と太陽がなければ育たない。暗い土のなかに棲む無数の生きものたちの、身勝手でいながら連携的なはたらきがあってようやく植物に生育の機会が与えられることは、当時のフレーベルが理解することは難しかったかもしれないが、一時は農学者を目指したフレーベルほどの自然科学の知識があれば、すくなくとも土壌の役割や日光のあたり具合が植物の生育に影響を与えることについては知っていただろう。そもそも完成されたものなどあるのだろうか。完成とはそれほど必要不可欠のものなのか。傷、裂け目、割れ目、機能不全を排除する完成とは何か。完成を前提にする教育からもしも脱却できるとすれば、そこにはどんな教育学が、どんな教育の場《にわ》がありえるのか。完全な作物の生育を目標とする農学からもしも脱却するとすれば、そこにはどんな農学がありえるのか。未完成を前提にし、生産だけでなく分解を重要な教育や農業の目標にするような世界は、はたしてどんな世界であるのか。

この問題は、少年と少女にはすでに完成された「男らしさ」と「女らしさ」が宿っており、積み木遊びもまたそのようになっていくというフレーベルの男女の役割分担の発想にもみられる。荘司雅子もこう述べている。「少年は早くから事物を支配し統御していくという使命を予感し、少女は自然と生命とを育むという使命を早くから予感する。だから同じく結合された球と立方体でも少女にとってはそれが人形や子どもになるが、少年にとってはステッキになったり馬になったり竹馬になったりする」[32]。幼児教育の主役があくまで母親でしかないことも、母親以外の人間の役割を論じる箇所があまりにも少ないことも、当然、現代の読者であれば気にかかるところであろう。もちろん、フレーベルの時代状況を差し置いて彼を批判することは慎まなくてはならない。ゆえに、第二恩物を崩すことがもたらす偶然性は、「女らしさ」や「男らしさ」のカテゴリーに入らない何かを文字通り創造する契機を生み出さないだろうかという疑問を提示すること以上、本稿は立ち入らないようにしたい。

ちなみに、「作曲」は英語で composition という一方で、生態学の用語でミミズや菌類などによる動植物の死骸の「分解」のことを decomposition というのは示唆的であろう。組み立てられた音楽と、分解する音に両方耳を傾けることが、積み木の可能性を探るうえで、やはり重要ではないか。

7　食べる分解者たち

とはいえ、実践から宇宙論まで、カントやシェリングやフィヒテやペスタロッチの読書に没頭しながらも、それをあくまでみずからの頭で考え抜き、ひとつの指針、体系、そして道具や場所までも作り上げたフリードリヒ・フレーベルという人物のはたらきぶりは、ひとつの実践哲学と言って良いだろう。そして、その哲学はもちろん、カントやヘーゲルのような体系性と論理性を持ちえなかったがゆえに、未完のものであったとはいえ、あるいは、神秘的な叙述に走ってしまうことがたびたびあったとはいえ、積み木と幼稚園の発明によって、重心を低く保ち続けた。実践的であり、それゆえ何度も挫折をしたのだが、安易な象徴主義やロマン主義をとことん排除するデューイでさえも、「学校」の先駆としてフレーベルの「幼稚園」の発明を激賞したのであった。それらを通じて、現代社会を生きる私たちの多くが育っていることからしても、すくなくとも、私たちにとってフレーベルを見つめることは自分自身の由来をも見つめることになる。

フレーベルの哲学に積み木の崩れる音を響かせるとき何が起こるのだろうか、という問いは、だから、フレーベル自身の課題ではなく、私たちの時代の課題と言うべきである。幸いにも、彼が書いた「味の歌」という詩とその解説には、フレーベル自身を乗り越える契機を孕んでいる。

我が子よ、お口をあけてごらん

いいことを教えてあげましょう——
やわらかいすももをかんでごらん
舌を使うのですよ
こんどはりんごをかんでごらん
りんごもたべましょう
おや　お口をすぼめたのね
紙に火がついたよう
すっぱい　すっぱい　とってもすっぱいわね——
甘いほうがずっとすきですね
でも　あのにがいアーモンドの実も
あなたは好きです
少し口がゆがんでも
にがいものも薬になるのです
子どもはにがいものをときどき食べます
にがいものもこの世はあまくします
けれどもよくうれていないものは渋味がきつくて
食べると病気になります
だからあなたはよくうれていないものは

どれも食べません（荘司雅子訳＋藤井俊彦訳）

「おかあさん、あなたの子どもにとって色々な感覚、とくに味覚の開発よりももっと重要なことがあるでしょうか」[33]と母を諭すフレーベルにとって、「食べること」と「食べないこと」もまた教育にとって欠かせぬ要素であった。しかも、フレーベルは、積み木を口に入れてそれを分解しようと試みる幼児の動作もきちんと観察していた。「子どもは少なくとも、たとえばそれをまだ小さい片にかみくだくことができなくても、少しでもかみくだこうと何でも口へ運ぶのです。しかしそのことによって、この現象には原因があり得るし、また実際にあるということがけっして否定されはいたしません。とにかくわたしたちは、みんな子どもの分離的な精神を知っており、（もしその精神を十分に注意して保育しないならば）それは破壊的な精神になるものであることをよく知っているのであります」[34]。

幼児がなんでも口に入れてかみ砕こうとする行為に、フレーベルは、幼児の破壊性と創造性を両方とらえていたのである。つまり、人間も、ものを食べ排出する分解の担い手なのである。この点、フレーベルが自給作物による給食について、さらにそれを作って食べる教育的効果について論じていないのは惜しいが、現在世界各地の幼稚園や小学校でそれが実践されていることは周知のとおりである。

噛み、出し、また噛む。

積み木が崩れることも、それが床や近くの積み木と衝突して、これ以上分解されないだけの硬さへの信頼をもとに、跳ね返り、また別の文様を床に描くとき、積み木の一つ一つのパーツがつぎなる建造物を作ろうとする構成要素へと同時に変身している。それが分解という一連のプロセスであり、破壊性と創造性をともに、そして同時に兼ね備えた現象であり、これが自然から社会まで世界の根本的な現象であるととらえることが、「循環」という概念ではなかなか十分にできなかったのではないか。細菌と菌糸に満たされた循環論にとって分解論は本来中心であり、これまでもそれは論じられてきたのだが、循環論自体があまりにも清潔に描かれるようになり、貨幣や資本の循環という意味に「循環」が染まり、部品への分解から再構成へという生産工程の意味に分解の意味がとらわれすぎているうちに、本来の分解論はすっかり足腰が弱くなってしまった。たしかに、分解を担う存在は、歴史や自然の暗部、陽の当たらない場所で生きていて人間の意識にのぼりにくい。しかも、その「循環」が国連や国家や環境団体によって擦り切れるほど使用された現在、「分解」の探究は切迫した課題であると私は思う。

崩れて、響き、跳ね返る。

廃墟から希望が生まれるというような安易なロマンティシズムではなく、危機にこそ希望が宿るというような一発逆転の賭け事のようなアイロニーでもなく、ましてや敵を「粉砕」し、破壊し尽くすというヒロイズムでもない。もちろん、無常のことわりにすべてを委ねるわけでもない。崩れて、響き、床から跳ね返る積み木を、そしてその再生の形態と副産物としての響きを、ここではさしあたり「分解の哲学」の基本形としたい。

第3章　人類の臨界——チャペックの未来小説について

1 「分解世界」と「抗分解世界」

人類が長いあいだつきまとわれている思いのひとつに、不老不死や若返りの願望がある。自分の肉体の耐久性が思いのほか短いと気づき、不遜にも永遠の生命を有する神のように永久に、そうでなくても平均以上に長く、ハリのある瑞々しい肉体を保とうと足掻いたあきらめの悪い人物は、枚挙にいとまがない。古今東西さまざまな不死についての神話、伝説、歴史が残されているばかりでない。いつまでも若い肉体でいたい、という切ない願いは、今も昔も西も東もごく普通の人間らしい感情として温存されている。世界各地にある若返りの泉から、錬金術師たちの作り出す怪しい秘薬、ゲーテの『ファウスト』、ファラオからレーニン[1]や毛沢東までのミイラの群れを経て、製薬会社や食品メーカーや化粧品メーカーが喧伝してやまない「アンチエイジング」にいたるまで、そのリストをひとつひとつ挙げていけば、不老、不死、若返りというカルテは間違いなく人類の診察室を呑み込むであろう。

興味深いことに、不老不死に取り憑かれた人間のほとんどすべてが、周囲の人間たちをみずからの妄想に巻き込み、結局、自分の寿命さえ削っていく。この流れが、不老不死伝説のひとつのパターンとなっている。彼らの伝説は、英雄伝説というよりは、こんな不遜な試みをしてもなんらいいことはないし、かえって害悪でさえある、という戒めとして通俗道徳的に機能することが多い。

よく知られているように、中国は不老不死の仙人伝説の国である。[2] 秦の始皇帝は、天下を統一したあと、仙人が住むという東方の蓬萊山へ徐福（徐市）や盧生を遣わし不老不死の薬を探させた。徐福は、和歌山の新宮や韓国の済州島に降り立ったと言い伝えられ、新宮市にはその墓が存在し、済州島の南部にある都市の名前は、徐福が降り立ち帰って行った浦という意味から徐帰浦と名づけられたとも言われている。漢の武帝も蓬萊山や不老不死の錬金術に取り憑かれた。唐の皇帝二〇代のうち六人は、道教やその源流となる神仙思想に由来をもつ丹薬という不老不死の薬を飲んで中毒死したと新旧の『唐書』には記されている。

海の女神テテュスは息子のアキレスを不死身にするために黄泉の国の川に身体を浸す。唯一川に浸からなかった踵がパリスによって射抜かれるという有名な話も、不老不死を与える黄泉の国の川という前提があったからである。インドの神話では、不老不死の飲料であるアムリタを巡って神々と魔族が争う。かぐや姫は月の世界に昇天するにあたり、かぐや姫を愛した翁と帝に不老不死の薬をわたすが、翁はそれを服さず、帝は「逢ふことも涙にうかぶ我が身には死なぬ薬も何にかはせむ」と嘆き、天にもっとも近い山である富士（不死）の山でその薬を燃やさせる。[3]

能や長唄の演目である「菊慈童」（「枕慈童」とも呼ばれる）では、魏の文帝が遣わした勅使が、周の穆王から下賜された二句の経文が記された枕をもつ七〇〇年も前から生きている童と出会う。その童から、二句の経文を記した菊の葉の露を飲むと不老不死になることを聞くという珍しく爽やかな不老不死伝説である。一方で、もっとも爽やかではない事例としては、一六世紀末から一七世紀初頭にかけて生きたハンガリー王国の貴族バートリ・エルジェーベトが筆頭に挙げられるべきだろう。バートリは若返るために若い娘を虐殺してその血の風呂に浸かったとも言われ、バートリを一つの源泉とする伝説こそが、若い女性の血を吸うことで不死の身体を保つ吸血鬼伝説にほかならない。血による若返りといえば、北欧神話の英雄ジークフリートが討伐した悪竜ファーフニルの返り血を浴びて不死身となるという話もワーグナーのオペラなどを通じて人びとに親しまれているだろう。

もちろん、人間の血を浴びるには、それだけの権力と凶暴さが必要となる。それを持っていないほとんどの平凡な人間にとっては、もっとも平凡な液体である水こそが長寿の薬である。ニュージーランドにあるミルフォードサウンドの大きな滝は、マオリ族の伝説によると神が魔法の石斧で切り開いた滝で、その水しぶきを浴びると若返ると言い伝えられている。かつて長寿世界一もいた長寿の地域として有名な広島市温品《ぬくしな》には水を飲むと長寿になるという井戸があり、島根県旧横田町の坂根地区には古狸が飲んで長生きしたという延命水が湧き出ている。長寿になる食べものも多い。たとえば、沖縄本島や八重山諸島で食べられているセリ科の多年草「長命草」は一枚食べると一日寿命が延びると言われている。

しかし、日本列島に絞ってみれば、八百比丘尼《やおびくに》（白比丘尼、白美久人）の伝説ほど有名な不老不死の伝説はないだろう。人魚の肉を食べて、あるいは、九つの穴のある貝を食べた若い女性がそれっきり老いないまま八〇〇年も生き、全国を行脚して、椿や杉や榎などを植えたという伝説である。柳田國男の『山島民譚集（二）』（一九六四年）によると、その出身地は若狭と言われることが多いが伯耆や出雲という説もある。比丘尼の植えた木や墓など、彼女が訪れた痕跡や言い伝えは、隠岐、能登、熊野、箱根、武蔵、下野、会津など全国各地に残されている(4)。八〇〇年も生き続けた女性が歩いて木を植えているかもしれない列島を、この列島の住人たちは生きてきたのであった。

以上のような不老不死の神話や伝説は、世界各地に伝わるもののほんの一部にすぎない。老いることへの恐怖、死に向かうことの不承、こうしたごく自然な感情は、永遠の生命への憧憬が古来人びとの心を捉えて離さない証拠のひとつだと言えるだろう。我が身が平均的なホモ・サピエンスの耐用年数を越えて生き続けるという幻覚は、人類にとって不治の病なのである。

とはいえ、このような病に罹ることは、人間の生命活動の仕組みをある程度知る者からすれば、避けられない病とさえ言える。いや、それどころか生命を維持していくためには必要な病だと言っても良いかもしれない。人間は、ほかの生命体と同様に老化し、腐敗していく運命にある。それを承知のうえで、人間は誰しも、その運命を棚上げし、日々抗し続ける小さな英雄であろうとする。食べて飲んでは体内に栄養を吸収して排出することを繰り返し、歯を磨き、体を洗い、汚れと菌を拭い落とし、体内の物質を入れ替えるという、見方によってはとても面倒な行為を反復することで生命を保ち続けようとする。あらゆるものを腐敗や風化へと導く世界を「分解世界」と呼ぶならば、分解世界は呵責なくあらゆるところであらゆるものを分解に向かわせているが、にもかかわらず、そのなかにあって生命体を構築し維持するいわば「抗分解世界」を作り上げる人間のあらがいは、生命の基本的な姿とも言えるであろう。端から自己の将来の解体を暗黙に受け入れつつ「抗分解世界」を保ち、守り、その束の間の安定状態のなかで次世代の生命を生み出していくことが自然な生命の営みであるとすれば、不老不死伝説は、生命の営みに忠実な人間のごく普通の願望の反映なのである。

2 『マクロプロス事件』

けれども、二〇世紀、とりわけ、一六〇〇万人もの死者を生み出した第一次世界大戦以後の不老不死願望は、古くから伝わる不老不死伝説とは少々異なった様相を呈しているように思える。人間が、とりわけ二〇歳にもならない若者が、これほど戦地で裂け、砕け、腐って、風化していった戦争は有史以来存在しなかった。戦場から遠く離れた場所で暮らす幼い子どもや女性や老人がやせ細って餓死していく戦争も、前代未聞であった。それを描いた写真や文章は、高速輪転機と海底ケーブルによって瞬く間に世界中に広がっていった。一方で、その殺傷能力を支えた化学と生物学と工学の発達によって、土に還りにくいものが身の回りに溢れ始める。木材、羊毛、亜麻、藍、藁、土の作り上げていた「分解世界」のなかに、コンクリート、プラスチック、化学繊維、化学染料、化学肥料、除草剤、化学洗剤、使用済み核燃料など、人間の生命の何倍もの耐久性をもつ膨大な制作物が毎日の暮らしのなかに入り込み、それに囲まれて過ごすことに人間たちも慣れてきた。人間自身もまた、医学の進歩によって、つねに生まれたてで、どんな器官にもなりうる幹細胞を手に入れ、人間の身体をかなりの程度にわたって老化させないことも近い将来可能になりつつある。数十年の寿命をもたらす高価な薬を自分の腕に注射するかどうかが個人の人生観と財布に委ねられるようになる時代も、そう遠くないのかもしれない。

大戦以降の死生観の転覆と再構築、これはまさに、自然観、動物観、人間観、世界観の崩壊と再生でもある。こうした大きな問題に真正面から取り組んだ書き手は多くないが、チェコの作家でジャーナリストのカレル・チャペックはその数少ない事例のひとりであると私は考える[5]。なぜなら、第一次世界大戦以後、短い人生のなかで膨大な作品を発表し続けたチャペックは、日常の淡々とした営みの裂け目にのぞく異世界を丹念に描き、人間や世界の臨界に私たちの眼を向けさせてきたからである。しかも、「ロボット」にせよ、「原子力発電」にせよ、チャペックがサイエンス・フィクションのなかで作り上げた未知なるものが、二〇世紀後半に実現し、いまなお私たちの暮らしを支え、自然観や人間観を大きくかえてきたからである。さらに言えば、一八九〇年生まれのチャペックは、一八七九年生まれのヨシフ・スターリン、一八八九年生まれのアードルフ・ヒトラー、一九〇四年生まれのロバート・オッペンハイマーと同時代人でもあり、死と崩壊、そしてそこからの再生のテーマは一九三八年に亡くなるまでついに彼の頭から離れることがなかったのも、こうした時代と無関係ではないだろう。

チャペック三二歳のときの戯曲『マクロプロス事件 Věc Makropulos』(一九二二年)は、不老不死伝説にまとわれがちな哀しさを十分に引き継ぎながらも、二〇世紀的な人間だからこそ抱きやすい、みずからの耐久性の悩みについて描かれた喜劇である(6)。主人公は八百比丘尼や菊慈童ほど長生きではないにせよ、一五八五年生まれで三〇〇年間生きてきたエミリア・マルティである。

一六〇〇年ごろ、プラハ城に居を構えていた神聖ローマ皇帝ルドルフ二世は、エリナ゠エミリアの父ヒエロニム・マクロプロスに不老不死の秘薬を作らせる。その秘薬が毒ではないことを証明するために、父は一六歳の娘のエリナに飲ませる。一週間ほど、高熱のまま意識を失い寝込むが、回復する。しかし、皇帝は父を詐欺師だと怒り、投獄する。不老不死を証明することなど皇帝の権力をもってしてもできないからである。身の危険を感じた娘のエリナは、秘薬の処方箋を持って、ハンガリーかトルコと思われる国外に脱出する。そのあと、ロシアの歌手イェカチェリナ・ミシュキン、ウィーンの宮廷オペラの歌手エリアン・マック・グレゴル、ドイツではエリザ・ミュラー、スペインではジプシーの踊り子エウヘニア・モンテス、そして現在のエミリア・マルティと、E・Mという頭文字はそのままで名前と住所を変えつつ、生きてきた。ついに三〇〇年の秘薬の効果が消えようとするいま、エミリア・マルティは、自分がエリアン・マック・グレゴルだったときに内縁の夫ヨゼフ・フェルナント・プルスにわたした秘薬の処方箋を取り戻そうと考えていた。折良く、エミリアの息子の血をひくグレゴルと、エミリアの血をひかないプルスのあいだでヨゼフの遺産をめぐって争う一〇〇年に及ぶ裁判に決着がつけられるとの情報を新聞で目にし、自分の息子の末裔グレゴルの弁護士であるコレナティーの事務所のところへやってくる。エリアンは、劇場の観客が五〇回もカーテンコールを要求し、舞台操作係も鳥肌が立ち、掃除婦も涙がとまらなくなるような美しい歌をうたう美貌の持ち主で、毎回新聞で絶賛されるような歌手である。遺産相続の当事者、弁護士、その家族のあいだのやり取りがこの戯曲の主な内容であり、エリアンに恋い焦がれたり、翻弄されたり、その真実を知って驚愕したりした男たちが、最後にエリアンを即成の法廷に呼び、審問する。レオシュ・ヤナーチェクの同名のオペラ『マクロプロス事件』は、チャペックのこの戯曲をオペラにしたものである。

ただ、ヤナーチェクの改変にともない削除された審問後の議論のシーンをわたしは取り上げてみたいと思う。ついに、マクロプロスの秘薬を取り戻したが、自白剤のような少量の毒を弁護士に飲まされるエミリアは、自分の名前が「エリナ・プロス」であると絞るように告白したあと、倒れる。ヤナーチェクがカットしたのは、となりの部屋で介抱されているあいだに、ついにエリアンの歴史を信じることにした男たちがその秘薬をどうするかについて議論する場面である[7]。

3　もはや神の未熟児ではなく

この戯曲のなかで、マクロプロスの秘薬にもっとも魅せられるのは、コレナティーの弁護士事務所で働く司法書士で、フランス革命の歴史研究を趣味とするヴィーテクである。冒頭で、一〇〇年に及ぶ遺産をめぐる裁判がついに終結する日が来たことを残念がるように、ヴィーテクは、歴史のなかに偉大な精神を感じ取り、歴史の知の欲望に飢えている。そのうえで、マラーとダントンの演説を諳らんじれるほど彼らと彼らの啓蒙の精神を崇拝している。マラーにもダントンにも実際に会ったことのあるエリアンは、ダントンが「口じゅう虫歯だった」とかマラーは「手にひどく汗をかく人」であったと言い、「偉大なものなんて、もともとありゃしないのよ」とヴィーテクを冷淡にあしらうように、この劇の構図のなかで、「不滅の肉体」をもつエリアンと対極をなす「不滅の精神」を信じる役回りを演じている。その対立は当然、体験記述と史料分析という人類学と歴史学の方法論的対立とも似てなくもない。そんなヴィーテクが、最後の議論の場面で秘薬の処方箋の扱い方について、誰よりも早くこんな提案を出す。「すべての人に与えようではありませんか」。ヴィーテクはその理由をこう述べている。

［……］わたしたちには喜ぶ暇もありません。また、思索の時間もありません。それに、何をするにも時間がないのです。何をするにも——一切れのパンを求めてあくせくする以外には！　そして、人間は何も知らず、何も認識せず、何も完成しない。自分自身が自分自身を知ることも、認識することも、完成することさえもない。この出来そこないのかけらめ！　人間はなぜ生きるのか？　そんな人生に、はたして、生きる価値があるのか？

われわれは動物のように死んでいきます。死後の生、霊魂の不滅への信仰は、人生の短さにたいする激しい不満の表明以外の何でありましょう？　こんな生命の長さでは、動物にならす分でしょうが、人類には絶対に、絶対に不足です。承服するわけにはいきません。あまりにも不公平です。こんなに短くしか生きられないというのは、おそろしく不公平です。人間は亀やカラスよりは、多少はましなはずです。人間には生きるための時間がもっと必要です。六〇年なんて、そんなものは奴隷の軛《くびき》です。そんな人生では人間は欠陥だらけのままだし、動物同然、無知蒙昧《むちもうまい》に終ってしまいます。

人類全部に三百年の生命をあたえたまえ！　そうなると人間創造以来、最大の大事件になりますよ。それは人間解放になるでしょう。それは新しく、かつ、決定的な人間創造になるでしょう！　おお、人間を三百年、生かすことができるなんて！　五〇年は子供となり、生徒となる。そして、五〇年は世界を認識し、存在するものすべてを見る。百年はあらゆるもののために役に立つように働く。続く百年間は、すべての人間が認識に到達し、賢知のなかに生き、支配し、教え、模範を伝える！　もし三百年間も続くとしたら人間の一生はなんと有意義なものとなることだろう！　戦争もなくなるだろう。財の蓄積に狂奔することもなくなるだろう。恐怖も利己心もなくなる。誰もが賢人となり、権威となるだろう。（両手をにぎりしめる）最高に、完璧になる、もはや神の未熟児ではなく、真の息子となるだろう。人間に生命をあたえたまえ！　充実した人間の人生を生きるための生命を！（田才益夫訳）

以上のような理由をもとに提案されたヴィーテクの民主主義的解決案以外には、一服一〇年というふうに寿命を延ばす薬品を製造し、それを販売しようとする資本主義的解決案、フェルナントの血を引いている者のみが服用できるという民法的解決案、そして、選ばれた貴族だけが服用し、長寿貴族階級を設立して、その階級が「凡庸な虫けらども」を支配するという新しい身分制度の創出案などが挙げられる。だが、結局、どれもが否定され、最後は、作中人物のなかでもっとも若い、ヴィーテクの娘で歌手の卵であるクリスティナが暖炉に処方箋を投げ入れて、その処方箋の燃え残りからいやなにおいが放たれるところで、幕が閉じる。最後の長寿貴族階級創設案は、プルスによって提示されたものだが、のちのナチスの血に基づく貴族創出計画を知っている後世の者は戦慄を覚えざるをえない。しかしチャペックは、それよりもヴィーテクの民主主義的解決案に紙幅を割いているところからも分かるように、ヴィーテクにかなり思い入れがあるような印象を与える。

さらに、このヴィーテクの議論には、チャペックのほかの作品に繰り返し現れる同型の問題がほぼすべて含まれている。それは、人間と動物の境界はどこにあるのか、人間はどれくらい労働や生活から離れて精神的自由を獲得することができるのか、成熟と未熟の違いはどこにあるのか、戦争はどのようになくなるのか、人間と世界にとって終わりとは何か、という五点である。人間と動物のあいだにある敷居は案外と低く、場合によっては入れ替わることもあるというのは『虫の生活から Ze života hmyzu』(一九二一年。兄ヨゼフとの共作)や『山椒魚戦争 Válka s mloky』(一九三六年)のテーマであり、労働を捨てさらなる自由を求めて狂奔する人間は、『RUR R.U.R. Rossum's Universal Robots』(一九二〇年)や『絶対製造工場 Továrna na Absolutno』(一九二二年)、『山椒魚戦争』の主人公の共通の特徴であり、人間の永遠の未熟さについては教養小説的展開を作品のプロットとして選ばないチャペックの小説の、ほぼすべての底に流れるモチーフであり、戦争についても代表作のかなりのものが最終的に行き着くクライマックスである。『虫の生活から』、『絶対製造工場』、『山椒魚戦争』のほかに、絶対平和主義者の登場する『白い病気 Bílá nemoc』（一九三七年）がとくに戦争を中心的なテーマとして扱っている。個人のみならず人類にとっての「終わり」も、『絶対製造工場』、『白い病気』、『山椒魚戦争』をはじめとして、主要作品の重要な共通テーマとなっている。

さて、では、ヴィーテクはここで何を言おうとしているのか。

それはつまり、一人の人間の精神は肉体の軛から解放さえすれば永遠に進歩を遂げること、その進歩によって人間の精神が高められ戦争さえなくなる、という主張である。「一切れのパンを求めてあくせくする」ことから解放された人間は、もっと精神的なことにじっくり取り組むことができ、人間はもっと成熟する、とヴィーテクは信じる。肉体は分解に向かうが、精神は建設に向かう。肉体の分解さえ止めることができれば、精神は果てしなく成熟していく。この信念は物語の伏線、つまり、ヴィーテクの歴史家的ふるまいと啓蒙主義者的ふるまいによって裏づけられている。ヴィーテクにとって歴史を知るということは、そこから人間の一世代の生命を超えた何か「偉大なもの」を見出すことであり、啓蒙の道を歩むということは、時代を超越するような普遍で偉大なものを目指してたゆまぬ努力を続けることである。つまり、ヴィーテクは、人間総体の進歩を信じることで、蓬莱山の仙人や八百比丘尼や菊慈童が人類史のなかに登場する理由についてきわめて明快な解答を出したわけだ。

けれども、ヴィーテクの主張は、三〇〇年間生き「退屈」に悩まされてきたエミリアによって一蹴される。「芸術はね、人間がそれを完璧にできないかぎりにおいて、意味をもつのよ」。「人間が高められるなんてことがあるもんですか。何ごとにしろ、変わるなんてことは不可能です」。エミリアの経験論がヴィーテクの観念論を打ち砕いた、と言っても良いかもしれない。そして不老不死論争は最終的に、エミリアとヴィーテクのあいだをとりもつように、生命は子どもへと伝えられていくのでそれこそが永遠の生命ではないか、というプルスの意見で決着がつくのである。

チャペックが『マクロプロス事件』によって提示したこのような死生観は示唆に富んでいる——肉体の奴隷であるからこそ、精神は意味をもち、永遠の進歩などありえない。生命はバトンのように次世代にわたしていく共有物であって、一世代の個体が独占すべき私的所有物ではない。

ただ、エミリアとヴィーテクのあいだに走る亀裂は、世代間で生命をつなぐ生殖の神秘で埋められるほど浅くはない。ヴィーテクの言うように、不老不死への願いは、民主主義的で未来の進歩が期待される時代では、さまざまな階層に感染し、増幅するばかりだからである。そこでもうひとつ、亀裂を埋めるものとして登場願わなくてはならないのは、やはりフリードリヒ・フレーベルである。フレーベルの発明した積み木は世界の摂理の反映であるとともに、幼児の成長の鏡であった。積み木に反映される成長のヴィジョンが示しているように、人間の精神は、直線的に進歩を遂げるのではない。積み木のように、精神は、重力や、界面の滑りやすさ、落ち着きにくさによって支配されていて、崩れてはまた積み上げる、という繰り返しでしかない。しかし、その繰り返し積み上げられるかたちの差異のなかに、なんらかの偶然の「変化」や「変態」を見出することができるのである。

肉体が自然に向かって分解を遂げていく過程だからこそ、小さな「変化」を敏感にとらえ、それと共鳴する感覚と精神が育つのではないか。一切れのパンを求めてあくせくすることから離れた「賢知」など、二〇世紀以降、もはやありえないのではないか。ヴィーテクとエミリアのやりとりは、そんな自問を誘発するのである。

4　メチニコフのヨーグルト

前稿で述べたとおり、古今東西さまざまな時代と場所に根づいてきた不老不死の伝説は、カレル・チャペックの『マクロプロス事件』（一九二二年）によって、二〇世紀に持ち越された。三〇〇年間生き続けた主人公は、世界に君臨するどころか、肉体の不滅に耐えきれなくなって、倦怠に苦しみ、自分と比べれば短期間で死んで土に還る人間を羨んだ。

二〇世紀以降、地球の住人は、プラスチック、コンクリートから毒ガス、毒ガスとほぼ同じ成分の農薬、(8)そして核燃料にいたるまで、大量の不老不死の物質に囲まれて暮らしはじめた。科学技術の進歩にともなって、簡単には壊れない安定したものをさらに欲するようになった。現代世界の起点であり、(9)「骨の製粉機 Knochenmühle」とも言われた第一次世界大戦で、生まれてからまだ二〇年も経っていないような若い兵士たちが首も手も足も心もバラバラに引き裂かれ、腐敗していったことの反動であるかのように。大量生産された武器によって人間が徹底的に破壊された大戦は、人間の壊れやすさ、解体されやすさをこれ以上ないほど残酷なかたちで明らかにしたのである。戦後四年たって世に出た『マクロプロス事件』は、大戦の悲劇をなかったことにして、大戦以前の時代をユートピア化したのではなかった。大戦の非人間的悲劇をもはや動かせぬ事実として、その悲劇のあとでも人類が存続するとしたらどう生き続けるのかを描こうとした。チャペックは、不老不死への人間の憧れをこれまでにないほど的確かつ情熱的に説明しておきながら、突き放すようにシニカルな態度をとった。この態度は、チャペックの研究者たちのみならず、本人も認める「相対主義」などではない。チャペックが、初めて、時間とともに老いて死に腐敗していく人間のほうが、不老不死の仙人よりも自由であるばかりでなく、仙人よりも賢くなりうる、という不老不死の対抗伝説を描いたことの意義を、本人の言葉に惑わされるのではなく、私たちはもっと考えるべきだと思う。とりわけチャペックのように熱に浮かされるようにして世界を描いた作家が、自分の作品を誰よりも分かっているとは限らない。

ところで、チャペックは、『マクロプロス事件』の序言で、この戯曲のテーマに取り組むことになったひとつのきっかけがイリヤ・イリイチ・メチニコフの「自家中毒」説だと述べている。老化とは、大腸に棲む腐敗菌の出す毒素によって組織が衰弱することである。そう唱えるメチニコフは、かつてのロシア帝国、現在はウクライナのハリコフで生まれ、パリのパストゥール研究所で活躍した細菌学者である。[10] ブルガリアで長寿の人間が多い理由として発酵食であるヨーグルトを食べる習慣に目をつけ、乳酸菌の摂取によって腸内環境を改善して長寿を目指すためにヨーグルトを勧めた人物として日本でも知られている。チャペックがどこまでメチニコフを理解し、メチニコフの理論がどのように作品に影響を与えたかについては、正確には分からない。ただ、ひとつだけ言えることは、老化が科学的に説明できること、それゆえ、老化を防ぐ方法も科学的に考えられうるという二〇世紀的な過剰な「抗分解世界」の拡大の予感は、分解世界と抗分解世界のバランス感覚にすぐれ、その葛藤のなかでしか生を営むことはできないと考えたチャペックにとって、危機感を抱くものでさえあっただろう。もはや不老長寿の薬は、命さえ落としかねない危険な「秘薬」ではない。ヨーグルトのような安価で身近な発酵食品が秘薬となれば、逆に、有限なる個体の神秘は軽視されかねない。二〇世紀から現在にいたるまで、不老不死伝説は、ヨーグルトどころか長寿をもたらすと喧伝される膨大な食品と薬品によって強化されてきたが、チャペックは、そんな老化に過剰に怯える人間たちの住まう、いずれやってくるかもしれない不気味な時代に、「マクロプロス事件」という新しい伝説を前もって対置させていたように、わたしには感じられるのである。

5　人類はいつまでもつのか

さて、チャペックの作品群の空恐ろしいところは、人間の耐久性ばかりでなく、人類の耐久性までも問題にしたことである。とりわけそれは、チャペックのサイエンス・フィクションのなかに見られる。『RUR』、『絶対製造工場』、『クラカチット Krakatit』（一九二四年）、『山椒魚戦争』、『白い病気』などの作品のなかで、チャペックは、よく指摘されるように、作家人生のかなりの部分を、人類の終末、そうでなければ、その予兆を描いて過ごした。別の言い方をすれば、この地球上で人類はどのように滅びうるのか、という人類史の臨界を思考実験し続けた作家であった。そう自問することは、第一次世界大戦で瓦解したオーストリア＝ハンガリー二重君主国の住人にとっては、けっして異常な問いではないだろう。第一次世界大戦という破局的事件を、食料が圧倒的に不足するプラハ（一時、ヒシェに移住）で痩身病弱なまま乗り越え、チェコスロヴァキアの独立までたどり着いた体験は、[11]たとえ戦場に立つことがなかったとはいえ、作品に大きな影響を与えたことは想像に難くない。[12]戦車と毒ガスと飛行機と経済封鎖と火薬の破壊力、とくに自然も人間も斉しく粉々に砕くような砲弾の爆発力は、チャペックの少なからぬ作品の通奏低音となっている。

たとえば、核兵器を思わせる巨大な爆発技術を開発した化学者を国家と秘密結社が奪い合う『クラカチット』、人間と人間が極限まで殺し合う世界に行き着く『絶対製造工場』、山椒魚が生存空間を求めて地球の海岸を爆破し、人間と山椒魚が殺し合う『山椒魚戦争』、人間とロボットが殺し合い、最後に地球上がロボットと一人の人間だけになる『ＲＵＲ』、病気によってつぎつぎに人が腐敗し死んでいく世界を描いた『白い病気』は、どれもが呆気ない人類の滅び方を淡々とシミュレートし、文章化している。

チャペックを日本に紹介した先達たちは、しばしば、チャペックの作品にみられる彼の「人間愛」を褒め囃す。千野栄一のチャペック論『ポケットのなかのチャペック』は、一九七五年に発表されたとは思えないほどの鮮度を保っているが、千野は、アメリカのチャペック研究者のウィリアム・ハーキンズがチャペックのモチーフとして「完全な破壊」「包囲」「不明確さ」を挙げていることに同意できないとし、「痛いほど感じられる人間への愛こそが、多くの人たちをチャペック作品にひきつけてやまない魅力であろう」と述べている[13]。また、それから四〇年経て出版された飯島周の『カレル・チャペック』でも、「カレル・チャペック」の一連の作品を「ハッピー・エンドのアンチ・ユートピアを描いた」とする批評もあるが、著者の精神の根底にあったと思われる素朴な人間愛、または宗教的情念からすれば、救いのための当然の帰結であろう[14]」。どちらも、チャペック本人の言葉を引用して、チャペックの人間愛を裏づけようとする。たとえば、飯島は、「わたしは人間なるがゆえに人間を愛する、愚か者の仲間である」というチャペックの警句を引用している。

たしかに、チャペックのサイエンス・フィクションの作品群は、『白い病気』を除いてすべてに再生の契機が孕まれており、そこにチャペックの人間に対する愛のようなものが深く反映していることは否定できない。人類が一人しか地球上に残らなかった『RUR』の結末でさえ、ロボットの恋人同士に芽生えた人間らしいふるまいに一筋の光を見出す。チャペックの傑作ともいわれる長編小説『ホルドゥバル Hordubal』（一九三三年）も、スロヴァキアの農村で起こった妻とその情夫による夫の殺人事件を扱っているが、全編にわたって人間本来の熱に浮かされたようなことばや動きに尋常ならぬ愛着をもって書かれている。けれども、私は、チャペックのサイエンス・フィクションを読むなかで、この「人間愛」、もっと言えば「人間」というものが核にあると確信を持つことができなかった。そうではなく、チャペックは、自身の意図によるものであるにせよ、自身の意図とは関係ないにせよ、人間的なるものが崩壊した先に生まれつつある、何か新しいものをとらえようとしているように感じられた。その何かとは、ヒューマニズムを突破してからしかとらえられない、未聞かつ異形の世界ではないか、そしてそれは、『マクロプロス事件』でチャペックが活写したような「死ぬことのできない」人間にしか気づかない「死ぬことのできる」人間の壊れっぷりと腐れっぷり、あるいは老いっぷりではないか。チャペックの作品をポスト・モダンと評する研究もあるが[15]、より正確に言うならば、ポスト・ヒューマニズムなのではないか。このあたりについて、作品に即しながら、もう少し考えていきたい。

6　人類の臨界へ――ロボットの叛乱

チャペックの作品では、モダン社会、つまり、近代資本主義社会の崩壊のあと、それに引きずられるように、ヒューマニズムの臨界が描かれていくことが多い。その代表例は、戯曲『RUR』と、長編小説の『絶対製造工場』と『山椒魚戦争』である。あまり指摘されることがないが、どれもが、生産手段への過剰投資による生産物の過剰生産を扱っている。言うまでもなく、その行き着く先は、生産物の価格の暴落、つまり、経済恐慌であり、労働者の大量解雇であり、労働者が人間的に生きる条件の喪失である。ここではまず『RUR』を取り上げてみたい。

『ロボット』とも訳される戯曲『RUR』は、カレル・チャペックの文章に兄のヨゼフ・チャペックが挿絵を担当した共作である。ロッサムズ・ユニバーサル・ロボッツという独占企業が、会社の事務から熱帯のプランテーションの労働力にいたるまで、少し変更をすれば何でも担える人造人間を開発し、莫大な利益を得たあとの物語である。人造人間は、ロボット robot と呼ばれるが、よく指摘されるように、チャペック以前にロボットという言葉はなかった。ロボットは、兄のヨゼフが発案したと弟が主張している。語源は、チェコ語の robota (賦役)[16]、ドイツ語＝チェコ語辞典を引いても、Fronarbeit もしくは Frondienst、つまり、賦役または強制労働と訳されている。いずれにしても、近代的な契約的労働ではなく、身分制社会の領主が持っていた経済外的な強制力を用いて労働させるというニュアンスがここに込められていることは押さえておく必要があるだろう。つまり、高度資本主義社会が到来し、法的な手続きに基づいた契約関係によって雇用者が労働者を雇い利潤を生み出していく時代に、このRURという企業は、さらに利潤を生み出すために、もっと安価な労働力の提供者であるロボットというかたちで賦役労働を復活させた、というわけである。

注意すべきなのは、ここでのロボットが、しばしばイメージされる機械仕掛けのロボットではないことである。エネルギータンクもモーターもギアもない。工場に視察に訪れた大統領の娘で、二〇万人の会員を擁する人権連盟の代表者のひとりと思われるヘレナは、ロボットの製造過程を社長のドミンにこう聞かされる。

ドミン　おひるです。ロボットはいつ仕事をやめたらいいのか知らないのです。二時に混錬槽をお見せしましょう。

ヘレナ　どんな槽ですか？
ドミン　（そっけなく）粉末を混ぜる所です。一回でロボット千体の材料をかき混ぜます。そのほか、肝臓、脳、その他の槽。それから骨を作る工場。そのあとで紡績工場もお見せしましょう。
ヘレナ　何を紡ぐ工場ですか？
ドミン　神経を紡ぐ工場。血管の紡績工場。一度に何キロメートルもの消化管が流れる紡績工場です。それからそれらの部品を、そう、自動車を組み立てるように組み立てる、組立工場（千野栄一訳、一部改変した）[17]。

つまり、ロッサムズ・ユニバーサル・ロボッツで作成されているロボットは機械ではなく、血の通っている生身の肉体なのである。脳も肝臓も有しているのだ。そもそも、企業の名前に冠されているロボットの発明者ロッサムは、現在の再生医学で利用されている万能細胞[18]のようにどんな組織にも分化できる原形質 plotoplazma を開発、これによってこの企業はそれぞれの組織や器官を作っているのであって、血管や内臓はビニールや樹脂やプラスチックなどで作られているわけではない。故障した場合は粉砕機にかけられるが、そのときは金属音ではなく、人間が押しつぶされるのと同じ音と臭いが、チャペックは書いていないけれども生ずることは間違いないだろう。『山椒魚戦争』で、傷ついた山椒魚が、労働力として役立たなくなり、人間に廃棄されるときにすさまじい悪臭が発生するように。ただ、ロボットには魂も生殖機能もなく、味覚もない。

必要最低限の機能しか与えられていない、いわば不完全な人間なのである。

ヒューマニズムを象徴する人権連盟のヘレナは、人間にほしいままに使われているロボットに人間的な感情があるのではないかと疑い、ロボットに同情し、ロボットを人間的に扱うようにドミンに要求する。しかし、人間を労働の束縛から解放し人類史的偉業を成し遂げたドミンは、笑って相手にしない。だってロボットは自分が死ぬことに恐怖を感じていないのだから、と言ってはばからない。序幕は、そのあと、ロボットの製造過程について話をしたり、会社の役員を紹介したりするなかで、ドミンは一目惚れしたヘレナに求婚、強引に迫り、ヘレナが「絶対だめ、ハリーったら」と拒絶するシーンで閉じる。解放者だと自認するドミンはしかし、ロボットと女性に対する境界なき抑圧者として、ここでは描かれている。

つぎの幕が開くと、いきなり二人は、すでに結婚して一〇年目を迎えている。しかし、会社の雰囲気は暗い。ヘレナ以外は、ロボットが奴隷状態から脱するため人間を絶滅させる革命を呼びかけ、世界中を支配しつつあることを知っているからである。ヘレナは新聞の記事や企業役員たちの態度から、その状況を知る。第二幕では、ロボットが革命を起こしたひとつのきっかけが、人道主義者ヘレナであることが本人の口によって明かされる。開発者のひとりガル博士は、ロボットと人間がもっと理解し合えるようにロボットを変えるようヘレナにせがまれ、人間よりも秀でたものに変えたのだった。しかし、ときはすでに遅く、工場の図書館で働いている、まさにその改良型ロボットであるラヴィウスを中心に、世界のロボット生産の唯一の場所であるドミンの工場への攻撃が始まる。ドミンたちは覚悟を決めて武器を握るが、つぎつぎに命を失う。

ついに、ラヴィウスはこう叫ぶ。「世界のロボットよ！　人間の権力は地に落ちた。工場の占領により、われわれはあらゆるものの支配者となった。人類の時代は終った。新しい世界が来たのだ！　ロボットの国家だ！」。そして、最後にこう掛け声をかける。「人間はいない。ロボットよ、仕事にとりかかれ！　行進！」（千野栄一訳[19]）。ここが、『ＲＵＲ』の描く人類の臨終にほかならない。

7　ロボットと人類の混交

しかし、すでにロボットとの最終戦争が始まる以前に、人類はロボットを大量生産したことによってふたつの重大な危機に陥っていた。

第一に、経済的危機である。序幕の段階ですでにドミンは、維持経費も安い安価なロボットが世界中の商品を生産し続けることで、ものに「値段がなくなる」とヘレナに説明している。ブレーキの効かない生産システムに対する過剰投資によって、農作物価格が暴落し、農民の購買力が激減、それがひとつの発端となってウォール街の株価が大暴落、世界中に派生した世界恐慌まではしかしあと九年ほど待たないといけないにせよ、ここには、生産システムの過剰な生産力によって、価格が暴落するという資本主義の危機が描かれている。

第二に、ロボットにすべてを委ねているうちに、なぜか、人間が子どもを産まなくなった、つまり、市場に供給する労働者だけでなく、次世代の人類を再生産できなくなったのである。ドミンの会社唯一の文明批判者で、唯一、ロボット戦争のあとを生き残った人間である建築主任アルクビストは、「なぜ、女の人たちに子供ができなくなったの?」というヘレナの質問にこう答えていたのだった。

全世界、全大陸、全人類、ありとあらゆるものが気の狂ったけだものの狂宴になったのだ! もう食物に手を差しのべることすらしない。起き上がる必要がないように、まっすぐ口へと押しこまれるのです――ふふ、ドミンのロボットが何もかもやってくれるからです! そして、われわれ人間、創造の絶頂であるわれわれ、われわれは仕事のせいで年をとることもなく、子供のために年をとることもなく、貧困のために年をとることもない(千野栄一訳)。[20]

アルクビストは、最後までレンガ積みの仕事をロボットに譲らなかった頑固者だ。彼によれば、人間は、ロボットに苦痛を伴う労働どころか料理という人間の基本的な行為まですべて任せてしまったので老化のスピードが遅くなり、人間自体がロボット化したのであった。たしかに、序幕で、ヘレナはロボットを人間に、会社の役員をロボットに間違えるくらい、ロボットと人間はお互いに似てきている。ここには『マクロプロス事件』と同型の問題が隠されている。肉体の有限性から離脱した人間が、外部の無限性に頼ることで、どこまで精神を発達させられるか、という問いである。『RUR』の答えは単純かつ明快だ――肉体から遊離した精神は頽落するしかない。もちろん、第一の経済的危機が、第二の人類の滅亡の危機の直接的なきっかけになっていることは、アルクビストの言うとおりである。

いつでも取っ替え引っ替えできる生産手段と、そのエネルギーの無限の自己増殖にみずからを委ねすぎることで、人類自身がそれに巻き込まれて押しつぶされていく[21]。そして、人類史は臨界に達する。しかも、そこではヘレナの人権連盟に体現されるような人道主義というものがまったく役に立たない、というのがチャペックの診断であった。

そして、人類時代の終焉のあと、ロボットたちも、工場を破壊してしまったがゆえにロボットを再生産できないという問題に行き当たる。ロボットには生殖器がなく、また、耐用年数も二〇年、どんなにもっても三〇年にすぎない。ロボットは、唯一の生き残りの人間であるアルクビストに、ロボット生産を復活させるよう要求するが、生産はもはやできない。しかし、アルクビストは、ロボットが、異性のロボットの人体解剖を阻止するために、自分の身を捧げようとする魂の芽生えを目撃し、そこに初めて愛が生まれたことを喜ぶ。ロボットが自己増殖できるかどうかは不問に付され、生殖から切り離された愛のかたちに向かうのがチャペックらしい。アルクビストは、まさしく人類崩壊後のロボット創生神話の神のように、二体のロボットを温かく見守るところで、この戯曲は幕を閉じる。

生産ではなく、消費でもなく、分解を中心に据えてものを考えてきた本書にとって『RUR』が示唆的なのは、人間とロボットの形態的・性能的差異がだんだんと縮まってくることである。人間がロボット化し、ロボットが人間化する疎外をあまりにもそっけなく描いている。そのこと自体をチャペックは嘆くことさえしない。ヘレナの返答を待たずにしゃべりだすドミンにせよ、ヘレナがどんな反応をするか関心をもたぬままつぎつぎに挨拶をする役員たちにせよ、チャペックは意識的に、ロボットを作る人間をロボットのように描いている。逆に、「原形質」から分化した組織で構成されるロボットたちは、人間と同様にナマモノであり、愛が芽生える最後の場面も、チャペックは、これまで登場したどの人間よりも人間的に描いている。金属に囲まれた機械的かつ無機質なロボット世界ではなく、土に還るロボットの世界を、ロボットの生みの親であるチャペックが描いていたことは、何度強調してもしすぎることはない。このポスト・ヒューマニズム的な人造人間と自然人間の混交状態は、人間存在を不朽のものとして、人間愛を不変のものとしてとらえるありふれたヒューマニズムとは次元を異にしている。人間の世界とロボットの世界、どちらが幸せか、などという問いは端から想定されていない。限りなくロボットに似てきた人間が、限りなく人間に似てきたロボットに地球の支配者の地位を譲る。その臨界点に浮き上がる、あらゆるナマモノを包含するヒューマニズムをチャペックはとらえようとしている。分解されやすいことは、かならずしも弱いことと同義ではないのである。

8　労働からの解放による人類の滅亡——『山椒魚戦争』

個体としてのヒトは、かならず滅びる。端的に言えば、死に至る。人類としてのヒトは、いままで滅びたことがない。子どもを産み、子孫を増やし、世代交代を繰り返してきた。けれども、人類は、類としての不老不死の薬を持っているわけではない。巨大な隕石の到来、地球上の穀物を食い荒らす昆虫、人類の大多数を死に至らしめる環境破壊、生態系のバランスを完全に変える気候変動など、人類が、そして人類が住むことのできる唯一無二の星である地球が滅びるありさまを想像することに、人類自身が吝かだったことはない。加えて言うまでもないことだが、そのなかでももっとも想像しやすい人類滅亡のシナリオは、キューバ危機が去った現在もなお、ロシアとアメリカを筆頭に地球上に横たわる一万五〇〇〇発の、原子核エネルギーを利用したいわゆる原子力爆弾の爆発である。たとえ戦争が勃発しなくとも、地上に存在するだけですでに潜在的な危険である。たんなる不注意による事故で核弾頭の爆発寸前の状態に陥ったが、偶然によって免れた事例（たとえば、一九八〇年九月一八日のダマスカス事件）、あるいは、アメリカの核兵器を扱う部署の人間たちのあいだで、ドラッグが蔓延していた事例などを、エリック・シュローサーが『核が暴走する』（二〇一八年）で丹念な聞き取り調査によって明らかにしたことは、核兵器反対派のみならず、賛成派にとっても、もっと知られるべき事実であろう[22]。

その爆弾が、一九四五年七月一六日、ニューメキシコ州のトリニティ実験場で爆発し、同年八月六日に広島、九日に長崎に相次いで投下されたときチャペックはもうこの世には存在していなかった。それらより数十年もまえから、このチェコの作家が、人類の耐久性について真剣に検討してきたことは、すでに述べたとおりであり、驚異的だと言わざるをえない。万能細胞のような「原形質」を使って大量生産された労働ロボットとその雇い主であるはずの人間の最終戦争によって人類が滅びる過程を描いた戯曲『ＲＵＲ』と同様に、長編小説『山椒魚戦争』もまた、人類の終わり方がテーマである。しかも、人間が肉体労働を外部に委託し、外部の機能を向上させた結果、その外部が力を蓄えて人類に戦争をしかけるという話の流れは、『ＲＵＲ』と大きく変わらない。不老不死の薬を扱った『マクロプロス事件』にせよ、ロボット会社の悲劇を扱った『ＲＵＲ』にせよ、チャペックは、なぜか労働から離れた人類が、類としてその終わりを迎えるという暗いヴィジョンに取り憑かれ続けた。『マクロプロス事件』で、労働と生活にとらわれて精神の発達が不十分であった人類の発展に不老不死の薬を役立てたいと主張するヴィーテクの試みが、ことごとく不幸に陥る話をチャペックは描く。その理由について、今度は『山椒魚戦争』を題材に考えてみたい。

　オランダの商船カンドン・バンドン号の船長のＪ・ヴァン・トフは、世界の産業界のトップを走るチェコの実業家のＧ・Ｈ・ボンディにある話を持ちかける。少年時代に喧嘩をよくやっていた顔見知りだ。話というのは、インドネシアの赤道直下の島、スマトラのすぐ西の海に生息する山椒魚のこと。ヴァン・トフは「海の魔物」と現地の住民に恐れられていた山椒魚にナイフを与える代わりに、真珠を受け取る、という物々交換に成功した。山椒魚の従順さや働きっぷりに魅せられたヴァン・トフは商売を思いつく。「あのトカゲどもを飼ってみたらどうだろう？　そうだ、飼って仕こむんだ。そうすれば、真珠貝を採ってくるようになるだろう[23]」。半ば冗談のように聞いていたボンディは、知らず識らずのうちに船長の話に引き込まれていく。それもそうだろう。「道具《インストルメンツ》の使える動物なんて、いませんからね[24]」。ヴァン・トフがこう言うとおり、山椒魚を使うのは人間を雇うよりはるかに安価、こんなボロい商売はない。これがきっかけとなって、ボンディは山椒魚を用いた独占企業を設立して、さらに莫大な富を築く。

ただ、ヴァン・トフとボンディ（やその会社の株主たち）は山椒魚に対する態度が異なる。船長は、異常と言えるほどの愛情を山椒魚たちに注いでおり、山椒魚をぞんざいに扱った船員を殴ることさえあった。「おやじには、人間よりあの畜生どもの方が大事なんだよ。やつらに言葉を教えているんだぜ[25]」。ヴァン・トフの船に乗っていた船員はこう語っている。この船員は、山椒魚を運んでは仕事をさせ、言葉を教えるヴァン・トフを不気味がり、アルコール中毒に陥るほどであった。他方、ボンディたちは、山椒魚を単純に労働力としてみがちであった。ヴァン・トフの死後、太平洋輸出株式会社の臨時株主総会で、取締役は、山椒魚を用いた真珠の採取の商売がうまくいっていないことを伝える。「昨年度におきましては、真珠の採取高は好況でありました一九二五年度のほとんど二十倍におよび、そのために、真珠の価格は大暴落して、ついに六十五パーセントに至ったのであります[26]」。真珠が獲れすぎて、価格が暴落したのである。生産手段や労働力が高度に組織されたわりに、買い手があまりない場合に過剰生産が生まれる。これは、ロボットの発達がもたらす『ＲＵＲ』ならびに現代社会の過剰生産と構造的にはあまり変わらない。山椒魚は労働力として優れている。化学薬品には弱いが、三週間以上絶食することができ、手足がちぎれても再生できる。山椒魚ほど傷に強い生物はいない。「輸送中の死亡率は、十パーセントそこそこである[27]」という記述もかつての奴隷貿易を思い起こさせる。領主や実業家が、奴隷にも見出せなかった「旨み」を、山椒魚は持っているとも言える。耐久性も高く、いくらでも代替可能で、死に対する後ろめたさも少なく、そのうえ高機能の労働力が生産過剰をもたらすことは、容易に想像できるであろう。

そうなると、生産の経費を節約せざるをえない。太平洋輸出株式会社の株主総会で、株主のD・W・ブライト大佐はこう述べる。「故ヴァン・トフのように、上等のナイフや器具を、山椒魚たちに与える必要はなかったし、あれほど高価な飼料を使う必要もなかったのである。山椒魚の維持費をかなり切り詰め、かくすることによって、わが社の事業収益を高めることができたはずである（さかんな拍手）[28]」。ボンディは飼料費に言及する。「会社が所有している山椒魚の数は、現在約六百万である。一つがいの山椒魚が、年に百匹の子を産むとすると、来年度には、われわれは三億匹の山椒魚を擁することになり、十年後には、その数はまさに天文学的数字に達する。今でも、各地の山椒魚飼育場では、天然飼料不足のため、コプラ［ココヤシの果実の核の胚乳を乾燥させたもの］、ジャガイモ、トウモロコシなどを飼料にすることをよぎなくされているのに、これが巨大な数の山椒魚をかかえた場合、会社がどうするかが問題である[29]」。「山椒魚のために安い特許飼料を生産する化学＝食品カルテル[30]」もすでに登場している、と言う。

山椒魚は、牛や豚とは違って食べられないし、皮も使えない。増えるばかりである。もはや、人間は山椒魚の数の増加も能力の向上も制御できない。しかも、人間に似てくる山椒魚に対し、人間は山椒魚の扱い方に悩み始める。人間は、存在論的な危機に陥った、と言っても間違いではないだろう。山椒魚に、音楽、調理、作法のみならず、ラテン語も教え、キケロのように雄弁に演説できるようにし、山椒魚の奴隷状態からの解放を試みて、ついにはマルセイユの山椒魚大学の設立の突端を開いた女性教育者が登場する。いやいや、山椒魚は労働さえきちんとできれば良いのだから、人文科学など教える必要はなく、技術実習と体育だけで良い、という反対意見も飛び出す。山椒魚の労働義務を制限し、春の交尾期に有給休暇を与える法案を国会に提出したフランスの左翼政党、いやいや、山椒魚は資本家のためにタダ同然の賃金で働き、労働者階級の生活水準をおびやかしている以上、勤労大衆の敵として追放せよと要求するフランスの極左政党もいる。

ドイツの新聞は、肉体的にも精神的にも矮小化している地中海や熱帯地方の山椒魚と異なり、色白で直立し、頭が細長い、高貴な北方山椒魚であるバルト海の山椒魚を「高貴山椒魚」などと呼び、この高級な種族に「長い新しい海岸線」、つまり植民地が必要だと書き立てる。また、ケーニヒスベルクの哲学者ヴォルフ・マイネルトは『人類の没落』を執筆し、「人類の悲劇は、その最後の幕を閉じつつある」と宣言する。[31] マイネルトは言う。「山椒魚の世界が人間の世界よりも幸福だろうことは、疑う余地がない」。「山椒魚と山椒魚とのあいだには、言語・見解・信仰はもちろん、生活上の要求の差もないだろう。文化的な差はもちろん、階級的差もなく、分業が存在するだけだろう。主人もなければ、奴隷もないだろう。すべての山椒魚が、神であり、支配者であり、雇い主であり、精神的指導者である」。「さあ、この世界にわれわれは席を譲ろう。斜陽の人類にとっては、まだ手遅れにならないうちに、悲劇的美しさのなかで、みずからの終末をはやめるほかに、できることは何一つないのである」。

人類は美しく地球上に散り、山椒魚に世界の主導権を譲ろう、というカントと同郷の哲学者は、『RUR』と同様に、あるいは、オスヴァルト・シュペングラーの『西洋の没落』（一九一八年、一九二二年）のあからさまなパロディーとして、人類の「没落」を描いてみせている。そして、ついに、卓越した言語能力を持ち、みずから生存環境を切り開き、「世界総人口の七倍から二〇倍のあいだ」の頭数をかかえ、工場、石油坑、海草農場、ウナギ養殖場、水力その他自然動力源の利用設備も有し、法律家も擁し、人間とも交渉できるようになった山椒魚は、人類にみずからの生命空間を主張する。いまのままでは狭すぎるので、爆弾によって海岸線を作るため、土地を山椒魚に売るように要求するのである。動物を交渉相手とは認めない、というイギリス政府を筆頭に人類は山椒魚との交渉を拒否し、海水を汚染し、兵糧攻めを行ない、山椒魚に攻撃をしかける。山椒魚は報復としてテムズ川からロンドン市街に砲弾を浴びせ、毒ガスで空気を汚染し、魚雷で船を打ち砕く。

かつて、ヴァン・トフをボンディに通したボンディ家の門番ポヴォンドラは、門番を退職し、恩給を受けていた。だが、こうした山椒魚戦争のニュースを見て後悔し始める。ああ、ヴァン・トフを通すんじゃなかった、ヴァン・トフにチップをもらえるかもと思って通したのが（結局もらえなかったけれど）、すべての間違いであったのだ、と落ち込む。ただ、彼の住むチェコスロヴァキアは内陸部なので、山椒魚の攻撃にはさらされない。平和な老後を送っていたポヴォンドラは、しかし、息子と釣りにでかけたその川で、黒い影を見て体の震えが止まらなくなる。

「山椒魚だよ。もうここまで来ているんだ。家へ帰ろう」――。

自然科学および人文社会科学の学術論文、新聞記事の切り抜き、回想録、ビラなど、すべてをそれらしい文体で創作し、それらを組み合わせ、読者の想像力の余地を十分に残しつつ、立体的に山椒魚の実態をみせてくれる『山椒魚戦争』の構成は、とても魅力的であり、それを論じるだけでも紙幅はすぐに尽きるだろう。それに、この作品の国際政治的背景には、第一次世界大戦期の海上封鎖の記憶、飢えの記憶、ファシズムの台頭、ナチスによる再軍備があることを見逃してはならない。チェコスロヴァキアの新聞記者として、反ファシズムの論陣を張ったチャペックが、「ドイツの新聞」の人種主義的な論調をつうじてナチスを批判していることは、あえて言うまでもないだろう。大国のおごりと小国のコンプレックスをユーモラスに描く筆致は、チェコスロヴァキアの行く末を案じるチャペックにとってきわめて自然だったと言わざるをえない。

このように論じることがあまりにも多い『山椒魚戦争』をあえて本書で取り上げたのは、やはり、山椒魚が、あの悲しいロボットたちと同型の問題を孕んでいるからである。ロボットは子孫を残せない一方、山椒魚は子孫を増やせるという重大な違いはもちろん見逃せないが、山椒魚に奴隷の歴史を重ね合わせつつ、奴隷の現代的な展開を描き、奴隷が主人を征服するという話の運びは『RUR』とほとんど変わらない。山椒魚は、主人である人間によって利用されて初めて世界を知り、世界を構築したわけであるから、本来的には人間に従属しているものにすぎない。つまり、奴隷である。だが、人間の住めない海を主な生息場所とする山椒魚は、奴隷のように小屋に鎖でつなぎとめることはできない。人間が永続的に関わることのできない生活空間で山椒魚は独自の学習をし、進化を遂げる。だが、これだけでは奴隷は主人を征服できない。征服できた理由は、山椒魚の尋常ならざる再生産力、もっと簡単に言えば生命力、本書の文脈で言えば分解力である。一組のつがいは、一年に一〇〇匹も子どもを産む。傷ついてもすぐに癒される。手足が切れても再生される。もちろん、寿命はある。輸送中には腐敗する。ロボットは万能細胞によって作られたナマモノであったが、山椒魚も当然ナマモノである。『山椒魚戦争』には、山椒魚が腐って臭いを放つシーンに事欠かない。バスタブで飼っていたら途中で腐り始めるシーン、海上輸送中にタンクから腐敗臭が漂うため水を入れ替えるシーン、どれもが過密な生存環境のなかで分解過程が加速し腐敗していく山椒魚を扱っている。だが、ここそが山椒魚の強さである。主人であるはずの人間をはるかにうわまわる分解力、生命力、増殖力、たくましさ、新鮮な労働力のたゆまぬ再生産力とスピードが、哲学者に、山椒魚に「席を譲ろう」と人類に呼びかけさせるのである。だが、このような哲学者は例外である。『山椒魚戦争』の人類はあくまで啓蒙主義者のヴィーテクのように永久不滅の精神の側に立ち続ける。ものから離れ、労働過程、つまり、自然と人間のあいだの物質循環から離れているうちに、人類の奴隷であった山椒魚に滅ぼされる。ちょうど、ロボットに頼り続けた人類が増殖する力と料理する能力を失い、ロボットに滅ぼされるように。

つまり、頻繁な労働によって世界とたえず交わるだけでなく、人間よりも頻繁に体内の物質と体外の物質とをせっせと交換して、エネルギーを得て、みずからの「形」を作り上げては分解し、再生していくことで、人類の生存基盤である陸地を侵食していく。本来従属すべき人間よりももっと強靭な生命力を獲得した山椒魚は、人類がもはや山椒魚なしには生きていけない厳然たる事実を逆手にとって、分解力の弱まった人類を超えていく。

9　壊しすぎるという問題――『絶対製造工場』と『クラカチット』

『マクロプロス事件』は、分解されることが確定している存在だからこそ輝く有限の人間の不完全性とその芸術性を描き、『RUR』は労働という自然との物質交換の過程をロボットに委ねた人類の崩壊を描き、『山椒魚戦争』は、生と死、生成と腐敗の回転が速く、外傷にも強く、知能も人類に匹敵する山椒魚によってその主人であったはずの人類が滅ぼされる悲劇を描いた。どれもが、永久不滅であることに魂を奪われてきた人類を冷ややかに描く試みであり、我田引水的に言えば、期限切れになると腐れるナマモノを、ゴミ箱に捨てるのではなく、愛おしく描く試みであった。

チャペックの長編小説である『絶対製造工場』と『クラカチット』も、人類の崩壊可能性を描くという意味では、上記の代表作とテーマは大きくは外れないが、この二作品の特徴は、毒ガス、砲弾、榴弾、戦車、飛行船、飛行機など、第一次世界大戦で暴走した未曾有の破壊力を持つ兵器を背景に、原子力爆弾を思わせる科学技術を描いたことだろう。

G・H・ボンディは、石炭の枯渇、石炭価格の暴騰など産業界にとって暗いニュースを新聞で読んでいた。一〇年後には山椒魚で儲けるあのボンディと同一人物である。彼は、暗い記事だらけの紙面のなかに不思議な広告を見つける。「発明　収益性の非常に高い、どの工場にも好適のもの　個人的理由により即時売却――問い合せ先ブジェヴノフ　一六五一　R・マレク技師」。

こんなインチキのために五分も時間を費やしたことを後悔するボンディは、しかし、R・マレクという名前にどうもひっかかる。工科大学時代の友人、ルドルフ、つまりルダじゃないか、ああ、かわいそうに、もうおしまいなんだな、と同情する。急に会いに行きたくなったボンディは、何度かの逡巡を経て、ルダ・マレクのみすぼらしいはずの工場に向けて車を走らせたのだった。

予想以外に大きく綺麗な工場でボンディを出迎えたマレクは、君は来るだろうと思っていたよ、と唐突に言って、ボンディに、発明品「カルブラートル Karburátor」の説明を始める。「きみには想像もつかないだろう、どんなに膨大なエネルギーが原子の中にあることか。ボイラーの中に石炭を五十キログラム入れれば、汽船を全世界一周航海させたり、プラハ全体を照明させたり、プラハのルストンカ機械工場〔当時の大工場〕全体を操業させたり、好きなことができるんだ。胡桃《くるみ》ほどの石炭の塊で、家族全体の暖房や調理の用が足りるだろう[32]」。つまり、石炭の燃焼では、物質のわずかな部分しかエネルギーを取り出せない。しかし、カルブラートルでは、「原子を電子に分解し」物質を完全に分解しつくすので、取り出せるエネルギーは何十万倍にも膨れ上がる、とマレクは説明する。のちに『山椒魚戦争』で発揮されるボンディの、企業の収支を改善するためならどんなことにでも挑戦するという、見境なき実業家精神は、ここでもやはり、だんだんと膨らみはじめる。だって、石炭は枯渇するかもしれないのだから。

はちきれそうな好奇心を抱きながら地下室ではたらくカルブラートルを見学に行ったボンディは、突然、変な感覚に襲われる。「まるで無限の空間を漂っているかのようだ。今や、まるで自分の重さも感じずに空を翔んでいるようだ」。「なにやら驚くべき、明るい幸福感に包まれてひざまずき、叫んだり歌ったりしたくなり、限りない無数の天使の羽根のはばたきの音が聞こえるような気がする」[33]。どうやら、カルブラートルというエネルギー装置は、近くにいる人間を恍惚とした神秘的な気持ちにさせるのである。

潜水夫のような格好をしたマレクは、ボンディの腕を掴み、そこから連れ戻す。ヘルメットをとり、額の汗をぬぐったボンディにマレクは説明する。「どんな物質の中にも神が存在すること、物質の中になんらかのやり方で閉じ込められていることを。そしてその物質を完全に破壊すれば、神はぱりっとした格好で飛び出すのだ。神は突然に解放されたようになる。物質の中から、まるで石炭から石炭ガスが蒸発するように蒸発する。原子を一つ燃焼させれば、地下室いっぱいの絶対が一気に得られる。絶対があっと言う間に広がるのには、びっくりするぜ」[34]。「想像してみたまえ、一片の物質を完全に、一見残りなく消滅させることを。しかし、どの物質も実際には物質プラス絶対なのだから、ただ物質のみを消滅させただけで、消滅させることが不可能な物質以外の部分は残った。すなわち純粋な、解放された、活性化した絶対だ」[35]。

ウランなどの原子核エネルギーの分裂とその解放を利用する原子力発電所および原子力爆弾と同様に、どうやらカルブラートルも、わずかな物質から膨大なエネルギーを引き出せる。ただし、原子力発電所および原子力爆弾が放射性物質という人畜に有害な副産物を生み出すのに対して、カルブラートルは、物質の分解の副産物として「絶対」、つまり「神」と言い換えても良い存在を放出し、それを現前化するのである。この卓抜な設定だけで『絶対製造工場』を精読し、検討する価値はあるだろう。

資本家ボンディは、マレクの「われわれは現実の神を計算に入れることに慣れていない」という忠告をまともに聞かないまま、このカルブラートルの工場を買い取り、量産体制を作ったのだった。

世界はすぐに過剰生産になる。労働しなくても、カルブラートルは膨大な生産物を休むことなく生み出していく。人間は労働から解放される。そして、解放された人間は、幸福感に酔いしれ、慈善活動に勤しむ。蓄財をやめ、喜捨する。銀行員は、金庫を解放し、幸福なあまり涙を流しながら、貧しい人びとに分配する。労働が消える、価格も消える、蓄財もなくなる。あるのは、喜び、恍惚、神。チャペックははっきりと書いてはいないが、「絶対」によって資本主義は崩壊し、新しい宗教の時代が到来したのである。

この幸福な世界は、しかし、マレクの心配していたとおり、あっという間に暗転する。過剰生産によって、生産され続ける製品は、すぐに価値がなくなる。会社は倒産し、労働者は路上に放逐される。さらに、チャペックは描いていないが、おそらく失業者たちは兵士となる。「絶対」を巡って各宗派間で宗教戦争が始まる。絶対は、自分たちの神である、と主張し始めたのだ。第二次世界大戦とも言うべきこの戦争は、途中、アルプスの山中にいたために絶対の影響をうけなかった二二歳の兵士トニー・ボビネが皇帝となり、世界各地のカルブラートルを征伐する遠征に出かけ、女たちが主であるメコン川上流の国で行方不明になるというナポレオンのようなアレクサンダー大王のような挿話を挟みながら、膨大な人間を死に追いやり、街という街を廃墟にし、ついに一九五三年の秋、終止符を打つ。疲労困憊に陥った兵士に、書き手はあくまで「想像」と断ったうえでつぎの一言を言わせる。「いまいましい。若いの、もうこんなことは止めようぜ」。『クラカチット』の主人公プロコフが発明する火薬クラカチットも、莫大な爆発力を持つ物質である。「アトムがアトムを突き刺す、ベータ線の囲いを突き破って……その結果、原子核は破壊されるのです。これがアルファ崩壊です」。「外で鳴っているごとごという音が聞こえますか？あれは植物が成長する音です。爆発そのものじゃありませんか。どんな植物の種だって爆薬の詰まったカプセルですよ」[36]。原子核の破壊による爆発。放射性物質や絶対という副産物はないのだが、『クラカチット』もまた人類の没落を描く。そのクラカチットをめぐって、プロコフの冒険恋愛譚が始まるのだ。

非戦主義者であるプロコフは、クラカチットを狙う男たちの誘惑を振り払い、「あんた方の戦争に手を貸すのは絶対にいやだ」と彼らをはねつける[37]。「戦争についての私の考えだけは言わせてください。私は戦争に行ったことがあります……そして毒ガスも体験しました。人間というものが何をなしうるかも知っています」[38]。

チャペックの作品に馴染んでいる読者は、プロコフの平和主義に、『山椒魚戦争』の一年後に発表された彼の戯曲『白い病気』（一九三七年）[39]の医師ガレーンの鮮烈な印象を重ねずにはいられないだろう。『白い病気』は、五〇歳になると身体に白い斑が生じ、それが全身に広がって皮膚や筋肉が腐っていく病気が世界中で流行するというパンデミックを描いた戯曲である。非戦主義者の医者ガレーンは、この病気の特効薬を発明したのだが、これは貧しい人間にしか施さない、というポリシーを貫き、国家の支配者である元帥の片腕クリューク男爵も、元帥の依頼にもかかわらず、戦争をやめないという理由で薬を渡さない。結局、クリューク男爵は自殺を遂げる。ガレーンは、この特効薬を武器に、世界の耐用年数を伸ばす秘策に打って出る。彼の国はすでに大規模な戦争に突入した。世界を戦争で滅ぼさないために、彼はこの特効薬を利用する。戦争を始めようとする元帥は群衆へ演説をしたあと、自分の体にあらわれた白い斑点に気づいたのだが、元帥を支えるクリューク男爵の息子はガレーンに電話をかける。戦争をいますぐやめると宣言するのであれば、この薬を与える、という条件を電話口でガレーンは元帥に突きつけたのである。元帥はそれを断るが、娘に説得され、結局、ガレーンを電話で呼ぶ。ガレーンは、特効薬を入れたカバンを手にさげ、元帥の自宅に向かうのだが、すでに戦争の熱狂に包まれた群衆たちによって囲まれる。「元帥万歳」と叫ぶことを拒んだガレーンは、群衆に殴り殺され、世界で唯一の特効薬の入った瓶も割られてしまう。「元帥、元帥！」と叫びながら群衆は、ガレーンの亡骸から去っていくのであった。この終末観も、チャペックの主要作品に流れるものと、基本的には同類であろう。

『クラカチット』は、研究中に負った傷によって朦朧としているプロコフを看病する科学者のトメシュに、プロコフがクラカチットの秘密を漏らしてしまう、という点で、『白い病気』とは異なる道を歩む。プロコフが、クラカチット製造をたくらむ国の王女と激しい恋愛に生命を燃やしているあいだに、トメシュは、クラカチットを製造する国に雇われ、ついにクラカチットを作る。世界征服をたくらむデーモンという男が遠隔発火装置によってクラカチットを爆発させ、友人トメシュの工場が六回の爆発によって破壊されていくのを、プロコフは、ただ眺めるしかなかった、という話である。

「分解」を核に据えた理論を構想するにあたって、クラカチットは、カルブラートルと同様に、大きな示唆をあたえてくれる。プロコフは、クラカチットについてつぎのように説明している。

物質は空気と水とによって破壊されます。分解され、発酵し、腐敗し、燃え、酸化し、崩壊します。しかし、決して、よろしいですか、決してですよ、その際、物質に包有されたものすべてを放出してしまうのではないのです。たとえ輪廻の全過程を経巡ったとしても、土くれの微細な粒子が植物とか動物の肉に変身したとしても、ニュートンの脳細胞の一つになって彼とともに死に再び崩壊したとしても、すべてを放出はしないでしょう。しかしそれが分解し、ばらばらになるようしゃにむに強制したらどうなるか……千分の一秒の間に爆発するようにですよ。今度こそ初めて持てるかぎりの全力を発揮するでしょう。その粒子はおそらく眠ることもないのです。粒子は拘束され、押し込められ、暗がりの中で押し合いへしあい、自分の出番を待っているのです。全部を放出すること、それはその粒子の権利です。私もまた全部を放出しなければなりません。私は一挙に……人間丸ごと……放射する機会もなく、いたずらに風化せねばならないのか。不潔なる発酵による……分解を待たねばならないと？　むしろ唯一最高の瞬間において……なんとしても……。なぜならすべてを放射するのがよろしかろうと私は信じるからであります。たとえそれが善であろうと悪であろうとです（田才益夫訳）[40]。

これ以上壊されてはいけないところから、さらに破壊が進んだとき、世界はそのエネルギーによって歪む。生態学的な分解とは、ほど良いところまで壊され、あとは未分化のまま、おとなりの分解者や風や太陽の力に委ねられていくことである。にもかかわらず、人間はその先も自分の力で分解しようとした。これがカルブラートルであり、クラカチットであり、原子爆弾の開発につながった。『絶対製造工場』と『クラカチット』という二つの長編小説は、どちらとも、物質の破壊の行き過ぎから得られたエネルギーと、その暴走について描かれた作品なのである。

そして、『RUR』も『山椒魚戦争』も、分解のプロセスを無視して、生産手段の発展と、経済成長に身を委ねすぎることによって、過剰生産になって恐慌に陥り、発達しすぎた生産手段によって人類が逆に滅ぼされていく、あるいは、戦争によって、人間同士を徹底的に破滅し尽くす過程を描いた。

人間は誰しも「白い病気」に罹っている。ただ、少しだけ年数が長くなる可能性があるだけ。人間は、死ねば、個体として分解され、土に還る。しかし、その次の世代があるかぎり、有限なる人間は、次の世代が生きる場所を破壊せずに、残さなくてはならない。そのあたりまえのことが、原子力爆弾の開発と投下によって、あたりまえではなくなったのが一九四五年の夏だったのだが、すでにチャペックはその一〇年以上も前に、第一次世界大戦という事実を試料にしながら、頭のなかで実験を進めていたのである。

壊しすぎてはいけない。獲りすぎてはいけない。作りすぎてはいけない。

幼稚園や保育園の遊戯室に散らばる積み木のように、あるいは、土のうえに横たわる落ち葉やバッタの死骸のように、ものは、すぐに立て直しできる程度に、壊されなければならない。壊しすぎると、分解された部分を新しい全体へと組み直せない。壊しすぎると、取り返しがつかない。積み木が子どもたちを夢中にさせるのは、崩れ落ちた一つ一つの積み木が、それ以上分割されないからである。

10 ロボットの末裔たち

あらゆるものが過剰に捕獲採取され、過剰に生産され、過剰に消費されるから、修復されるひまもなく、すべてが、後戻りできないほどに壊されていく。過剰にエネルギーを放出させるために、これ以上ないほどまでに物質を細かく砕き、世界を破滅に導く爆発力を人類が手に入れる。そんなチャペックの残酷な物語の海に身を浸しながら、壊しすぎてはいけない、といういささか強みに欠ける言葉にいまのところ漂着している。壊しすぎないためには、まず何よりも作りすぎてはいけない。過剰な資源発掘と過剰な生産による過剰な生産物の多幸症的な洪水が、それをミミズやトビムシやキノコや地中水中の微生物が分解できる能力を上回ることで、分解困難なゴミが大量に発生し、ゴミを焼滅させるために、地球の表面を覆う土や岩を砕き、石油やガスを地中から掘り起こさなくてはならなくなる。もはや政策課題でもある「循環」は、しかし、分解過程の世界にお任せする、という意味ではない。

たしかに、過剰に生産され、消費され、破壊される社会を「循環」と呼ぶことだってできる。

だが、この循環過程のなかで循環するのは物質ではなく、貨幣である。この循環では、「新作」がつぎつぎに登場し、生活は新品で溢れ、「モデルチェンジ」もつぎつぎと財布から貨幣を吸い取り、膨大な新品が無傷のまま使い捨てられる。そのあいだに、労働者も自然とのあいだで物質代謝を続けてはいるが貨幣の循環力にはやはり負ける。過剰さは、この使い捨ての加速的循環によって生まれている。このような社会では、ついでに人間も使い捨てられる。賞味期限が人間に適用される。

もちろん、チャペックの時代にも、かならずしも働き手たちがかけがえのない「個人」として扱われてきたわけではなかった。チャペックによってロボットが発明され、山椒魚が発見され、その未来小説が多くの読者の心をとらえたのは、ロボットや山椒魚であれば使って捨てても倫理に悖ることはないという事実が、それに対して違和感を覚えるにせよ、未来の希望を見出すにせよ、時代の空気の流れをうまくつかんでいたからである。ロッサムズ・ユニヴァーサル・ロボッツは、使い捨てられ続けるロボットが自意識に目覚めなければ攻撃されることはなかっただろう。そのロボットを牽引したラディウスたちは、もののように使われることに嫌気を覚え、ほかでもない自分自身のために生き、子孫を残すことに執着を見せた。健気で非戦闘的で魅惑的なダンスをする山椒魚たちも、増殖し続けたために、生活の場としての海岸を要求し、奪い取るために武装を選んだ。使い捨てられるべき運命の存在に、意識が芽生え、生きたいと本気で思ったとき、「過剰」に頼っていた使い捨てる側の社会は、今度は攻撃にさらされるのである。

しかし、今世紀に入って、ラディウスや山椒魚の末裔たちはそれらとはやや異なった道を選び始めている。二〇〇五年、イギリスでカズオ・イシグロがキャシー・Hやトミー・Dを『わたしを離さないで』によって世に出し[41]、二〇〇九年にはアメリカでパオロ・バチガルピが『ねじまき少女』でエミコにバンコクの街を走らせた[42]。キャシーもトミーもエミコも別の人物の細胞から培養され、子どもを産む能力を持たず、よって増殖をあらかじめできないように設計され、人間に奉仕するために増産されたクローン人間である。にもかかわらず、三人とも自分の運命からの脱出を夢見て、ささやかで絶望的な行動を起こす。

イギリスで誕生したキャシーとトミーは、致命的な病気にかかった誰かのために臓器を提供し続け最後には役目を終えていくクローン人間であり、日本で誕生したエミコも人間に仕えるためだけにラブラドールの遺伝子を組み入れられて開発された秘書兼性奴隷であった。しかし、比較的人間的な教育施設ヘールシャムで育ったキャシーとトミーは、青年になってから、教育施設で少年少女の絵を集めてきた謎の女性に愛し合っていることを証明すれば提供までの猶予期間を伸ばしてもらえるという噂を聞く。二人は、ついにその女性のところへ訪問する。驚くべきことに、女性は、ともにクローン人間の人間的教育を目指してきた年老いたエミリ先生と一緒に住んでいた。エミリ先生は残酷な告白をする。生徒たちの絵を集めていたのは、クローン人間にも普通の人間のような心があるのかを探るためであったのだ。すべてが噂に過ぎなかったと分かったあと、帰り道に寄った牧場で、トミーはこの小説に登場するどんな人間よりも人間らしく馬糞にまみれながら絶叫する。エミコも、五〇〇〇万円ほどで売られてやってきたタイで、自分のなかに戦闘用クローン人間の能力があることを発見し、その能力を使って、奴隷状態からの脱出を図る。

キャシーも、トミーも、エミコも、チャペックのラディウスのように大量生産されたロボットの一つにすぎない。ロボットや山椒魚のように使い尽くして古くなれば廃棄し、燃やしたり埋めたりし続ける人類を地球の主《あるじ》の座から引きずり下ろすような革命を、しかし、三人とも起こそうとはしない。チャペックから、イシグロやバチガルピまでのおよそ八〇年間のうちに、人類の大量生産・大量消費・大量廃棄の技術はますます進歩を遂げ、使われては捨てられていく存在たちはますます生気を吸い取られてきた。反乱を起こす近未来を描くには、あのロボットや山椒魚ほどの生命力が残っていないのかもしれない。

しかも、人類の王座はゆるぎないようにさえ思える。過酷な肉体労働を他人に任せ、臓器を移植してもらい寿命を伸ばそうとするように、人類はまだ不老長寿の夢を見続けている。自分はいつまでも新品でありたいと願っている。だが、使われては捨てられている現場は、臓器を四度も摘出され「使命終了」したトミーのように、船で運搬中に息絶え腐臭を放つ山椒魚のように、粉砕機にいれられる不良品の生体ロボットのように、あるいは、事故後の原子力発電所やウラン鉱山で被曝し続ける労働者のように、墓場の下の土壌で腐敗を遂げる死骸のように、誰もみようともしないし、知りたがりもしない。「臓器提供計画がほんとうはどういう仕組みで働いているかなど、世間は思い出したがりません」。ヘールシャムで臓器提供用の生徒たちに人間的な教育を施してきたエミリ先生の言葉は、そのまま、有象無象の生きものたちによって死骸が分解されていく現場そのものにも当てはまるだろう。

では、そもそも、これまで述べてきた「人類」とは、いったい何を指すのだろうか。摘出された臓器で長生きできるほどの特権をもつ人類とは？　分解過程を知らずに王座に座り続けるほどの無知蒙昧な人類とは？　貨幣の循環に命を捧げ物質循環から離れることができるほどの勇敢な人類とは？　労働者を自宅の不用品のように捨てることができるほどの決断力を持った人類とは？

この人類とは、『マクロプロス事件』で、不老の秘薬を人類発展のために役立てようと訴えたヴィーテクの理想とする、「神の真の息子」であり、「完璧な人間」と同類であろう。向上し続けようと努力し、動物であることをやめた新しい段階の人類である。この人類は分解過程を担う動物を、いや、そればかりでなく別種の人類を外部に住まわせておき、そこで、思い出したくないわりには生きていくために手放すことのできない分解過程を営んでもらってきた。人類の耐久性を描いたチャペックの小説はどれも、その程度の人類なら滅びるしかないのだ、と冷徹に、意外なほどあっさりと言い切っているのである。

11　土いじりの生態学

では、どうすれば良いのだろうか。

神の真の息子たちが支配するのとは違った世界を見出すためには、どんな別の道がありうるだろうか。成功したかどうかは別として、チャペックは、自身の作品のなかで、すくなくともその道の方向を示している、と私は考えている。

第一に、それは、だれかに操作されているのではない、もっと言えば市場に流されるのではない、自己の欲望に忠実になることである。『絶対製造工場』で、ほとんど無限のエネルギーと放出するカルブラートルの副産物「絶対」の影響から免れたほとんど唯一の例外は、農民であった。「さて、誰の手で、絶対の狂ったような共産主義的実験が停止されたのか？　美徳のパニックの中で、誰が正気を失わなかったのか？　誰が豊饒の破局的な洪水に対抗し、生命財産を含めて、われわれを破滅から守ってくれたのか？／「その人は誰か、知ってるかい？／これぞチェコの百姓、農民で、／われらを養ってくれる人！」[43]。農民たちだけが、絶対の影響を受けて恍惚感にひたったり、万人に財産を分け与えたりしなかったのである。

もし自分の穀物、牝牛や仔牛、鶏や鵞鳥、馬鈴薯を、すべて分け与えてしまっていたらどうなったか。二週間後には、町では飢饉が起こり、農村は吸い取られ、搾り取られ、備蓄もなく、自分自身も飢えてしまっただろう。だが、わが陽気な農民たちのおかげで、そんな事態は起こらずに済んだ。その説明は事後的《エクス・ポスト》にさまざまである。わが農村の奇跡的な本能による、とか、わが農村の忠実で純粋で深く地に根ざした伝統によるとか、最終的には次の意見、つまり零細な農村経済では、工業におけるようなカルブラートルの大量使用に至らなかったため、農村においては絶対の猛威の振るい方が少なかったことによる、などである。どうにでも説明できるが、要するに事実は、経済的・交易的構造とすべての市場の全面的崩壊に際し、農民はなにも分け与えなかったということだ（飯島周訳）[44]。

市場を廃止し、贈与と分配のみで成り立つ「絶対」支配下の「共産主義的実験」のなかで、農民はほとんど影響を受けなかった。これは、たんに、農民がしたたかであるからではない。農民の土地やものへの執着がまったく揺るがなかったからである。第一次世界大戦の最中のロシアや大戦後のハンガリーの共産主義革命のなかで、土地が没収され国有になることで、農民たちの多くは大きな不満を抱えざるをえなかった。鋤を入れ、肥料を撒き、手入れをしている農地は、もはやたんなる財産ではない。自分自身の生命過程と分かちがたく結びつけられている。それを国の所有物に変えられることへの違和感が、共産主義革命に対する農民の憎悪をかきたてた。使い捨てが前提である資本主義と同様に、分配と共有が前提である共産主義もまた、人と土地の距離が遠すぎて土地の間隔が希薄になる。『絶対製造工場』の悲劇は、資本主義経済だろうが共産主義経済だろうが、「豊饒の破局的な洪水」に流されるかぎり、人間は自分を見失うということだ。

「おれはな、よく川の中の二人を考える。どこかにある川で、すごく流れが速いんだ。で、その水の中に二人がいる。互いに相手にしがみついている。必死でしがみついてるんだけど、結局、流れが強すぎて、かなわん。最後は手を離して、別々に流される。おれたちって、それと同じだろ?」[45]。物語の終局で、トミーがキャシーに言ったこの言葉は、「捨てられるべき運命の存在」にとって、そこにかけられる圧力がどれほど強いのかをはっきり伝えている。

第二に、人類が分解過程を担う分解者にもなることである。人類は、体を洗って、菌と戦い、腐敗を防ぎ、アンチエイジングクリームを塗って分解世界に抗して生きている。しかし、一方で、皮膚から瑞々しさが失われ、細胞は衰え、髪や歯が抜け落ちていくように、分解世界の掟に逆らうことはできない。「分解世界」のなかで「抗分解世界」を生きる人類は、しかし、エミリ先生なら「世間は思い出したくありません」というような「分解世界」を考えないようにして、毎日の成長と進歩を楽しんでいる。

ところが、チャペックは、そんな人類には満足しない、ということはすでに述べた。いやそれどころか、まったく新しい人類のかたちを彼は提示する。『RUR』と『山椒魚戦争』のちょうど中間地点のあたり、一九二九年に、『園芸家の一年 Zahradníkův rok』というエッセイ集を兄ヨゼフの挿絵を加えて世に出しているが、あまりにもユーモアに溢れすぎていて笑いを止められないこの一冊のなかに、驚くべき思想を私は見出すのである。

よく知られているように、チャペックは園芸をこよなく愛していた。チャペック兄弟の旧居には、かなり広い庭があり、そこで草木を育てて楽しんでいたと言う。カレルの別荘も園芸に最適でたくさんの植物に囲まれており、そこで、雨の日に園芸作業をしているうちに肺炎にかかり、若くして亡くなった、というエピソードからも、チャペックにとって園芸がたんなる趣味の領域を超えていることは明らかであろう。

訳者の飯島周の解説によれば、標題の zahradníkův は、いわゆるプロの園芸家 zahradník とは異なり、アマチュア園芸家というニュアンスがある、と言う。庭師ではなく、アマチュアの園芸家である、という自己規定および自己凝視がこのエッセイのユーモアの原点である。

園芸家という人種が、天地創造の最初から自然淘汰によって生まれてきたとしたら、明らかにある種の無脊椎《せきつい》動物に進化したことだろうに。いったい、なんのために、園芸家は背中を持っているのか？　時どき曲げた腰をまっすぐにのばし、「背中が痛い！」とぼやく、ただそれだけのためのように思われる。

足はというと、ありとあらゆる曲げ方をしている。しゃがんだり、ひざまずいたり、なんとか両足を体の下に押し込み、ついには首にくっつけたりする。指は土に穴をあけるのによい小さな棒であり、手のひらは土のかたまりを砕いたり、黒土を取り分けるのに都合がよく、一方、頭はパイプをぶらさげるのに役に立つ。ただ、背骨だけは頑固な代物のままで、園芸家が適当に曲げようとしても無駄である。庭にいるミミズにも、背骨はない。

素人園芸家は、ふつう、尻の上で終わっている。足と手は横に広げられており、頭は、草を食《は》んでいる牝《めす》馬のように、両ひざのあいだのどこかにある（飯島周訳(46)）。

たしかに、園芸家は脊椎動物であって、ミミズのような無脊椎動物ではない。園芸家は、土のなかに住めないのに対し、ミミズは土から出ては生きていけない。園芸家には語るべき言葉があるが、ミミズにはない。それでも、ミミズと園芸家のあいだに大きな隔たりがあるだろうか、とチャペックは問うている。頭よりも尻がうえにあり、両ひざのあいだに頭があり、背骨を抜き取りたいくらい邪魔に感じる園芸家は、「絶対」の影響を免れた農民と同様に、土にしがみついている。ただし、プロの農民は、腰痛や関節痛は職業病であり、雑草と格闘してきた日本の農村では腰を曲げたお年寄りがいまもなお少なくない。笑ってばかりもいられないこの現状は、しかし、アマチュアであるからこそ、ユーモアに変換できるし、また、少し距離をとって眺めることもできる。

その少しだけ遠めから放たれる目線は、土に生きることがどういうことであるかを、こんなふうに表現する。「ベーコンのように脂っぽい、羽根のように軽い、ケーキのようにもろい、明るい色のも黒いのも、乾いているのも、みずみずしいのも、さまざまな土があり、そのすべてに、それぞれに異なる、品のある美しさがある[47]」。

チャペックにとっては、土はタルトのように甘い。「よい土というものは、よい料理と同じように、濃厚すぎても、重すぎても、冷たすぎても、水分が多すぎても、乾きすぎても、ねばりすぎても、固すぎても、もろすぎても、生《なま》すぎてもいけない。黒パンのようで、ジンジャー・ブレッドのようで、タルトのようで、堅焼きのパンのようでなければならない[48]」。

さらに言えば、チャペックにとって、土は、気品と教養を兼ね備えた紳士淑女でもある。「これが、おいしくて、食べられて、教養があって、気品の高い土、深々としっとりとして、水はけがよく、息づいていてやわらかい土で、要するに、「良い土」なのである[49]」。

いやそれどころか、チャペックにとって、土を改良する堆肥も、天にも届く香油でもある。「厩肥《きゅうひ》の荷車は、こごえるような寒い日にそれをはこんできて、燔祭《はんさい》〔古代ユダヤ教の動物をいけにえとして祭壇で焼く儀式〕のときのようにほかほかと湯気を立たせるときがいちばん美しい。やがてその湯気が天国にまで昇っていくと、全知全能のあの方が、天上のその場でお嗅《か》ぎになり、こうおっしゃる。／――ああ、これは、すばらしいこやしのにおいだ！[50]」。なお、家畜の糞にわらなどの有機物を入れて発酵させることで、堆肥ができることをここで確認しておきたい。チャペックの土への愛は、常軌を逸する。土に指を差し込み、クネクネと体を動かしているうちに、土のおいしさ、気品、教養、美しさ、香ばしさまでもとらえる。その形態と視野はついに人間を超越する。世の中には「土にいれていいものいけないもの」、この二種類しかない、という悟りの境地に達するだけではない。一一月の章で、彼はこう述べる。

物事をもっとよく認識するために、足が上になるように、ひっくり返してみよう。自然をのぞき込むために、自然の足が上になるように、ひっくり返してみよう。根っこが上になるように、ひっくり返してみよう（飯島周訳[51]）。

ひっくり返してみた世界では、土は空のように広大で爽やかで伸びやかな空間である。ここには「偉大な春のプログラムが描かれている。まだ一分間の休息すら、やってこない。ほら、ここに設計図がある。ここに土台を掘って、土管が置かれる。そして、きびしい寒さで土が凍って固くならぬうちに、もっと向こうまで掘り進むのだ[52]」。一一月は、地上に出ている幹や枝や葉からすれば、休息の季節にみえるが、白い根が土の中を伸びるという意味では「春」だという。実際、多くの植物は、秋になると根の伸長は止まるから、秋になると根が伸び出すというチャペックの見方は必ずしも的を射ているわけではない。しかし、少なくとも、秋になっても根は活動を止めるわけでもない。植物学者の小塩海平の教示によると、地下の温度は地表よりも変化がなく冬でも比較的暖かい。また、根毛は単細胞で寿命は約一週間、古くなった根冠とともに微生物のえさになる。つまり根は冬のあいだも新陳代謝を繰り返し、自らの一部を腐敗・老化させることによって土壌を活性化させると言うのである。土のなかで働きを止めるわけではないのであり、それはつまり地上よりもしたたかに春の準備を整えている、と言っても良いだろう。

そして、ひっくり返してみた土のなかの世界は、人間そのもの、まさに心根と言うべきものなのである。

みなさん、これこそ、ほんとうの春なのだ。いま用意がととのわないものは、春になっても、ととのわない。未来は、わたしたちの先にあるのではない。もうここに、芽の形で存在しているのだから。未来は、もうわたしたちといっしょになっている。今わたしたちといっしょにいないものは、未来になっても存在しないだろう。わたしたちには芽が見えないが、それは芽が地面の下にあるからだ。わたしたちに未来が見えないのは、未来がわたしたちの中にあるからだ（飯島周訳）[53]。

こんなふうに、園芸家を存分に茶化した描写のあとに、急に真面目になって人間論を展開してしまうところが、いかにもチャペックらしい。土という分解世界をここまで哲学的に描いた書き手はそういないだろう。そして、土という不可視の世界が、人間の未来を萌芽する人間そのものの内部である、というふうに、土壌世界から人間世界へと論理を飛躍していく。

「この下のほう、この大地の下にこそ、真の仕事がある」と園芸家チャペックはごつごつした指でさす。要するに、それは、地上とは異なった時間に置かれ未来が胚胎されているからであり、人間の忘れてしまった「形態」が蘇る場所であり、人間ができれば見ないままでいたいと思っている分解世界である、ということである。背骨を邪魔だと思うほど土の世界に魅せられた園芸家たちの身振りは、なんだかクネクネと定まりなく踊っているようで、汗水流して働く勤勉な農民という農本主義的農民像とは対極の位置にあり、チャペックが描き続けたように、人類の終焉への道から降りる身振りに似ていると私は思う。

12 チャペックの臨界から跳べ

こうした園芸家の土の感覚を生涯失わなかったチャペックにとって、大都会はやはり苦手だったらしい。そのもっとも象徴的な都市がロンドンである。『イギリスだより Anglické listy』(一九二四)で、チャペックは、ウェンブリーの大英博覧会でみた展示品に嫌悪感を隠さない。「その大部分が、ぐるぐる回り、シュウシュウ音をたて、オイルを注入されたスライドバブルで物を砕《くだ》き、鋼鉄のあごをガタガタ鳴らし、油の汗を流し、真鍮色の光を放っていることである。/これは金属時代の神話だ。現代文明が達成した、なみなみならぬ完全性は、機械的なものである。機械類はすばらしく、完全無欠だ。しかし、それらに仕える、またはそれらに奉仕される人生は、ない[54]」。

少しもすばらしくはなく、輝かしくもなく、機械より完全でもなければ、機械よりうるわしくも

ゆえに、チャペックが、「フライング・スコッツマン号」という一五〇トンの機関車が展示されている博覧会で、祖国を思い起こすことも不思議ではないだろう。「かの故国で、わたしはイブキジャコウ草の匂いにつつまれながら、ごつごつした地面に座り、目を閉じるだろう。わたしの体内には、農民の血が流れており、自分で見たものが、いささか不安を呼び起こしたからである。人間的完全性を生じえないこの物質的完全性、この重く、買収不可能な生命をもつ輝く機械は、わたしをすっかり意気消沈させる。／フライング・スコッツマン号よ、おまえの隣に、さょう、わたしにマッチを売りつけたあの盲目の乞食をおいたら、どう見えるだろうか。あの男は盲目で、体じゅうに疥癬《かいせん》ができていた。それは、とても劣悪な故障した機械だった。それこそまさに、ただの人間にすぎなかったのである[55]」。イブキジャコウソウとは、漢字で伊吹麝香草と書くように、日本では伊吹山に多く生息している低木のことである。岩地に紫色の可憐な花を咲かせ、芳香を漂わせるこの植物は、当然ながら、真鍮色の光と油の臭いにまみれた機械と対極をなす。

ただ、ここで注目すべき対比は、それだけではない。機械は完全であり、人間は不完全である、という図式である。チャペックにとって、体じゅうに疥癬ができた盲目の男は、人間の例外ではなく、人間の象徴であるように描かれている。ここに表出する人間の不完全性こそ、人間の存在根拠であった。人間が不完全な部分を忌避して消し去ろうと試み、完成を求めることでもたらされる悲劇を小説の中でひたすら描いてきた。しかし、機械は、人間が不完全であることを恥じ入

らせるかのような威圧感をもつ。「農民の血」が流れると自己表現するジャーナリストにとってこれがどれほど耐え難いことであるか、容易に想像できるだろう。

　都市への憎悪は、ロンドンのテムズ川左岸に広がるイースト・エンドで高まる。貧民が多数住むスラムの街を、チャペックはこう描いている。「こんなにも多くの人びと、何百万もの人びとが、このロンドンの大半を占める区域に、この短く切れた、みな同じ形の、喜びを失った町々に住み、まるでかぎりなく巨大な腐肉にたかる蛆虫《うじむし》のように、ロンドンの地図をむしばんでいるのだ！[56]」。「だが、人間はこんなところでも生活できるのだ。すなわち、生き、眠り、むかつくような食べ物を食べ、子供を生むことができるのである。／おそらく、誰かもっと物知りの人間だったら、もっと美しい場所にご案内できるだろう。そこでは、ごみさえもロマンチックで、悲惨さも絵になるであろう。しかし、わたしはたいへんな数の小路に迷い込んでしまって、出口がわからない。いったい、この無数の黒い通りがどこへ通ずるのか、はっきりと見通しがつくものであろうか[57]」。

　第一次世界大戦後のロンドンのスラム街の描写として、これがどれほど代表的なものか分からない。しかも、貧しい人を軽蔑する人にきわめて厳しいチャペックにしては、スラム街の人びとに対し「自分とは異なる」感覚があらわになりすぎているように思える。もちろん、さすがチャペックだけあって、ごみさえもロマンチックになる美しい場所がイースト・エンドには隠されているのではないか、という反転の可能性を皮肉とともに匂わす。しかし、「蛆虫」とさえ形容することをはばからなかった貧民たちが、どんな営みをしているかについての観察は意外に平凡と言わざるをえない。また、都市憎悪の言葉も二〇世紀の農本主義者たちとそう大きくは違わない。スラムという世界に生きる人びとに、園芸家が、あの稀有な自己嘲笑能力によって、視線を投げかけたとき、スラムの世界にウェンブリーの抗分解世界とは異なる世界が投影される可能性はなかったのか。場合によっては、ごみを再利用し、再構成して、「ロマンチック」に扱うことだってできたのではないか。それはスラムで貧民たちが生きる姿を「生命力にあふれている」と言って肯定するのとは別の、形態学的な観察の方法を、私たちはチャペックから受け継いできたのではないか。

もっと言えば、壊しすぎることで生じる「絶対」という副産物をあれほどまでに魅力的に描いたにもかかわらず、チャペックは、ロボットにせよ、山椒魚にせよ、白い病気に冒されて死んでいく人間にせよ、堆肥へと向けられた観察力をもってそれらの分解の副産物を描くことなく、四八歳で人生を閉じた。まだ人生を閉じていない私たちには、この発酵過程を「絶対」と比較し、検討する時間が残されている。

腐敗しにくく、壊れにくい世界の生きづらさと、腐敗しやすく、壊れやすい世界の騒々しさをチャペックは信じられないほど強靭な構想力と思考力によって描き切った。だが、私たちは、イースト・エンドで、そろそろチャペックに別れを告げ、別の道案内人を探さなくてはならないだろう。

第4章　屑拾いのマリア——法とくらしのはざまで

1　分解者としての屑拾い

金屑、糸屑、紙屑、鉄屑、布屑、皮革屑、紡績屑、木屑、大鋸屑、カンナ屑、ゴム屑、硝子屑、陶器屑など、地球の表面には、壊されたり、解体されたりしたあとに捨てられた屑がたくさん転がっている。たとえば、製革やそれを加工する過程だけみても、トリミング屑、床皮屑、床革屑、裁断屑、こば漉き屑などが出るように、「屑の分類学」の登場を待望せねばならないほどだ。

屑という言葉は、物のみならず人を貶めるときにも使われる。だが、屑それ自体の価値は実は無限である。屑は、捨てられたかぎり、市場では無価値、場合によってはマイナスの価値しかない。無もしくはマイナスから有を生み出すことは、どれほど大きな工場といえども実現困難な所業である。いまではほとんどの屑がゴミとして扱われ、捨てられるが、うまく使えば屑は価値あるものに変身する。その変身は、労働力が資本家の利潤に化ける変身や、自然力が土地の値段に化ける変身にもまして、世の中に絶えずもたらされる剰余価値の源だったとさえ言えるかもしれない。

稲村光郎の『ゴミと日本人――衛生・勤倹・リサイクルからみる近代史』(二〇一五年)という内容豊富な著作によると、日本は開港とともに木綿のボロを海外に輸出した[1]。一八六一年には横浜港から八〇〇〇ドルに相当するボロが輸出されたという。では、海外で何に用いられていたのか。稲村によるとそれは、洋紙製造の原料だという。紙の使用量が増加するなかで、次第にパルプが用いられるようになっていたとはいえ、ヨーロッパでボロはまだ重要な原料だったことが分かる。

もちろん、貿易品としてだけでなく、ボロやクズは日常生活のなかで自然に使われていた。日本で初めて大規模製氷事業を営んだ中川嘉兵衛は、採取した氷を氷室に保管したが、これは三重の壁になっていて、板と板のあいだには木屑をつめた[2]。木屑は隙間に空気を溜めるため、外気の熱を内部に伝えにくくする断熱材の役割を果たすのである。古紙回収業者が集める古新聞古雑誌は、ふたたび溶かせば再生紙の原料となるし、スクラップした鉄屑も高温で溶かせば、ふたたび鉄の生産の原料として利用できる。愛知県の先進的農業地帯では、明治期から、通常よりも早めに野菜を出荷する促成栽培が営まれていたが、そのために必要な熱は、実は馬糞や籾殻や藁屑を発酵させて供給していた。つまり、屑として捨てられるものは、微生物の分解力を借りさえすれば、熱を生み出す源に様変わりするのである。ちなみに、愛知県農事試験場の技師が、のちに、そのかわりに紡績屑を使用することを提唱したのは、とくに世紀転換期あたりから愛知には多くの紡績工場が建てられるからである。

生命の営みを終え廃棄された生物の遺体や、生命の営みそのものである排泄によって外界に生み出されたものは、人間社会によって滓なり糞なり塵なり埃なりと名づけられる。それらをさらに飲み込み、消化器官で無数の微生物の力を借りながら細かく分解して別のもっと小さな生物が食べやすくしたり、さらにまだ残っている養分を吸い取り分解して、植物が吸収できるような養分に変化させたりできる貴重な生物群を、生態学では「分解者」と呼ぶが、このいささか地味な言葉を、本書の核心となる概念として使い続けているのは、それが分析概念として堪えうるだけの冷徹さを持っていると考えるからである。分解者たちがはたらくのは土壌環境を良好にするためでも、海を美しくするためでも、地球の環境を守るためでもない。他の生命が生きていくために自分を犠牲にして分解者が分解を遂行しているわけでもない、ということを、この素っ気ない概念はあらわしている。生態系の持続的な運営のために私たちは廃棄物を分解しているわけではなく、生きるために廃棄物を分解しているにすぎない、という分解者の形態は、個人主義的かつ官僚主義的とも言うべきもので、情緒の加わる余地がない。

となると、分解作用は人間社会にも歴然とはたらいている、と言わざるをえない。空き瓶回収、古紙回収、鉄屑回収を担う会社はもちろん、賞味期限間際の食料を安価に、あるいは無料で貧困者に配る団体も、家畜の糞尿を土壌に戻す農業従事者も、古くなった家具、電化製品、本を売るリサイクルショップも、茶器、掛軸、絵画などを売る古物商も、分解を担う人間であり、人間である以上例外なく生物であるゆえに分解者と呼んでも間違いではない。

さらには、現代のごみ収集に携わる人びともまた、この壮大な作用の担い手である。藤井誠一郎の『ごみ収集という仕事』（二〇一八年）は、新宿区のごみ収集に九ヶ月にわたって従事した行政学者が記したユニークな学術書である。夏は暑く、冬は寒く、ゴミ袋には、注射針やカセットボンベなども入っていて危険な仕事である。ゴミを出す市民はやりたい放題にゴミを出し、ごみ収集の仕事をする人びとに軽蔑の言葉を投げかける、委託化が進むなかで仕事の連携がしづらくなる、といった暗部も赤裸々に描かれている。だが他方で、ごみ収集の仕事がいかにレベルの高い熟練の技術を必要とするかということについてや、ゴミ分別の啓蒙活動やゴミ収集車のゴミを入れるさいの分別、さらには地震後の膨大なゴミの収集も含めて、町の美化とゴミの再利用にいかに貢献しているかについて具体的に描いている(3)。

石油を使って焼却炉で燃やしたり、海に埋め立てたりするまえに、再利用できるようにしてもう一度人間社会に戻す。こうした行為のうち少なからぬものは蔑まれ、差別されてきたが、分解者が人間社会のなかで味わってきた苦しみにちょうど反比例するかのように、収拾・解体・再利用と連なる作業群は、無もしくはマイナスから有を生み出すのみならず、人間の存在様式に深く関わる希有壮大な行為である。なぜなら、ものを拾い、集める行為は、人類史の開闢以来かなりの時間を人類が、それまでの地球の生物の奥義を引き継ぐかのように夢中になってきた行為だったからである。狩猟採集から農耕に移行し、その結果都市が誕生したところであっても、拾い集める行為はなくならない。都市を掃除し、ゴミをふたたび価値あるものに戻す手伝いをする。屑を拾う人びとなしでは、都市の住人たちはゴミに押しつぶされて、圧迫死もしくは窒息死を遂げるしかない。ゴミの発するガスのなかで、ゴミに埋もれて死んでいく。これは、ちょうど、生物の遺体や排泄物を分解し腐植を生み出す昆虫や微生物のはたらきがなければ、地球上の生物が遺体や排泄物の堆積のなかで絶滅を遂げていくことになるのと同じである。

穢多頭の浅草弾左衛門や非人頭の車善七など近世から近代にかけて生きた穢多や非人を題材に文学を描いてきた塩見鮮一郎の卓越した描写から、私たちは、まさにこの「ふるまい」や「はたらき」を学ぶことができる。たとえば、彼の『江戸の貧民』（二〇一四年）[4]によればこう記してある。幕府も各藩も牛馬の皮革は必須である。だが、将軍家光の時代に海外からの輸入ルートが途絶えたため、国内で皮革を調達せざるをえなくなった。東北地方の農民は自分で皮革生産に携わっていたというが、農民自身が穢れ意識にとらわれている地域では、それは難しい。そこで、身分制度の外に置かれた穢多に皮剥ぎをやってもらう。「牛馬が死んだとき、これまでは百姓が手厚く埋葬したりしていたが、これからはすべてを提出させて無駄なく皮革を精製する。穢れ意識に捉われた農民が自分で解体しないのなら、穢多身分に依頼する」。「あらゆる土地に「馬捨て場」と「牛捨て場」をつくる。これがのちに、「草場」とか「職場」とか「旦那場《だんなば》」と呼ばれる土地だ。四畳半のおおきさに竹で方形の枠をつくり、質素な馬頭観音《ばとうかんのん》を置いた。農民は死んだ牛馬をそこへ運ぶように厳命した」。そこを管理する穢多を「場主」と呼び、場主が取り仕切ることで、解体作業が進む。

皮以外の内臓や爪や尾は、現場を取り仕切った場主《ばぬし》にあたえられる。爪は笄《こうがい》や櫛《くし》になり、尾は筆先に必要であった。ちいさな集落なら小頭自身が場主を勤《ママ》めただろう。時代がくだると、解体作業を非人にやらせるようになるが、一頭をまるごとばらばらにしたあとは、女子供みんなして湯気のたつ肉鍋をかこんだ⑤。

肉食も穢れた行為とされていたが、それゆえに、身分制社会の法の外で生きているはずの穢多や非人たちの健康状態が身分制社会の法のなかで生きている農民よりも良いということもしばしばあったそうだ。また、たとえば、江戸の非人たちは、「便所やゴミ箱の管理をおこなうかたわら、町内に浮浪者が入り込むのを阻止したり、追い出したり、道路の掃除、不浄物（小動物の死骸）の片づけをおこなった」。そのかわりに、月に三回、町内会から「定式勧進」と呼ばれる米銭をもらった。

都市だけではない。「農村にも少人数の非人がいた。いなかでは物もらいをして生きてはいけないので、村民生活の一端に溶けこんでいる。入会地《いりあいち》の里山や田畑の番人を引き受け、収穫したばかりの米が盗まれないように目を光らせた。村道《そんどう》の清掃や溝《どぶ》の泥さらいもおこなった⑥」。それ以外にも、牢死した人、行き倒れ人、刑場の死人の片付けなどもおこなった。

生産をすることが許されていない非人たちにとって、こうした「掃除」のなかで手に入るものは稼ぎのひとつとなる。たとえば、江戸の非人の仕事のひとつとして、紙屑拾いがあった。紙屑を拾い集めて、いまは埋立てられてしまった新吉原の山谷堀で洗い、紙屑問屋に持っていって売った。紙屑問屋は紙を漉き直して、便所で用いる落とし紙にする。当時浅草紙と呼ばれていた。ちなみに、山谷堀にかかる橋のひとつに紙洗橋という橋があったが、ここに文政の頃には浅草田原町一帯にあった紙漉屋が移ってきていた。ここの職人たちは、仕事の合間に遊郭の軒先だけみて、登楼せず帰っていくことが多かった。紙を水のなかにさらしておく過程を「冷やかす」というが、いつしか、遊郭をぶらつく紙漉職人のように、買う気のないのに店をぶらつくことを「冷やかす」と言うようになったという。

ともかく、屑拾いたちの意図とは関係なく、結果として、街から屑が減り、綺麗にされるわけだが（だから江戸時代がエコロジカルだったという身分制を除外した議論は単純すぎるのだが）、そのためには、屑を価値あるものに変換する再生装置が存在することが必要であった。

2　明治の「くずひろい」

徳川幕府とともに三〇〇年続いた身分社会が法的には崩壊し、明治の世が訪れて、四民平等が一応の原則となっても、屑拾いは消えたわけではなかった。日本の経済が大きな成長を遂げていく一九世紀末から二〇世紀初頭にも屑拾いはいた。たとえば、一八九五年に日清戦争で勝利を収めた日本は二億両の賠償金を分割で入手することになり、一八九七年には綿糸の輸出額が輸入額を超え、一八九八年には、豊田佐吉が動力織機の特許を取り、三菱合資三菱造船所が日本最初の大型汽船、常陸丸（六一七二トン）を完成するが、このような華やかな日本経済のイベントを支えていたのは底辺の社会であった。その当時活躍した横山源之助の代表的ルポルタージュ『日本の下層社会』（一八九九年）のなかに設けられている「くずひろい」という節は、すでに第一章で紹介した通りである。

横山はここで、屑拾いたちが拾っていた紙には西洋紙屑と日本紙屑があったと述べていたのだが、西洋紙屑とは洋紙、日本紙屑とは和紙のことで、洋紙は木材パルプを使用し機械で製造した紙、和紙は植物繊維を練って漉いた紙である。一八七五年七月に操業を開始していた抄紙会社は、一八九三年に王子製紙と改称し、一八八〇年には製紙所連合会が設立して、これものちに日本製紙と改称する。洋紙よりも和紙のほうが値段が高いが、その分丈夫で長く保つ。「洋紙は百年、和紙は千年」と言われることもある。また、屑拾いの「籠」とは、赤ずきんちゃんが腕にかけているようなたぐいのものもないわけではないが、背中に背負うことが多い。このスタイルは、敗戦後もかわらない。

では、どれくらいの収入なのであろうか。「立て場」、つまり、屑を買い取る場所の主人の話によるとこうである。

日本紙屑の代価一貫目につき十七銭、ボロ屑十銭、洋紙屑に至れば遥かに価《あたい》下りて一貫目七銭、薪炭《しんたん》のカケはこれを立て場に持ちゆくことをせずして己《おの》れの用に供え、陶器屑のごときは十貫目拾弐銭。しかして屑拾が一日拾うところ、二貫目に出づるは稀《まれ》にして、大抵一貫五百目内外、これを代価にして日本紙屑・襤褸屑《ぼろくず》を合せ十四、五銭内外、これ屑拾が一日の収入なりと知るべし。(7)

横山によれば、当時の日稼人足のうち、道路の改修修繕、堤防の築造修繕などの土木工事のあたる人夫一日あたりの賃金は三二、三銭、東京府下の工場に働いて三〇銭内外という。一方で、週刊朝日が編集した『値段の明治大正昭和風俗史　上下』（一九八七年）によれば、当時の巡査の初任給月給八円を日割りにすると二六銭（一八八六年）、国家公務員上級の初任給五〇円を日割りにすると一円六六銭（一八九四年）、東京府知事の月給三三三円を日割りにすると二七円七五銭（一八九一年）である。

となると、東京府知事の月給の日割りは、単純計算で、屑拾いの一日の収入の一八五倍となる。しかも、屑拾いにせよ、日稼人足にせよ、毎日はたらくのではなく、休息日をとらないかぎり体がもたないことを考慮にいれなくてはならないし、いざとなったときに売るべき資産もほとんどない。とはいえ、この程度の所得の違いは、現代世界でも厳然として存在しているわけで、遠い過去の不幸な時代として片付けるわけにもいかない。

いずれにせよ、屑拾いは社会のなかでも、もっとも底辺に位置づけられる職業の一種である。ちなみに、明治初期の大本教の創始者である出口なおは、衰退しつつある綿織物産地京都・綾部で、ぼろ買い、紙屑買いをしていた。捨てられたものを拾うのではなく、各家を回って、ボロを安く売ってもらうという仕事であり、都市では「買出人」と呼ばれ、「町仕切」に売って暮らしを立てていた。それが「バタ仕切」に売る「屑拾い」と明確に区別されるようになるのは「明治末期から大正初期」と推定されるが、正確な時期は不明であるという(8)。いずれにしても、どちらも「資金も技術もない零細民の職業(9)」であることに変わりない。極貧で文盲の出口なおが神がかり、神の自動筆記として「お筆先」をあらわし、それが大本教の経典となっていくのであるが、屑の領域と神の領域が実は親近性がある、ということについては、後段であらためて論じる。

さて、では、屑拾いとは、どんな作業をしているのだろうか。

しかして屑拾の社会に最も重んぜらるるは時なり。かれらにして怠りて時を逸することあらんか、いかほど躍起となるもその日一日は骨折損《ほねおりぞん》の草臥足《くたびれあし》を引きずらざるべからず。時とは、拾いに出掛くる時間を言うなり。すなわち午前三時半ないし四時、寒夜床離れの難《かた》きを忍びて往還に出で、氷を結んで固く地に着けるを辛うじて拾い取り、傍《かたわ》ら人に後《おく》れざらんことを気遣いつつ慌々前《あわててさき》を急ぐ。次に午前六時頃あるいは十時頃。六時に出づるは店の掃き出しを見込める者にして、十時頃に出づるは吉原《よしわら》・洲崎《すさき》に入る刻限なり。午後六時半頃は夕暮の掃きだしを見込みて出づる者。しかして屑拾のもっとも幸福となし愉快を感ずるは年に三回あり。節分・土用干《どようぼし》・十二月の大掃除これなり。この日時に会せば三十銭四十銭の屑を得ること敢えて難《かた》からざるなり。[10]

土用干とは、夏の土用の日に、衣類や書籍を陰干しする年中行事である。つまり大々的に掃除がなされる日で、衣類や書籍で必要でないものが街頭に出される。これに典型的にあらわれているように、タイミングを失うと屑拾いはいくら歩いても獲物を得ることができない。「貧民中もっとも収入少なきものはそれ屑拾か」と横山源之助は述べているが、それは、こうした不安定さにも由来しているだろう。ただ、一方では、タイミングと場所を選ぶコツをつかめば、収入に差が生じる職業であることも、横山の観察から知ることができる。

また、横山の著書から六年後に斎藤兼次郎によって書かれた記事「下谷《したや》区万年町　貧民窟の状態」（『直言』一九〇五年七月）にも、屑拾いが登場する。[11] 著者の斎藤兼次郎は金櫛職人であったが、社会主義運動に身を投じ、最期は八丁堀のバラック長屋で亡くなった人物である。なお、下谷万年町は、四ツ谷鮫河橋、芝新網町と並んで、当時の東京の三大貧民窟のひとつである。「紙屑拾い、この業は下谷の貧民窟で最も多数を占めて居る。一貧民語りて曰く、紙屑拾いという仕事があるのでこの辺の者はよほど助かります、老人などがこれによってどの位死を免れて居るかも知れません」。文字通り生命線であった屑拾いの仕事の中身について、斎藤はつぎのように述べている。

終日背に籠《かご》を負い手に竹箸を持ち、終日蚤取《のみと》り眼《まなこ》で稼ぎ廻りて、その所得は精々二、三貫目、竹の皮などは十日も十五日も経ざれば一貫目に溜《た》まらず、破れ硝子もその通り、古フンドシや手拭はメッタにありません、故に彼らの収入は日に七、八銭か十銭に過ぎず、それで人一人の命を支《ささ》えなければならぬ、人間の相場もここまで来れば実に安価の者であります。

一次は硝子買い、これは紙屑拾いより一段収入が少ないのです。最もこれに二た通りあり、一は相当の収入があります、これは五、六十銭より一円位の資本を持ち、箱車または籠車を曳きながら、ランプやホヤの破損はありませんか、など呼び歩くのである、多くは子供を背負うた婦人にて、晴天の時は二十銭位の収入がある。今一種のは六、七十歳位の老婦人が破れた籠を提《さ》げて五、六銭の元手にて前のように呼び歩くので、一日の得る所はヤッと四、五銭なり、その内より家賃と蒲団の損料に二銭五厘を差し引かれ、その余す所の二銭か二銭五厘で露命を継《つな》ぎ居るのです。(12)

ホヤとは火屋であり、ランプやガス灯などを覆う硝子のことである。籠を背負い、あるいは、箱車をガラガラ曳きながら、竹箸を持って街を歩き回る屑拾いは、捨てられた「フンドシ」や「手拭」を街から一掃し、それを新しいモノに変換する貴重な公共的任務を果たしている。だが、同じ屑拾いでも生活にはかなり差がある、というのがこのルポルタージュの重要な指摘である。横山の調査した屑拾いの一日当たりの平均収入、一四、五銭の半分以下の層もいたことが分かる。

屑拾いという職業の特徴は、これらだけではない。「収入の少なきよりして然るか、犯罪に近きよりして然るかは知らざれども、屑拾に盗人根性《ぬすっとこんじょう》なきは少なく、その大半はカッパライの者流《りゅう》なり」(13)。確認しておきたいのは、屑拾いは、法と生活の狭間に位置する領域での仕事であって、だから江戸時代は身分外の人間たちが従事していた、ということ。さらに、屑とは、商品世界から離脱したばかりでなく、所有制度の網の目からこぼれ落ちた存在であり、道路に転がったり、ゴミ箱に入ったりするものである、ということだ。別の言い方をすれば、道路に転がっている屑は、生産者からは言うまでもなく所有者からも自由になったただのものである。だが、屑なのか落としものなのか判断するのは、難しいときもある。だからこそ、屑を拾うことは、屑を盗むことと紙一重である。屑拾いがしばしば警察の世話になりやすいのも、そのためである。だから、屑拾いとは、逆に言えば、商品世界から降りたものをふたたび商品世界に戻すまでの所有権制度の空白を衝く仕事とも言える。

横山源之助や斎藤兼次郎は、もっぱら、貧困の問題として屑拾いを紹介している。その視角に間違いはない。だが、所有権制度の空白地帯が所有権制度に基づく商品経済社会を支えている以上、横山や斎藤の描写は、分解者の現象の描写として読み替えることも可能なのである。

3 屑の世界の治安と衛生

中川清によって編まれたアンソロジー『明治東京下層生活誌』[14]（一九九四年）のなかに収められている著者不詳の「東京の貧民」という文章は、一八九六年一〇月から『時事新報』で発表されたものである。ここには、一八九六年五月三〇日に、「行路病者《こうろびょうしゃ》」、つまり道路に病み倒れていて下谷警察署に保護され養育院に送られた一六歳の少年の紙屑拾いに対するこんな聞き取りが掲載されている。

問　「五日も六日も降り続いて仕事に出られぬ時はどうする」
答　「仕方がないから乞食に出ます」
問　「問屋にはお前のような者が沢山いるか」

答「私の問屋には私位の年の者が四人と二十年位《はたち》の者が四人おります」
問「年上の者もやはり屑拾いをするのか」
答「屑拾いばかりじゃありません」（と苦笑いす）
問「何をするのか」
答「アノー泥坊です」（と少し囁嚅《くちごも》る）
問「どんな物を重《おも》に盗むか」
答「足袋《たび》だの襦袢《じゅばん》だのチョイチョイ干し物も盗みます」
問「それをどうする」
答「問屋へ売るのです」
問「泥坊をする者は一日幾許位になる」
答「何んでも二十五銭か三十銭位のもんです」
問「段々年を取ると皆《みんな》泥坊をするのか」
答「大抵はやります(15)」

警視庁勤務後、東京日々新聞社の記者などを経て、一九二二年に東京市社会局で膨大な貧困調査などにあたって、幼少年の保護や貧困対策などに従事した草間八十雄の『不良児』（玄林社、一九三六年）によると、「バタヤを稼ぎながら空巣覗きだの掻払《かっぱら》ひをする者があるので、浮浪と罪悪は不離の関係にある」と述べたり(16)、「バタヤと犯罪と不離の関係にあるものが少なくない」

と指摘したりしている。

所有権がなければ商品の売買は生まれない。地球上のすべてのものに所有権がなければ、金銭によってものを購買しようという物欲も、その金銭をたくさん手に入れようという金銭欲も生じない。所有権を法によって守ることこそ、資本主義世界を生きる国家の国是である。そのなかにありながら所有権の曖昧な屑の世界、すぐ隣に「泥坊」の領域が接する世界、すなわち法と生の狭間ではたらく屑拾いに対しては、それゆえに、さまざまな法的制度的な網が投げられ、捕捉、監視、制御が試みられた。その権力を発現するのはまず何よりも警察であった。

警察権力は、屑の世界に、窃盗、思想、衛生の三点から治安をもたらそうとする。ここではとくに東京の事例を見ていきたい。よく知られているとおり、警察は、内務省の管轄下にあり、いまも東京には警視庁と呼ぶ各道府県の警察と同様の地方機関が設置されているが、首都機能の衛生管理および治安維持という特別の任務があるため、トップの警視総監の給料は内務官吏のなかでも別格扱いであった。一九三五年当時、警視庁には、総務官房、警務部、特別高等警察部、刑事部、保安部、衛生部、消防部という部局があったが[17]、屑物業者に関わったのは衛生部と保安部であり、しばしば屑物業者の権益をめぐって対立している。では、警視庁はどのように東京の屑物業者の治安維持を試みたのだろうか。

一八七六年六月二三日、警視庁は「古着、古金類商売結社規則」を発令する。古着、古紙、古本、古銅鉄などを扱う古物商の取締規則である。これによると、屑物買出人は、太政官令による「取締りの雑業鑑札を所持し、一般行商人として規制され、また古着、古道具屋を扱う古物商としての古物鑑札も所持するという」、「二枚鑑札」、つまり二重規制を受けた。「バタ収集人の竹籠、買出人が大八車につける竹籠の目数、寸法にいたるまできびしく規制された」という。[18] 近代国家の誕生とともにその国の治安を任された警察は、屑物の拾い屋や買出人が窃盗しないように、あるいは、窃盗犯罪の温床にならないように、つまり「防犯対策」として屑の世界に目を光らせていた。

さらに警視庁は、一九〇七年六月三〇日を期限として、下谷浅草方面の屑物業者に、地価が安く、市中心部との交通の便も良い日暮里、千住元宿、千住牛田の各方面への移動を命じた。これは日清・日露戦争を経て軍需産業が活発化し、農村から都市へ人口が増大したことで、スラム街を「衛生的にも防火防犯的にも除去すべきである」として、その「周辺の地主や商人たち」が陳情を試みたことが大きかったようだ。[19] 警察側としても、防犯防火対策のためにもスラム街を中心部から追いやることは必要であったため、警察と商業と地主が一丸となったのである。関東大震災のあとは、市内のスラムが壊滅したため、日暮里、三河島、千住などにいっそう屑物業者が集中することになり、住居環境は悪化する一方であった。

一九一四年八月、警視庁は「屑物営業取締規則」を発令する。東京都資源回収事業協同組合の『東資協二十年史』によれば、その主要点は三つあるという。一つ目に、地域制限。住宅地域、商業地域では屑物営業は不許可、工場地域と未指定地域（当時の日暮里、三河島、千住地区等）のみ許可となる。二つ目に、距離制限。電車軌道等に接する場所、神社、寺、官公署、学校等より二〇間《けん》［約三六メートル］以内の地域は不許可になる。三つ目に、設備制限。床はコンクリート打ち、出入口にはネズミ返しをつけ、窓にも防鼠用の金網を張ることが義務化される。最後に、未消毒品の売買禁止である。これがもっとも厳しいものであった。まさに「屑物営業者の死命を制するもの」と言える。背景には、幕末から明治中期にコレラ、赤痢、腸チフス、天然痘などが都市で流行し、一八九九年、一九〇二年、一九〇七年、一九一四年にペストが流行したことがある。都市の、とくにスラム街の防疫体制を整えるのは行政の重要な役割であった。屑物の収集場を建場《たてば》というが、その建場業者は、東京市中や郡部に建設された城南消毒所、城北消毒所、大貫消毒所などの所属店舗として便宜的に営業許可を与えられていく。また、『東資協二十年史』の屑物業界の古老に対する聞き取りによれば、警視庁によって「伝染病予防の目的のため、今後紙屑屋の取扱う紙屑は、ことごとく一度市外に持ち出して消毒をしなせなければ売買することはまかりならぬ」という禁令まで出されたという。さらに警視庁は一九一七年六月、紙屑問屋の市内営業禁止という強硬措置に出る。これに対抗して、一九二〇年には、日暮里地区の屑物業者が中心となって関東消毒所を設立している。また、震災後には日暮里地区の関東屑物商組合が生まれ、業者のほうから衛生事業に積極的に関わる動きもみられた。つまり、屑の世界の「消毒」という権力の発動である。

一九二七年、金融恐慌が吹き荒れ、また、震災後の帝都復興院の防災計画に基づく近代都市づくりのなかで、政府は、日暮里と三河島のバタ仕切り業者に荒川放水路以北への退去を命じた。戦後、荒川放水路北側の湿地帯にバタヤが集中するのも、こうした戦前の都市計画の影響である。もちろん、都市計画の背景には衛生、美化、防犯など、これまでと同様に治安維持の意味もあった。

一九三三年八月、警視庁は一九一四年に発令された「屑物営業取締規則」を改定する。これによってさらに警視庁からの監視が厳しくなり、電車が通っている近辺や幅の広い道路、学校、病院、食品市場、公衆浴場などの近くに作業所を設置してはいけないこと、建物の内部の床面はコンクリートか石にすること、貯蔵庫倉庫の出入口にはネズミ返しをつけること、などが定められた。消毒所も警察官の監視を受け、立入検査、台帳と現品との照合なども厳しくチェックした。『東資協二十年史』によると、「刑事、警察官等は建場を訪れる際、つねに「おみやげ」を要求した。要は「不正品、盗品」の提出と情報（密告）の提供を求めたのである」[20]。また、『東資協二十年史』に繰り返し言及されているように、無政府主義者や社会主義者も警察の手から逃れるために貧民街に潜み、屑拾いになることもあった[21]。これも重要である。つまり、政府に抗する思想運動の取り締まりという点からしても、屑屋や買出人や屑拾いたちのいる場所に警察が出入りすることは意味のあることだったのである。そして、「屑物営業取締規則」の改正に応じて、「東京古物屑物問屋商業組合」が警視庁衛生部と保安部、つまり「衛生と防犯」と両面からの指導のもと、発足する。ただし、この組合には、買出人のみが加わり、拾い人は加わらなかった。前述のとおり、屑を買う買出人（町建場）と屑を拾って集める屑拾い（バタ建場）は異なっており、前者は後者に対し「優越感」を抱きがちであり、前者が後者を差別することも少なくなかったという。当時、東京には、八〇〇〇人の買出人と五〇〇〇人の屑拾いがいたと言われている。

戦争によって、屑の世界はにわかに脚光を浴びる。商工省の指示で「廃品回収懇話会」が結成され、屑物買出人も産業報国隊に編入、一九三九年には「鉄製品供出運動」の回収工作隊員として作業に従事することになった。つまり、捨てられた屑は誰もが注意を払うものとなり、街からはしだいに屑がなくなっていく。屑の拾い人たちも、労働力不足のなかで工場に吸収されていく。戦争は屑の世界に光を当て、普遍化し、屑屋を一般生活世界に溶け込ませるなかで、本来の屑屋もまた統制経済の一員となっていくのである。『東資協二十年史』はこうまとめる。

われわれは、戦前史のなかに、数えきれないほどの官憲による過酷な取締りの実例をみた。警視庁令による都心からの強制退去。倉庫の随時立入り検査、買出人、拾集人の荷車の、随時随所の点検、公共建築物との距離制限等、その実例は枚挙にいとまがないのである。戦前における国家権力の介入は、戦後のそれとは比較にならない程、苛烈なものであった。われわれは、これらの歴史のなかに、まざまざとしるされている「屈辱」と「迫害」の爪痕から目をそらすことはできないし、目をそむけるべきでもない。不当な行政の介入、規制、拘束に対しては、今後も断固として戦わなければならない。(22)

戦後、空襲で焼け、業者も疎開などで散り散りになっていた首都東京では、しばらく屑物業者が統合することはなかったが、物不足のまま復興が本格化し始めると、ふたたび屑の世界が活気を帯びはじめる。建築ラッシュはガラス屑に破格の金額をつけ、戦後の民衆の旺盛な読書欲は紙屑の値段を押し上げた。東京都清掃局、学校の廃品回収、そして、何よりも、土地を不法占拠した業者などとの摩擦、調整のなかで戦後産声をあげた東京都資源回収商業組合（東資協）は、自分たちの存在意義を探り続ける。とくに、都内に住む四万五〇〇〇人の仮小屋生活者の存在は、「相いつぐ金属類の高騰は、倉庫破り工場荒し等、金属類、盗難事故の続発の理由となり」、「犯罪の温床であるとみられた[23]」。戦時中に屑屋の取締りは警察から東京都に移管されていたとはいえ、犯罪が屑の世界の近辺で多発するなかで警察権力の戦前のような介入を恐れた東資協は、前もって不法占拠者と一線を画すために運動を続けていく。

また、東資協の動きのなかで特筆すべきは、改正刑法準備草案第三六七条廃止運動である。一九六三年に法制審議会が刑法に「営業に関し、過失により事情を知らないで、盗品その他財産に対する罪によって得た物を保管し、有償で取得し、又はその処分の周旋をした者は、三十万円以下の罰金に処する」という「過失犯」を取り入れようとしたことに対して、それを阻止しようと運動を結成したのである。所有権の曖昧なものをどうしても扱わざるをえない屑物業者にとってはこの三六七条は「われわれの職業を侮辱し、営業を不可能に追い込み、生活を脅かし、基本的人権を無視した」ものとみえた[24]。結局、この運動は成功したけれども、警察権力の監視から原理上は自由になったはずの戦後もなお、屑の世界が法と治安の磁力のなかで存在していることを示す事例である。

4　バタヤとルンペン・プロレタリアート

バタヤ殺すにゃ刃物はいらぬ、雨の十日も降れば良い。

いつしか、屑を拾って集める「屑拾い」は「バタヤ」と呼ばれるようになる。バタヤは、多くの人びとの口にのぼったこの初出不明の残酷なフレーズとほとんど違わない生き方と死に方をしていた。では、東資協の歴史ではむしろ競合の相手であり、また、排除の対象とさえ描かれてきたバタヤとはどのような存在だったのか。屑を買い集めるのではなく、拾い集めるバタヤについては、包括的な研究書『バタヤ社会の研究』（一九七三年）に詳しい。星野朗と野中乾という二人の東京に住む高校教諭によって書かれた『バタヤ社会の研究』が秀逸な本であるのは、使われている統計資料の豊富さばかりではない。バタヤの実態を明らかにしようとする執念に満ちた筆致は、冷静かつ分析的で、社会の分解者のはたらきをみようとする本章にとって有意義だからである。

まず、バタヤという言葉の語源について、星野と野中は『東資協二十年史』を参考にしつつ、いくつかの説を紹介している[25]。

第一に、「蓋を閉める音」説。本木町関原小学校の郷土地誌によると「家々の塵芥箱を引っ掻き回して、その後バターンと蓋をするところから」、「バタヤ」と呼ぶようになった。

第二に、「道端者」説。同じ郷土地誌によると「屑物買出人を営て物を買うという事から町屋と呼ばれ、収集人は道端の物を拾うので、道端者と言い転じて端者、端屋と呼ばれるに至った」。第三に、「魚のハラワタ」説。「明治の中頃、日本橋魚河岸一帯を縄張りとする人入れ稼業の佃が、下谷万年町を縄張りとする直系の子分に魚河岸の魚の腸《わた》の処分権を与え、集めた魚の腸を農地の肥料として売らせていたが、これに従事していた万年町周辺の貧民たちが、たんに魚の拾集のみにとどまらず、ボロ、古紙屑等の拾集も兼ねるようになり、ついにそれらの屑類の拾集が本業となり、魚の腸拾《わた》い、ワタ屋がなまってバタ屋と称するに至ったという」。

第四に、「川端」説。紙屑を漉き直す紙屋が浅草今戸橋付近にあったという事実がこの説を支持する。江戸時代に出版事業が盛んになり、紙屑から紙を漉き返す再生紙業も増える。「さあことだ屑屋羊にとりまかれ」という川柳もこのころのものである。

どの説にしても、「バタヤ」の「ヤ」は「屋」以外にありえないだろう。どの説も魅力的であり、また、どの説も屑拾いの体の動きまでも分かるような事実がある。では、バタヤとはいったい誰なのか。星野と野中はバタヤをこう定義している。

バタヤとは捨てられたものを拾い、それを売却して報酬を得る職業またはそれに従う人々、と考えてみた。つまりゴミ箱や道端から紙屑にしろ空びんにしろ、とにかく捨ててあるものをもっていくというところに特徴があり、同じ廃品を扱う場合でも、「屑イー」ととなえながら各戸を訪れ、現金で買いもとめる買い屋さん［買出人のこと］はバタヤとはしない。また同様にまだ廃棄していないものを人目がないからともっていくカッパらいのようなものも含めない。

つぎにバタヤは、荷車や籠という拾うために必要な道具を常時借用または所有していて使用する。この点、ニコヨン、立ちん棒などのように、労働力のみを売り、働く現場で道具をうけとるのとはちがっている。さらにバタヤは、多くが仕切場（買入所）に付属する長屋に居住している。仕切場の主人の指示に従う生活であるが、宿なしの浮浪者とはちがう。むろん駅や公園のベンチをねぐらにするものもあるが、多くは定住しているのである。

ただバタヤは、その労働日および労働時間が必ずしもはっきりしていない。その日、働きに出る出ないは本人の意志による。この点が賃金をうけとる労働者とちがっているし、しばしばルンペン性と指摘されるのはこの点である。[26]

バタヤは一定の住所をもち職業として屑収集に従うところの、働く人たちなのである。分類からすれば、再生資源回収業者つまり商業従事者なのである。正しくは屑物屋外営業者とするべきであろう。そしてその発生の状況において、潜在失業人口の性格をもち、産業予備軍としての要素をもつ、社会全体がかかわりある存在である。

また、拾い屋が集めた屑を買入れる仕切場と仕切屋の経営者もバタヤと呼ばれる。これも正しくは製紙原料商であり、屑物問屋、銅鉄問屋であろう。

つまり、バタヤとはこのような仕切屋と、拾い屋で構成される。又、仕切屋の仕切場とそれに続く長屋のたてものをも一括してバタヤと呼んでいる。さらにこのようなバタヤが何軒か、一〇何軒か、ときには何一〇軒も集まる場合があり、これはバタヤ部落とかバタヤ街とかいわれてきた[27]。

星野と野中の定義のポイントは三点ある。

第一に、バタヤは屑を買ったり盗んだりするのではなく拾うということ。これまで述べてきたように、バタヤの仕事は窃盗罪の近くに存在するが、窃盗の罪を犯しているわけではない。バタヤは犯罪者ではなく「商人」である、ということである。

第二に、バタヤは拾い人とその住居のみならず、仕切場およびその経営者をも意味すること。つまり、人間と空間を同時に表すことができる概念なのである。さきほど述べたように、バタヤの「ヤ」には「屋」という漢字があてられるからであろう。

第三に、バタヤは労働手段、つまり屑かごやリヤカーを有すること。自分だけの労働手段を有しているところだけをみれば、工場労働者よりも自由とさえ言える。

星野と野中の議論のなかで、とりわけ三点目について意識されているのは、あるいは意識されずともおのずから表出しているのはマルクスであるが、ここでマルクスとその支持者たちが使い続けた「ルンペン・プロレタリアート」、あるいは「ルンプロ」という言葉を思い起こせば、星野・野中が「ルンペン性」という言葉を用いた意味と、その議論は、よりくっきりと輪郭を描くことになるだろう。ルンペン Lumpen とは、ドイツ語の男性名詞でボロや屑を意味する。マルクスは、階級意識をもたず、労働意欲ももたないで、すぐに反動化するルンペン・プロレタリアートを「屑」と呼び、労働者階級とは一線を画す信頼できない人間たちであるとしている。マルクスは、一八五二年の『ルイ・ボナパルトのブリュメール一八日』初版のなかでルイ・ボナパルトを支えるルンペン・プロレタリアートのことをこう述べている。

怪しげな生業の、貴族の出だが怪しげな素性の頭のおかしい放蕩者《ルエ》のほかに、また落ちぶれて冒険生活をしているブルジョワジーの子弟のほかに、無宿者、兵隊くずれ、前科者、島脱け、詐欺師、ペテン師、ラッツァローニ、すり、手品師、博徒、女衒、女郎屋の亭主、荷かつぎ人夫、日雇い人夫、手回しオルガン弾き、屑屋、刃物研ぎ師、鋳掛け屋、乞食、要するに、フランス人たちがラ・ボエームと呼ぶ、あらゆる、不明確な、混乱した、右往左往する群衆（横張誠訳。傍点は引用者）[28]

このなかの「ラ・ボエーム La bohème」はボヘミアン、つまり流浪の民である。「屑屋」というのは、ルンペンザンムラー Lumpensammler で直訳すれば「屑集め」となるだろう[29]。しかも、マルクスはこのあと「あらゆる階級のこの屑、ごみ、かす in diesem Auswurf, Abfall, Abhub」とルイ・ボナパルトが「頼る」階級を、韻を踏んでけなしている。それぞれ、auswerfen、abfallen、abheben という動詞の名詞形で、（あるものから不要なものを）投げ捨てて分ける、離れ落ちる、取り外す、という意味である。屑とは、「有用」なものから分けられ、離れ落ち、取り外されたものだということ、つまり、なんらかの本体があってそこから落ちたり、剥がれたり、離れたり、投げられたり、捨てられたりしたものだということをマルクスが言葉遊びで使ったドイツ語の単語群は教えてくれる。しかも、その離れ落ち、取り外されたものを集める人 Sammler もまた、社会の本体から落ちたり、剥がれたり、離れたり、投げられたり、捨てられたりしたものだという当時支配的だった一般通念を、マルクスのルンペン・プロレタリアートに対する軽蔑の言葉は教えてくれる。ルンペン・プロレタリアートがそうであるように、ものがそれを扱っている人の名称となっているのである。

このマルクスのルンペン・プロレタリアートのイメージに、星野と野中はひそかに対立している。革命の主体であるまえに、仕事をする人間であり、しかも、労働手段を所有しているバタヤは「ルンペン・プロレタリアート」と呼び捨てるほど捨てたものではない。犯罪者でもない。だから、社会から剥がれ落ちた屑などではなく、社会の立派な一員であるという。つまり、星野と野中はバタヤを「商業」形態のひとつと述べ、なんとかその経済学的な役割を表現しようとしている。星野の野中の本を読めば、その試みの誠実さに読者は胸を打たれるだろう。ただ、分解の哲学はそれだけでは満足しない。本体から剥がれ落ち、取り外されたものは、魚屋によって魚からとりはずされた微生物の大好物であるハラワタのように、牛の消化器官から落とされた微生物たっぷりの糞尿のように、植物から切り離された単細胞の根毛のように、極小の生命とその棲家を活性化し、栄養で満たす。製本の過程で職人がくずかごに投げ入れた紙屑、読み終わったあとの新聞の束、役目を終えたダンボールの山、それらは、ちょうど、魚のはらわたや糞尿や根毛が土壌世界にはたらきかけるのと同じように、屑の世界を通過したあと文字を乗せる紙となって人間の知を耕し、浅草紙として排泄環境を整える。バタヤは「生産」活動に従事していないが、

「分解」活動を営んでいる。拾うというはたらきは、人類の根源的なはたらきとも言うべきものである。経済史のなかではまさしく商業従事者だけれども、地球史のなかでは分解者にほかならない。人間およびそれらの棲家である地球を廃棄物で埋没させないために不可欠な存在である。すでにそれ自体が捨てられたものの価値の逆転を継続的に担う状況に身をさらしている。そのはたらきを、真の意味で「肥やす」と言うのである。肥やす力の途方のなさゆえに、価値の現状維持を担う行政や警察は屑の世界に目を光らせ、「消毒」することをやめなかったとも言えよう。

バタヤの存在自体、革命家たちにとっても、可視化されにくく、潜伏的である。屑拾いの逆転の力は、マルクスとその支持者たちが思い描く革命の担い手からこぼれ落ちたおかげで、まだ世界の価値の逆転に生かされるかもしれない小さな可能性であり続けている。その意味で、分解の哲学はマルクスと資本主義の共通の「落としもの」に感謝をしなければならない。世界の価値の逆転は、世界を粉砕することにではなく、世界を肥やすことにこそ、存在する。

5　ポーランドから蟻の街へ

一九三〇年四月二四日、ポーランドのフランシスコ会士を乗せた日本郵船の五五〇〇トン、二一ノットの日華連絡船「長崎丸」が長崎港に錨を降ろした。[30] 五人のフランシスコ会士は、二月二六日、ワルシャワ近郊のニエポカラノフ修道院を発ち、途中、バチカンに立ち寄って教皇ピウス一一世に接見し、日本での布教の許可を得て、マルセイユを出港した。ニエポカラノフとは、

「無原罪の聖母の騎士団」という意味である。「聖母マリアの心を己が心として日々を行動し、聖母マリアの騎士として修練する」ことをみずからに課す修道院であった。[31] ニエポカラノフの修道士たちが、貧しい食事に満足し、ボロのような服を身にまとい、托鉢と労働に勤しむその知行合一の姿は、多くの信者と支持者をこの修道院にもたらした。

ポートサイド、ジプチ、コロンボ、シンガポール、サイゴン、香港を経て、途中上海に滞在して二人の修道士を降ろし、残った三人で日本に到着した。全部で約七週間の航海であった。当時、すでに九万三〇〇〇人のカトリック信者を抱えていた日本は、もちろん、三〇〇〇年前はキリスト教徒の残虐な迫害でバチカンを震撼させた国でもあった。九州島とその周辺の島々は、キリスト教弾圧の舞台であり、潜伏キリシタンたちが密かに世代を超えて信仰を保っていた場所でもあった。そのことをポーランドから来たフランシスコ会士たちは知っていたし、長崎が自分たちの殉教の地となる覚悟をすでに決めていた。

その中心人物は、マキシミリアノ・コルベ、本名はライムンド・コルベという神父であった。一八九四年生まれで、ローマのグレゴリアン大学を卒業したコルベは、哲学と神学の二つの博士号を持つ才人だが、さすがに日本語はほとんど読めず、日本の文化や慣習にも無知だった。にもかかわらず、彼は、二人の修道士とともに無謀な計画に挑む。それは、日本語のカトリック雑誌『聖母の騎士』を出版することであった。そして実際に、長崎教区長の早坂久之助によって提示された長崎公教神学校で神学と哲学を教えるという条件と引き換えに、雑誌発刊の許可を得て、コルベは修道士とともに、「雨もりのするみすぼらしい家で生活し、野天で粗末な料理を[32]」しながら、どちらが上で下なのか分からない日本語の活字を拾って、菊版本文一六ページの『聖母の騎士』を一万部発刊したのである。すべての漢字にはふりがながふってあった。長崎上陸からわずか一ヶ月後の五月二四日、コルベは、ニエポカラノフ修道院に「きょう、日本語の『聖母の騎士』第一号を送る。印刷所も持った。無原罪の聖母に栄光あれ。マキシミリアノ」という電報を打つことができたのである。

長崎で、コルベは、教育活動と布教活動に打ち込むが、一九三六年夏にポーランドに帰国し、そこで、ニエポカラノフ修道院の院長に任命され、ファシズムによる反宗教運動と対決する役割を果たしていく。しかし、ナチスは一九三九年九月一日にポーランドに侵攻、九月一九日には、ドイツのオートバイ部隊がニエポカラノフに来た。コルベは、武装したドイツ兵に連行され、「修道院がポーランド軍を助けるのを防ぐ予防措置」として拘留された。そののち、ワルシャワから五〇〇キロメートル離れたアムティッツ（現在のポーランドのゲンビツェ）の軍用テントに収容され、一九三九年一二月七日の夕方に収容所から釈放された。

釈放後のコルベは、『聖母の騎士』の刊行の許可をワルシャワの国民教育宣伝局からもらって、一二万部印刷し、そこで「本当の闘いは心の内面での闘いなのです。占領軍も、抑え難いさまざまの情熱も、絶滅収容所も何も関係ありません」と書き、ナチスに対するポーランドの抵抗を精神的に支えた。結局、一九四一年二月一七日、ポーランドの「知識人」のひとりとしてナチスの秘密警察ゲスターポに逮捕された。ナチスは、ポーランドの民衆の抵抗が教会と結びついていることを知り、その攻撃を開始する。コルベはまさにその標的にされたのである。ワルシャワのパヴィアクに連行され、そこで過ごしたあと、五月二八日、アウシュヴィッツに移送される。

一九四一年七月のある日、ひとりの収容者が農場に労働している最中に脱走した。親衛隊は、その連帯責任として、収容者のなかから一〇人を無作為で選び出し、飢餓刑室に送り込むことにした。そのひとり、フランチーシェク・ガイオフニチェクが選ばれたとき、彼は「ああ、私の妻と子どもたちよ！」と叫んだと言われている。そのとき、コルベは一歩前に出て、自分はカトリックの司祭であり、その方の代わりに死にたいと思っている、わたしはもう若くはないが、あの方には奥さんと子どもがいる、と言ったという。親衛隊員はコルベの願いを聞き入れ、ガイオフニチェクを元の列に戻し、コルベを飢餓刑室に連れて行った。もちろん、この地下の第一八号房は時間がかかりこそすれ死刑執行室にほかならない。ここで囚人は、食べものが与えられず、空腹のなかで死んでいくのである。コルベは聖歌を歌い、囚人たちを慰めたという。二週間後、命のあったものは四名、そのうち意識を失っていなかったのはコルベだけであった。八月一四日、親衛隊に命令された囚人は、コルベの差し出した腕の静脈にフェルノールを注射した。享年四七歳であった。このコルベの身代わりの死の話がとても有名なのは、一九八二年にポーランド出身の教皇ヨハネ・パウロ二世によって列聖されたからである。

コルベの去った長崎には新しく神父のサムエル・ローゼンバイゲルがやってきた。また、そのときにはすでにコルベを慕ってやってきた神父のミエチスラオ・ミロハナもいた。残された神父と修道士は、神学校を建てたり、『聖母の騎士』を発行したり、聖母の騎士修道院を建設したりして、布教活動に努めていた。修道士のひとり、一八九八年生まれのゼノ・ゼブロフスキー（以下、ゼノ）は、卓越した大工の技術と、片言の日本語での交渉力によって、厳しい活動を支えていた。のちに日本各地で「ゼノ神父」と呼ばれ慕われることになる彼は、実は、学がないため、一度も神父であったことがない。ゼノは、第一次世界大戦のとき、ロシア領であったポーランドで憧れであった兵士になって、ドイツ軍と闘い、辛酸を舐めた人物であった。そのあと、放浪癖も手伝って、あちこち商売に手を出しているうちに、コルベと出会ったのである。コルベの言葉に胸を打たれた彼は、修道士となってコルベに仕えた。長崎にも「殉教」のつもりでやってきたのであった。しかし、ナチスのポーランド侵攻によってゼノは同盟国日本にとって敵国人になる。カトリック教徒は「スパイ」の嫌疑をかけられることもあった。長崎県の特高が修道院にやってきて、解散を命じた。しかし、ゼノはミロハナとともに警察に『聖母の騎士』を発行しない代わりに、修道院に残ることを嘆願した。結局二人は残留を許可される。手先の器用なゼノは、警察の靴を直したり、あるいは、牛乳や新鮮な野菜をわたしたりしながら、当局にも信頼されていたため、危険な人物と思われなかった、ということらしい。

ゼノは、長崎市に原爆が投下されたときも長崎市内にいた。山の陰にいたため、命は助かった。ゼノは、路頭に迷う子どもたちを救うため、すぐに保護にあたった。浮浪児を集め、孤児院を作り、そこで暮らさせるという活動を続ける。その過程で著作『長崎の鐘』（一九四九年）のベストセラーで一躍有名になった、医師、永井隆とも会っている。永井もカトリックの信者であり、放射線治療の医者であった。自分の被曝による体調不良を押し隠して、被曝者たちの救助にあたっていたのだった。ゼノは永井の見舞いに来たのである。

永井は、一九五一年五月一日に長崎大学で白血病による心不全で亡くなったが、そのあともゼノは活動をやめなかった。長崎だけでなく、小倉、東京、北海道などでも浮浪児や貧困者たちの保護と援助にあたった。そのなかで、ゼノは、台東区浅草聖天町六三番地、隅田川の河畔にあるバタヤ部落を訪れるようになり、そこに希望を見出すようになる。クズとボロのみならず、競争社会から剥がれ落ち、逃げてきた人間たちが集まるこの部落は「蟻の街」と呼ばれていた。「不法占拠」されたバタヤたちの共同労働、共同生活の場所である。「蟻の街」をゼノに紹介したのは、東京都民政局保護課に勤務していた中井保行であった。(33) 中井は、職務上、上野や浅草のバタヤ部落をまわることが多く、たまたま民政局長のところに訪れていたゼノと話して、意気投合。ゼノは、アスピリンや栄養剤を進駐軍からもらい受けていて、それを配りたいので、民政局に相談に来ていたのである。中井がなぜゼノと話すことができたかというと、中井は満洲国のハルピンの市役所に勤めていたからである。一九五〇年一一月、中井は、すっかり打ち解けたゼノに蟻の街を案内したのである。

「蟻の街」に、のちの高崎経済大学の学長であり、農業経済学者である北原金司の娘、北原怜子《さとこ》を連れてきたのもゼノであった。一九五〇年一一月中旬、東京浅草の姉の嫁ぎ先である履物屋で二〇歳の北原怜子に偶然出会い、キリスト教の教えに基づき行動するため、貧しい人々の手助けをする橋渡しをしたのである。(34) 北原怜子は、すでにメルセス修道院で洗礼を受けていたが、「サンタクロース」のようなゼノの風貌と片言の日本語に惹かれていく。「アナタ、センレイウケマシタカ」。「可哀ソウ人間ノタメ、オ祈リドッサリタノミマス」と言って、マリアの描かれた絵はがきをわたし、去っていった。再会したときには、「アノネ、オ嬢サン、今日ハ可哀ソウナルンペンノイル処、沢山アルキマス。アナタ、一緒ニキマセンカ?」と言って、北原怜子を蟻の街へと連れて行ったのである。

ゼノは、「蟻の街」モデルを全国に広めるべく奔走する。石飛仁『風の使者・ゼノ神父』(一九八二年)によれば、北海道瀬棚郡北檜山町、東京都墨田区、総武線ガード下「みどり親交会」、上野公園内「葵会」、浅草東本願寺地区、江東区塩崎町、港区芝の「札の辻」、新潟の十日町及び二葉町、大阪吹田「緑の町」、神戸西宮の武庫川、神戸長田スラム街、北九州小倉の浅野埋立地区、福岡市長浜地区、佐世保駅裏地区、長崎竹ノ久保「蟻の街」、長崎城山「蟻の街」など、多数の貧窮民の住む部落の窮状を救うべく、「警察、市役所、国鉄、病院、米軍基地」などにかけ合ったという。[35]

6　満洲から蟻の街へ

吉田恵子の父は、中井保行と同様に満洲国の役人だった。[36] 一九四五年八月九日、長崎に原爆が投下された日にソ連軍が満洲国に攻めてきた。父は応召して、満洲国に残った。吉田恵子は母と兄と弟四人で逃避行をして、命からがら日本にたどり着き、広島県尾道市の祖母の家に居候した。翌年、やせこけた父が尾道に帰ってきた。父は、尾道で衣料品を売ったり、プロマイド屋をしたり、乾物屋になったり、アメ屋になったりして食いつないでいた。しかし、どんなに働いても満足な暮らしができず、一家で東京に移ることにした。練馬に小さな家をみつけ、「おまんじゅう屋」をやりはじめた。恵子も自転車で配達をして歩いた。雨の日には自転車を倒して、まんじゅうを泥のなかに落としてしまうこともあった、という。仕事が軌道に乗り始めたとき、突然家主から家を出るように言われ、一家は、唯一の財産である自転車を引いて、家を探す。上野駅の近くの宿に一晩泊まったところでお金がほとんどなくなり、上野の墓地のなかにある木賃宿に入り、畳も布団もない場所で三日間寝た。恵子の小学校時の作文によれば、「犬小屋のような小さなところ」であったという。

三日目に父親は木賃宿に泊まっている一人から、隅田公園のほうへ行けば、寝る場所があるかもしれない、と教えられた。一家は、本願寺から浅草公園界隈を歩き、どこか住めるところがないか探した。しかし、どこにも住む場所はなく、たどり着いたのが言問橋のたもとであった。そのとき、恵子の母が、恵子の作文によれば、こう叫んだのである。「お父さん、あすこの部落の中に、おしめが干してありますよ」。「きっとあすこには、家族連れの人たちが、どっさり住んでいるに違いない。おしめが干してある街ならば、私たちにだって住めないはずがない」。

すっかり意気消沈していた恵子の父はでかけていくことに躊躇していたが、母は単独でその町に入っていた。それが「蟻の街」だったのである。蟻の街の会長である小沢求は、恵子たちの身の上を聞き、すぐ部屋を用意した。「その晩私たちは、何日かぶりで手足を伸ばして寝られるといって、大喜びでした」。翌日、父はバタヤを始める。恵子は、「そういう子どもたちと一緒になるのははじめてなので、何か気味の悪い気持ちがしました」と振り返っている。だが、その子どもたちを教えている北原怜子が恵子に声をかけてから、恵子は次第に心を開いていく。父と兄は交代で車を曳き、縄を拾って歩いた。母は、うちにいて、それを縛って手伝った。恵子は言う。

お父さんもお母さんも、はじめのうちは、一日も早くバタヤから足を洗って……といい合っていましたが、このごろになってはじめて、わずかな金をもって独立するよりは、こうやって何百人かで共同生活をすることが、どんなに力強いか分らないといい合うようになりました。お母さんは自分から志願して、いま蟻の街の便所掃除とお風呂焚きの係をしています。お父さんは蟻の街のお陰で、一家が助けられたのだから、いつかはこれと同じような支部を作って、また何人かの人を、自分たちの力で救ってゆくことが、なによりの恩返しだと、みんなで話合っています。

私たちの一家は北原先生のお導きで、ついこの間全員洗礼を受けました。お父さんの霊名はイシドロ、お母さんはアンナ、兄さんはガブリエル、弟はミカエル、そして私はセシリアです。[37]

北原怜子は、吉田恵子のことを「お姉さんぶる恵子ちゃん」と言っている。[38] たしかに、吉田恵子の言葉はかなり大人びている。

蟻の街には私と同じような境遇の人が、毎日のようにはいってきます。蟻の街へきたお陰で、貧しいながら安心して学校へも通えるし、街の中に共同のお風呂があったり、みんなの共同の勉強場所も、食堂も、娯楽場もあり、病気の時には、一銭の心配もなしに病院に通うこともできるといって、みんな大変喜んでおります。それだというのに、近いうちに「蟻の街」を焼き払って追放するとか、「蟻の街」の商売をさせなくするといううわさがよく耳にはいるので、そのたんびにお父さんもお母さんも、夜遅くまでそのうわさをしては、ため息をついています。私たちは、いまよりもっと立派な家に住もうとか、もっと贅沢な生活をしたいなどとは思いません。いまのままで結構ですから、ほんとうに仲のいい人同士が一つになって、毎日仲よく祈りながら、楽しい労働を続けたいと、お父さんとお母さんもいっています。(39)

また、蟻の街に住む子どものひとり宮坂源一は、みんなから「源ちゃん」と呼ばれるリーダー格の男の子だ。長野県で機械工をしていた父のもとで母と弟と暮らしていたが、母が死に、終戦後、三人で東京に出てきた。戦後の好景気の波に乗って大儲けした父は派手に遊んだが、病気になって身体をこわし、商売にも失敗、上野寛永寺の春性院の離れで住んでいた。一銭の蓄えもなくなり、「白痴のような状態」でいたのを、蟻の街に住んで、事務処理を引き受けていた劇作家の松居桃楼《まついとうる》の計らいで蟻の街に連れてこられたという。父は働くことを厭い、子どもを厳しく折檻していた。(40)

その松居も、著書『貧乏追放――蟻の街の経済学』（一九五六年）のなかで、まさに、蟻の街に流れてくる吉田恵子と「同じような境遇の人」の事例をいくつか挙げている。(41)

Tの父は、母を残して戦前の満洲にわたった。Tの父は、満洲で第二の夫人ができてしまい、Tの母と離婚、Tは満洲へわたる。敗戦後、Tは父とともに内地に引き揚げたが、Tは生みの母を慕って家出を敢行。しかし、Tの母はすでに再婚していて数人の子どもがいた。Tは誰の愛情も得ることができなくなる。Tの父は、Tに学費を送るが、Tは浪費し、学校を変えているうちにバタヤになった。

Gは、裕福な農家の末子だが、Gの父とその愛人とのあいだに生まれた子どもであった。それを高校受験間際に知り、学校に行くのが嫌になり、北支にわたる。そこで成功して結婚して、子どもも授かったが、戦争で丸裸になって帰国。故郷に戻ったら、家族は快く迎えるも、Gはどうしても腹違いの兄たちと仲よくできず、東京に妻子を引き連れて出奔。仕事はすべて失敗し、蟻の街に辿り着いた。

Uは、北海道生まれの大工であった。結婚して、子どもも三人いたが、職場を転々と変える癖があり、九州や仙台の友だちの話を鵜呑みにして、あっちこっち飛び回った。しかし、良い仕事にありつけなかった。東京に戻ってきたとき、妻が流産、そのあと、蟻の街にたどり着く。だがしばらくして、また蟻の街を飛び出し、妻もあいそをつかして、子どもを連れてどこかへ消えてしまった。

Aは、大学を出て、大きな貿易会社に入った。そのあと、独立してブローカーになる。はじめは、トントン拍子で儲かったが、調子に乗っているうちに大赤字を出し、そのあと、仕事がすべてうまくいかなくなり、罪を犯して刑務所へ。ついに蟻の街に来て、バタヤとなる。

ゼノに蟻の街に連れてこられた北原怜子も、最初、ゼノの勧めで、本願寺の「ルンペン部落」の一軒一軒の家を訪問して聞き取りをする。また、上野地下道に住む住人たちの書いたこんな手記をゼノに見せてもらったという[42]。「親兄弟が、私の知らないうちにいなくなって、今どこにいるやら、私一人ぽっちで淋しく暮しております。幸福など、一度もきませんでした。幸福は果してくるのでしょうか」。「終戦後内地に帰って来ました。不幸にして自家はすっかり焼けてなく、親兄弟を失った僕は、半分、頭が変になってしまいました。退職後上野に来ました。寒風吹く夜、駅前で青カンしたこともあります。毎日うろうろしていると、悪いことしか考えないと思って、本売りをやりました。世の中がだんだん不景気になりました。僕は病気になりました。病気もなおる頃、金もなくなりました」。「三月九日の深夜の空襲で焼き出され、一家別れ別れになり、親の住所も分りません。防空壕に十日ばかりいました。その後、板橋の飯場で働いていました。そして浮浪児となりました」。「昭和二十三年六月、シベリアから帰ってより三年、深川の家は戦災に会い、父、母、兄弟は死に、たよる所なし。都内を転々、家なき悲しさ。二十五年八月より地下道に人言う青カンする身となりました」。

このように、家族から離れたり、事業に失敗したり、放浪癖が祟ったり、空襲で家族を失ったりした人々が貧民街や上野の地下道に集まり、そのなかの一部の人びとが蟻の街にやってきたのである。そんな人びとにとって、蟻の街はおそらく嫉妬の対象でもあっただろうし、希望でもあったにちがいない。その例をひとつ挙げよう。

隅田公園にうず高く積まれた残土、つまり戦災の焼け跡の土の山に、掘建小屋が何十軒と並んでいたが、ここにゼノは北原怜子を連れてきた。北原は衝撃を受けるが、そのあと一人でその掘建小屋のなかで「一番話が分る」と言われた家族の小屋を訪問する。「蝋燭の灯で照らされている小屋の中では、インテリらしい四〇前後のご主人と、若い美しい奥さんと、三人の可愛い子供が、夕食の最中でした」。ここの家族は、北原家の増築のさいに余った材木を使って建てられたものであり、偶然にも北原怜子のことを覚えていた。家族の話を北原怜子はこう記している。

そのご夫婦は、もと立派な会社に勤めていた方でしたが、非道の家主から家を追い出され、それが原因となって、職まで失うようになりました。その結果、親子五人で、転々宿屋住いをしているうちに、手持ちの金は、ほとんどなくなってしまいました。途方に暮れた夫婦は、一家心中をするより仕方がないと決心して、最後の思い出に、一日子供たちを楽しませてやろうと思い、親子五人で隅田川のボートに乗りました。三人の子供は、今日一日の生命とは知らずに、大喜びではしゃぎ続けました。その無邪気な可愛らしい顔を見つめているうちに、どうにも殺す気になれなくなった奥さんの眼に、ふと写《ママ》ったのは、「蟻の街」をはじめ、隅田公園に沿って立ちならぶルンペン部落の掘建小屋でした。「お父さん、あれを見てご覧なさい。ああやっても立派に生きぬいている人たちがあるじゃありませんか。私たちだって、死んだ気でやれば、何とか立直ることができるでしょう」。奥さんはご主人にとりすがって、一家心中を思いとどまってもらいました。(43)

この記述から分かるように、蟻の街は、社会からこぼれ落ちた者たちの肉体と精神の最後の砦であった。そもそも蟻の街の会長、小沢求自身、満洲国でも建設業を営み、紫禁城の改修事業にも関わっていたが、戦後東京に引き揚げて隅田公園に住み、硝子や紙などの拾い屋を始めた人物であった。戦争による家族の離散、放浪、散財、家主の非業、日本の矛盾を凝縮したような、人に言いにくいさまざまな理由を抱えてやってきた蟻の街が、バタヤ、つまり、屑の世界の部落であったことは興味深い。しかも、屑の世界は、たんにそういった人間たちの命をつないだだけではない。家族から離れた人間を救いあげただけでもない。ファシズムと戦争の猛威をくぐり抜けた、キリスト教という世界宗教の、そしてポーランドというナチスとソ連に虐げられた国の、さらには、満洲国という理想と流血にまみれた国家の、日本列島における漂着地点でもあった。現代史が解き放った数々の悪夢が、蟻の街には川の淀みのように凝縮して残り続け、また、それが蟻の街で徐々にではあるが何か別のものに置き換えられつつあった。

ゼノは、この蟻の街で、屑から拾われた木で十字架を作り、そこに建てた教会に掲げた。この十字架こそ、そうした変化のもっとも分かりやすい事例であろう。

7 「蟻の街」という舞台で

一九二九年八月二二日、北原怜子は、農業経済学者の北原金司の三女として、東京府豊多摩郡杉並町で生まれた。彼女には、二人の姉と兄一人がおり、のちに妹が生まれる。しかし、姉の一人・悦子は幼いころ子守の背中から落下したことが原因で、脊椎カリエスに罹り夭折した。怪我のあとも仲良く遊ぶ時間があっただけに、幼い怜子は、しばらく、お骨になった悦子のまえで悦子に読んでもらった絵本を読み聞かせていたという。また、大学生であった兄・哲彦も軍需工場での労働から解放されたあと、病気になって、「国情に憂える落胆の余り」死んでしまった(44)。もちろん、北原怜子にとっても戦争体験は死と隣り合わせであった。空襲警報が鳴り響くなか何度も防空壕に駆け込んだ。中島飛行機工場の旋盤女工として動員されていた彼女は、航空母艦から飛んできた飛行機の機銃掃射を受けたとき、旋盤機の下に隠れて、間一髪で死を免れたこともあった。

戦後、北原怜子の身内は、父母と、姉の和子、妹の肇子と三姉妹、計五人であった。北原怜子は、桜蔭高等女学校を卒業したあと、一九四六年四月から昭和女子薬学専門学校（昭和薬科大学の前身）に入学した。姉と兄を失った喪失感とも向きあいながら、高校から大学にかけて、ピアノの世界にのめり込んだり、映画館に通ったり、父親の「東都短期大学」設置計画の手伝いをしたり、それなりに充実した青春を送っていた。

父の金司によれば、専門学校時代、懇意にしていた横浜の友人と山下公園に散策に出かけることが多く、「その静かな環境の中に、黒装束の神父さんや、白装束の修女さんなどの姿が見えたりすると、たまらない憧憬心を助長させていた」という(45)。北原怜子自身、こう語っている。「思えば、私は子供の時分から、何かこう判然と分らないのですが、浄《きよ》らかなものに対して、漠然としたあこがれを、強く持っていました。そういう私が、一番最初に憧憬の対象に考えていたのは、私の祖先が神主であったからかも知れませんが、その着物に緋の袴をつけた巫女《みこ》さんでした」「戦時中、学徒動員で工場に通うようになってからは、女学生の間でも、いろいろみだらな事故が起こりました。が、私の頭からは、どうしても、あの浄らかな巫女《みこ》さんの姿が消えることはありませんでした[46]」。北原家は「太宰府末社の菅原天満宮をお守りすることを因縁づけられた神官[47]」の系列であり、神道は北原怜子に身近な存在だったのである。

一九四九年三月、昭和女子薬学専門学校を卒業後、北原怜子は、妹の肇子がカトリック・ミッション・スクールの光塩女子学院初等科に入学してから妹に付き添うことが多くなり、この学院を経営しているメルセス修道院に出入りしているうちに、修道女たちに巫女以上に惹きつけられるようになり、入信することになった。同年一〇月三〇日に洗礼を受け、霊名「エリザベト」を贈られ、翌々年に堅信を受けて「マリア」の名を授けられた。「蟻の街のマリア」という呼び名は、ここに由来する。

北原怜子は、後年こう言っている。「私は、洗礼を受けたその日から、何か世の中に貢献することをしたい、したいではなく、すべきである、それが信者として、また社会人としての義務であるということを、はっきり感ずるようになりました。/私は、信者の一人一人が、そういう仕事をするためにある、メルセス修道院内のサンタ・マリア会に入会させて頂いて、横浜のベビー・ホームの慰問に行ったり、教理用紙芝居の絵を画くお手伝いをしておりましたが、なんだかまだ、自分のほんとうになすべきことを、充分にしていないような、気がしてなりませんでした[48]」。

そんな、虚しい気持ちを埋めたのが、ポーランドから来たあの修道士ゼノであった。すでに述べた通り、北原怜子はゼノに蟻の街に連れていってもらったのである。「ゼノ神父様にお目にかかって、蟻の街をお訪ねしたその晩、はじめて、一生涯かかってもやりきれないほど、大きな、しかもこれを知った以上一日も捨てておけない、大切な仕事が、目の前に横わっていることを、発見しました」。北原怜子までも、修道士であるゼノを「ゼノ神父様」と呼んでいることは興味深いが、蟻の街との出会いがどれほど彼女にとって運命的であったかがこの一節からも判然とするであろう。

姉の和子が浅草の履物問屋に嫁いだため、彼女の家に居候していた北原怜子は、そこでゼノとの再会を果たす。蟻の街の子どもたちのために開くクリスマス・パーティーの手伝いに来てくれないかとゼノは彼女に依頼する。一度、蟻の街に遊びに行ったとき、北原怜子は、子どもたちの人気者になって子どもたちが離れなくなったので、そういった彼女の資質を活かせないかと考えたのである。ゼノの隣りには、蟻の街に住む戯曲家の松居桃楼も立っていた。「是非、やってみて下さいませんか」。その依頼に対し、「私にできることでしたら、お手伝いさせて戴きます」と答えた北原怜子にとって、ゼノと松居の依頼が「天主様の命令のように」思われたという(49)。こうして、北原怜子は蟻の街に住み、子どもたちと一緒に屑拾いをし、子どもたちに賛美歌を教え、勉強の面倒をみて、屑拾いで貯めたお金で箱根旅行に行き、最後は、肺結核で亡くなるという短い人生を文字通り燃焼させたのである。

それにしても、蟻の街は、あまりにも役者が揃いすぎではないだろうか。

バタヤになり、結核で死んでいく大学教授の娘「北原怜子」、片言の日本語をしゃべる慈愛に満ちた修道士「ゼノ神父」、ゼノと北原怜子が敬愛してやまない「コルベ神父」、激情型で皮肉屋の劇作家「松居桃楼」、前歴に影を持ちながら蟻の街をまとめる「小沢求会長」、フランスから蟻の街にやってきて一緒にバタ籠をかついでまわったバタヤ神父「ロベール・ヴァラード」、お父さんから折檻を受けながら必死に働くリーダー格の少年「宮坂源二」、満洲からの放浪の末、家族で蟻の街にやってきた聡明な少女「吉田恵子」、蟻の街を焼き払おうとする「東京都職員」など、舞台になり、映画にもなった「蟻の街のマリア」は、すでに現実からして演劇的であった(50)。その「演劇」はあまりにもできあがりすぎている感も否めない。

ただ、それは当然、戦前は歌舞伎の脚本を書いていた松居桃楼とゼノ・ゼブロフスキーによる戦略であった。「蟻の街」を不法占拠地からこの世の楽園へと変えるためにメディアを最大限利用しようとしたのである。松居もゼノも意識的に新聞記者を呼んで、写真を撮らせ、記事に書かせた。たとえば、まだ北原怜子が訪れるまえであるが、松居は新聞記者のインタビューに対して思いつきで「ゼノ神父は、蟻の街に教会を立てるために、いま相談に来ている」と話し、それが記事になったことで、実際に蟻の街の教会が建設された。ゼノはその思いつきに便乗し、都当局に申請したが、もちろん認められなかった。しかし、ゼノがしつこく交渉した結果、結局、子供博覧会が終了する翌年五月以降であれば良いという念書を当局から取り、それを根拠に教会の建設を認めさせたのである。ゼノのサンタクロースのような風貌と、大学教授の令嬢の「バタヤ」というセットが記事になりやすいことを、松居もゼノも自覚していたのである。

実は、その松居桃楼に対し、北原怜子は不満をぶつけたことがある。「私を「蟻の街のマリア様」という狭い檻の中にとじこめておいて、少しも人間扱いにしてくださらない――と抗議めいたことを申しました」。

すると松居はこう述べたという。「北原先生は、ご自分が、蟻の街という舞台に、立って、蟻の街のマリア様という役に扮している女優にすぎないということを、自覚なさっていらっしゃらないんですか?」。「女優ですって!」と驚いて聞き返す北原に、松居はこう返す。

> 何もびっくりなさることはないでしょう。あなたが本当のカトリックの信者なら、この世の中のできごとは、すべて天主様が人類を導くために描かれた演劇であって、人間は、その筋書通りに演ずる俳優にすぎないと、信じておいでになる筈じゃありませんか。ですから、蟻の街という芝居の幕があいている間は、堂々とマリア様の役になりきることが大切です。[51]

結局、北原怜子も、葛藤の末「蟻の街のマリア」を引き受け、死んでいくことになる。ここに、「演じさせる」という構造、年上の「先生」と敬称のつく男の、年下の肩書きのない女に対する権力関係が露骨に出ていることは否めない。いわば台本を書いているのは「天守様」ではなく、松居桃楼だからである。松居は、蟻の街をメディアに紹介し、本として出版した。そして、それは成功する。もしも北原の台本による「蟻の町のマリア」を北原本人が演じることができたならば、蟻の町はもっと別の展開を遂げることができたかもしれない。

結局、不法占拠地であった蟻の街を取り壊すという東京都の試みは挫折し、その代わりに、一九六〇年六月四日、江東区深川八号埋立地に蟻の街を移転した。都は、敷地代二五〇〇万円を即金で出すよう迫ったが、結局、松居らの交渉により、一五〇〇万円を五年分割で購入することとなった。敷地面積は約五〇〇〇坪、この設計を担当したのは「蟻の街建設設計グループ」の石田綽男であった。松居によると、石田は「新・蟻の街」の構想を練るために、一年前から蟻の街で、バタヤと寝食をともにしながら、自分のバタ籠を背負い、ゴミ箱をあさる生活を体験したという。石田の設計どおり、バタ車の代わりにトラックとベルトコンベヤを用いた装置が使用され、食堂、公衆浴場、娯楽室、児童公園、保育室、図書館、病室なども設置された(52)。その後、高度経済成長を経て、廃品回収も行政が担うようになり、徐々に蟻の街の住人も減ったことで、現在は、蟻の街の教会の後進である「潮見教会」に、いくつかの説明のパネルが飾ってあり、庭には北原怜子の銅像を見ることができる。

バタヤの集落である蟻の街、ここには、前節で述べたように、戦争や経済競争のなかで社会から剥がれ落ちたさまざまな人間たちが集まり、ボロや屑を拾い、ときにどなりあい、ときには助け合いながら共同生活を営んでいた。上流階級から流れてきた「蟻の街のマリア」とポーランドから流れてきた「ゼノ神父」は、世間がバタヤを見る目を根本から変えたとまではいえないにせよ、屑の世界の価値観の逆転に一定の効果をもたらした。それは、キリスト教という「神性」の力と、何より、その「劇場化」が大きな役割を果たしたように思える。

8　恥ずかしさと愉快さ

けれども、以上のような劇場化の局面にだけ目が向かってしまうと、バタヤの価値観の逆転は中途半端に終わってしまう。屑の世界は、すでに述べてきたように、市場の外にあって市場がゴミで埋もれないような調整弁の役割を期せずして果たしてきた。所有と窃盗のはざまにある「屑の世界」は、それゆえに衛生と治安の観点から警察の監視のもとにあったのだが、実は、たんなる「天主様が人類を導くために描かれた演劇」として描くだけでは掬いきれない愉しさと快さを孕む世界であったことを、北原怜子とその子どもたちは暗に示しているのである。つまり、天守様やマリア様の思し召し、という北原怜子の行動の原理の奥に、きわめて素朴な「遊び」の愉楽、おのれ自身の快楽の世界があることを、私は、北原怜子本人の文章を読むたびに思わざるをえない。そして、各々気ままな行為とも言うべき自己の快楽の集合体が、なぜか、全体として生態系ならびに人間社会のメンテナンスに向かうことが、分解の世界を貫く原理なのである。

また、この「遊び」の要素については、梶大介も書いている。彼は、戦争中は南方・中国大陸で従軍し、戦後、罪を犯し、刑期を終えて出所したあと、放浪の末バタヤになり、東部バタヤ労働者組合の結成を担った。梶大介の半生記である『バタヤ物語』（一九五七年）も参照しつつ、屑拾いの愉快について、二点ほどあげてみたい。

第一に、北原怜子も梶大介も、バタヤに「落ちぶれる」のではなく、あるいは、バタヤ「である」のでもなく、バタヤ「になる」ことを引き受けている。かたや「大学教授の令嬢」、かたや「前科者」であり、ふたりの経歴はまったく異なるが、その通過儀礼の過程は似通っている。「バタヤになる」ということは、人間として堕落するのではなく、あるいは後退するのでもなく、人間の新しい段階に進むことであると聞こえる書き方をふたりともしている。

通過儀礼でもっとも困難なのは「恥ずかしさ」を捨て去ることである。まず、北原怜子が「バタヤになる」過程を追ってみたい。北原怜子は、「前から、廃品を生かし、また世のために使うというこのバタヤの仕事に、非常に尊いものを感じていた」という。蟻の街には、子どもたちの勉強机や椅子などが不足していたので、その資金を集めるために、「私もみんなと一緒になって、屑拾いになろう、と決心した[53]」。

通過儀礼は、まず決心から始まる。しかし、バタヤの世界は甘くない。「一度もバタヤをやったことのない方には、理解して頂けないと思います。いかに心臓がつよいつもりでも、いざ道端のものを拾うとなると、最初の一回は、とても気がひけるものです。／正直に白状すると、第一日はバタ車どころか、リヤカーを曳く勇気すらありませんでしたから、一握りの縄を拾っては、それを一々袖の下にかくして、私の家までかけ戻っておりました。それも、拾う前に思わず深呼吸をして、前後左右を見回わし、誰も見ていなそうな時をねらって、大急ぎで拾いあげるという仕末です」。北原怜子は、自分の「恥ずかしさ」や「勇気のなさ」を率直に述べている。だが、ついに、それを克服する瞬間がやってくる。

ところが、たしか二回目か三回目だったと思いますが、一抱えもある縄屑の束を拾いました。とても袖の下にかくれるものではないので、両腕で力一ぱい抱えて、よちよち歩き出したとたん、お隣のお店の方と、ばったり顔を合わせてしまいました。私はきまり悪さに、耳のつけ根まで赤くなりました。そして、何のつもりか分りませんが、思わず口の中で、
「マリア様！」と叫びました。
でも、その瞬間に、今までの恥かしさがとたんに消えてなくなり、誰がどんな目をして見ていようと、すこしも気にならなくなりました。[54]

バタヤになれたのは、彼女の主観によれば聖母マリアのおかげであったが、客観的にみればそればかりではない。子どもたちの無邪気な姿が彼女の心を変えていったことも間違いない。「子供たちは、いちいち大きな声をあげて、獲物に向かって突進します。道行く人々は、あきれかえって、立ち止ったり、ふり向いたりしていますが、私もすっかり平気になり、縄屑がはみ出したゴミ箱が見つかると、ニコニコ顔で蓋をあけれるようになりました[55]」。

恥じらいが消え、ゴミ箱のふたを開けられるようになる。この過程を、梶大介もまた通ることになる。

梶大介は、一週間ろくに食べるものもなく、死に場所を求めていた。上野を過ぎ、御徒町を通り抜け、秋葉原の近くまで来たとき、目の前で浮浪者たちが焚火をしていた。梶大介は、「焚火の方へ吸い寄せられて行」く。火に手をかざしながら「働くにも宿無しは、誰も雇ってくれませ

んよ」と嘆く梶に対し、浮浪者の一人は「俺達のようにバタヤをやればいいじゃねえか」と勧める。「そりゃ、あんまり賞めた商売じゃないがね。犬が吠えつくくらいだからな」と言いながら、源さんと呼ばれている男が、つぎのようにバタヤの仕事を説明する。

何も心配する事はないよ。俺に任せとけよ。え、これくらい呑気な生活があるもんか、働きたけりゃ、働きゃいいし、寝たけりゃ一日寝ていたって構やしねえさ。誰も文句を云う訳じゃなし、本当に自由さ。なまじっか、少しばかり綺麗な洋服着ていたって、やれ税金だ、それ選挙だなんて、碌でもねえ事に追い廻され、政治がどうだ、原爆があゝだなどと、つまらぬ事に悩むより、少しはみじめでも、この世界の方がどれだけ住みよいか知れない。お前さんも腹を定めな。案ずるより生むが易し、やって見りゃあ結構楽しくなるぜ。ハッハッハ(56)

さっそく梶大介は源さんに弟子入りする。荒縄で背負紐を作って、それを肩にひっかけた梶大介は、ゴミ箱のふたを取ろうとするとき「気遅れがして、源さんの篭が一杯になっても、私のは三分の一にもならなかった」。源さんはいたわる。「俺にも覚えがあるが、最初は気恥かしくてなかなかやれないもんだ(57)」。

梶は、「かれこれ三時間程、秋葉原から日本橋、神田の路地をめぐって、再びガード下に帰って来ると、ぐったりとなってしまった」。「篭の中の物を一旦地面にぶちあけて、紙やブリキを手早く選り分け」る。梶は、源さんと仕切場に向かう。「この屑屋を仕切場《しきりば》と云うのだが、殆んどが朝鮮人の経営らしく、彼等特有のニンニク臭が立ちこめていた」。仕切場《しきりば》の主人が「源さん、早いねえ」と声をかけると、源さんは「ああ、今朝は相棒を連れてったのでね。早廻りして来たんだ」といって、梶大介を紹介する。「あんちゃん。これからここへ持って来いよ。高く買ってやるからな(58)」。

排泄物や汗の臭いに満ちた、源さんたちとの共同生活に、梶大介は不思議な居心地の良さを感じていく。しかし、ある日、「警官の警棒」に追い立てられる。浮浪者狩りであった。それ以来、恩人である源さんとは会えなくなってしまったが、そのあとも梶は源さんに教えてもらったノウハウを活かし、バタヤを続けていく。そして、慣れていくと、バタヤの仕事の愉しさを発見していくのである。

翌朝、私達はヤッチャ場（青果市場）からバナナ篭を拾って来て、さっそく仕事を開始した。私は源さんに教えられた通り、日本橋の大問屋街を廻るのだが、ここは、バタヤに取って最高の稼ぎ場である。甘いものに群がる蟻のように、ここを目指して来るバタヤの数は恐らく二千人を越えるのではなかろうか。一町行く間に、数人の仲間と必ず顔が合うのでうんざりする程で、表面は笑い合っていても、腹の中では敵視している。

それでも、よほどのコースを一廻りすると篭は一ぱいになる。誰でも好きでバタヤをやっているわけではなかろうが、この生活に慣れると、ゴミ箱をほじくり返すのが楽しみになってくる。何が出て来るか、宝探しのようなもので、ヒカリ物にひょっとぶち当りでもすると、まるで鬼の首でも取ったように、自然に笑いがこみ上げて来る。私もどうやら一人前のバタヤになったらしい。[59]

もちろん、バタヤは呑気だと言いながら、世間から「人間扱い」されず、「心の底ではその世界から逃れようと絶えずあがき続けている」[60]と、梶大介は自己を見つめている。愉しさとは、この「あがき」の裏返しにすぎない。とはいうものの、「ゴミ箱をほじくり返すのが楽しみになって」、「自然に笑いがこみ上げて来る」ことも隠そうとしない。なぜならば、これが「バタヤになった」証拠だからである。こみ上げてくる「笑い」は、バタヤから逃れた先の「綺麗な洋服」を着た人間たちが跋扈する商品経済のなかで果たしてあらわれるのか、源さんはそう問うていたのだろう。

屑拾いにある遊びの要素の第二に、屑の種類の多彩さがある。屑の世界は単調ではなく、多様性と即興性に富んでいる。

たとえば、アブラ布（油を布に塗った防水布）。北原怜子はこう述べている。「うろうろしている中に、工場で使ったらしいアブラ布がぎっしり詰まっていました。こんな物が再製できるかどうか、全く自信がありませんでしたが、とにも角にも、それを車一ぱいに積みこんで帰ってきました。そうして聞いたら、立派に再製綿の材料に使われるということで、二度ビックリしました」。掘り出しものを見つけた北原にとって、アブラ布の発見は、「びっくり」するような体験であった。[61]また、父親のツテで羊羹の包装紙の断ち屑を大量に取りに行くこともできた。しかし、

「紙質は日本紙で上等なのですが、銀紙がはってあるので、一銭にもなりませんよ[62]」といわれ、みずから剥がさざるをえなかった、という。屑の世界も奥深い。

また、梶大介も、「ヒカリ物」を見つけたときの快感についてたびたび書いている。「ヒカリ物」とは、鉄屑のなかでもひときわ価値のある銅や真鋳などである。滅多にお目にかかることはないが、重さあたりの価値が高いので、これを当てたときの喜びは、ギャンブルで当たるような山師的快楽がある。

たとえば、源さんから「今日は大分、稼げたってえじゃねえか」と言われ、「ええ、ヒカリ物に当ったんですよ」と答えたあと、源さんはこう述べている。「うん、仕切場のオヤジに聞いたよ。紙屑や縄じゃ、がさばるばかりで大してなんねえが、ヒカリ物の一握りもあると、金額が張るからな。まあ、ヒカリ物が眼につくようになれば、バタヤも一人前だ。ハッハッハ[63]」。

また、金物通りで急増バラックを壊した跡地で、「埋蔵物」を見つけるときも、非常に興奮している。

掘り屋を永くやっていると、土の色で埋蔵物の見当がつく。［……］一尺、二尺、掘ってはかき上げ、かき上げしているうちに、赤土の中にいろいろなものが飛び出して来る。空襲の時、そのまま焼けて流れたらしい銅器具や、真鋳などが、赤く、青く毒素をふいているのが、固まって出るようになると、もう無我夢中だ。

「大工さん、こっちは凄い当りだぜ」

「そうかい。俺の方は鉱山ばかりだ。一休みして場所を変えるかな」

チビと髯さんも穴から出て来て、私の処に集まったが、私の掘り出した銅製の花瓶を見て、ワーッと歓声を挙げた。

「凄《すげ》え奴を掘り出したなあ。二、三貫はあるだろう」

髯さんが、わざわざ抱えて目方を見ている。大工さんがうしろから覗いて、

「それだから掘りは止められねえんだ。俺なんか、一晩で四、五万も当てた事があるぜ」[64]

稼いだお金は貯金するわけでも、バタヤを抜け出す資金にするわけでもなく、みんなで食べて飲んで三日で使い切る、というのが哀しく、また可笑しいのだが、この描写から、「拾う」「探す」「見つける」という人類の原始的かつ基本的行為の快楽と興奮がはっきりと分かるであろう。しかも、それはエスカレートしていく。「止められねえ」感覚がひときわ強いだけに、屑拾いは「恥ずかしさ」を超えたあと、変えがたい快感をもたらす「無我夢中」の行為となるのである。

「アパッチ族」もそうである。アメリカ軍による大空襲のあとに破壊され散らばった大阪の砲兵工廠跡地は三五万六五〇〇坪、およそ一キロメートル×一キロメートルの広さであるが、ここで警察と警察犬の監視をかいくぐって鉄屑を集める「アパッチ族」については、開高健の『日本三文オペラ』(一九五九年)や、そのサイエンス・フィクション的なパロディーとしての小松左京『日本アパッチ族』(一九六四年)などでよく知られていよう。アパッチ族は、開高健によればいろんな特徴と特性を持つ人間たちの集まりであった。主要メンバーの「ほかに、一群の

〝ザコ〟がいた。ザコは老人、女、子供、不具者などで、先頭連中のような労働ができない。しかし彼らは先頭連中の許可がおりると、能力に相応の仕事をして、しかも分配金は先頭連中と同額であった。たとえば部落には、ちんば、片手、指無し、おいぼれ、佝僂《せむし》などの食いつめたものたちがごろごろしているが、彼らは班長や親分にたのみこんで、昼のあいだはどこにどんなブツが埋まっているか探索にでかけたり、夜間行動のまえには平野川の土堤《どて》にたって警官や守衛の情況を偵察したり、あるいはわざわざ警察署のまえにルンペンをよそおって二十四時間ぶっつづけにすわりこんで機動部隊の動静をうかがったりした[65]」。ここにいる誰にも能力を問わず平等に分け前を与える規則を持つ共同生活体であり、親分と子分のあいだは厳しい掟に支配された鉄屑回収集団である。『日本三文オペラ』にも、高価な屑が出てくる。「旋盤のバイトに使う金属切削用の特殊鋼で非常に、高価なものである[66]」。

ゴミ箱をあさる恥ずかしさをぬぐい去り、国家や行政に頼らないでも生きていける一人前のバタヤになる過程はたしかに一般通念的には前進ではないのかもしれない。だが、後退だろうか。「蟻の街のマリア」という劇場装置を取り払ったあとでも、屑拾いのマリアは無我夢中になって屑拾いを楽しんでいるように見られる。梶大介も、「ヒカリ物」を見つけて興奮している。バタヤの「やめられなさ」の根源には、自分が生態系のなかでしか生きていけないことの自己確認があるように思える。そのひとつの事例として、梶大介は、「東都資源回収労働者組合」を設立したときに、こんな宣言文を発表しているのである。

憶えばわれらの職域が、世の人の捨てて顧みざる紙屑、縄屑等を、ゴミ箱より収集して、社会に再生させ、これが年間数億の富として創造されつつありし事実を知るとき、今更の如くわれらが労働価値の尊厳に対して驚歎し、限りなき誇りと、歓喜が湧き出してくるのである。
思えば、地下数千尺に働く抗《ママ》夫と、風雨を冒して耕やす農民と、われらの労働価値に何程の差があるであろうか[67]。

坑夫は石炭を掘り、農民は土壌を掘る。バタヤもまた、ゴミ箱を掘り、屑を再生させる。どの営みも、方向がない。少なくとも上向きでも、前向きでもない。成果は積み上げられない。繰り返されるだけである。これは、成果と利潤を積み上げなくては成り立たない市場経済からすれば、蔑まれる。しかし、方向がないからこそもたらされる快楽も忘我も歓喜も、そして生態的ならびに社会的作用もある。北原怜子と梶大介は、それを市場の外にある屑の世界にとらえたバタヤであった。

9　屑を喰う

そして、バタヤは、食べ物の屑も拾う。北原怜子は、こう振り返っている。

たしか、はじめてバタ車を曳いた晩のことです。前の花川戸の通りだけを往復しているのではつまらないから、どこか、はじめての処に行ってみたくなりました。そこで思いきって言問橋を渡り、向島の方に行ってみました。橋を渡り終わると、すぐ左へ左へと進みましたが、どこまで行っても、旅館みたいな家ばかり続いている暗い街で、縄も藁も一向におちていません、その代りゴミ箱の中には、もったいない程残飯が捨ててあります。バタヤさんの中には、捨てられた残飯を喜んで喰べている人が相当にあると聞いていましたが、もしも間違いがあっては大変だから、子供たちには、喰べ物だけは拾わないように注意していました。[68]

残飯は、バタヤを含め、下層民の貴重な栄養源であった。東京市役所の『残飯物需給に関する調査』(一九三〇年)によれば、[69]一八九二年頃から四谷の「今井某」が、これまで廃棄されてきた軍隊の残飯を利用した残飯屋を開始したという。軍隊、劇場、百貨店、官庁食堂、病院学校などの残飯が貧民街に流れていた。ただ、この調査は、大量に残飯が出るところしか調べていないと、著者の草間八十雄は述べている。つまり、「浮浪者にして随時残食物を貰ひ歩くもの或は此輩らの中で俗に縄張と唱へ慣行的に無料で残食物の獲得を続けるものゝ如きに就ては調査を行はない」と言っているのである。逆に言えば、そういった浮浪者たちもたくさんいたはずであり、戦前から、すくなからぬ屑拾いも屑を食べていたことは、おそらく間違いないだろう。

レトリックではあるが、アパッチ族も、鉄屑を「拾う」ことを「食う」ともいう。『日本アパッチ族』は、鉄屑を文字通り食い、鉄の糞を出すアパッチ族を描いた。鉄屑に食欲を感じていく過程はたいへん興味深い。また、渡辺信一郎『江戸の生業《なりわい》事典』(一九九七年)によれば、江戸時代の屑拾いを描いた川柳にはこんなものがある。

杖程の箸で喰ってる屑拾い
屑拾い箸を持っても乞食也(70)

江戸時代には、紙屑を拾うことは「喰う」とも表現された。なぜかと言えば、このふたつの川柳にみられるように、屑拾いが、二本の長い箸を持って、それで屑を拾い、背負った篭に入れる様子が、箸でものを食べている様子に似ているからである。

ひるがえって、生態学の教科書を紐解けば、分解するとはまさに喰うことにほかならない。ミミズも微生物も動植物の死骸を食べて排泄し、その排泄物をほかの不特定の分解者に委ね、食べてもらう、ということを繰り返している。その結果、死骸は絶えず自然の一部に還元されていく。人間もそうだ。別の生きもののタンパク質を消化器官で分解してアミノ酸にしてから、それをまた別のタンパク質に組み直し自分の身体の一部にしている。ただし、喰うことは一個体で完結しない。喰うことも分解もネットワーク的な営みである。人間社会も現象的には似ている。屑の世界で、食べられるものも食べられないものも含めて「拾う」ことに対応して、「喰う」という動詞が用いられていたのは、この作用を考えれば誠に的確であり、至極当然のことと思われる。「喰う」とは、拾い、集め、再生するという創造性をひとまとめにあらわす。しかも一個人の天才の創造性ではなく、各々勝手に動きながらも相互行為的な創造性を表現する。所有権制度が定まり、衛生行政が樹立し、治安対策が綿密になった近代社会ではなおさら、所有と窃盗のはざまにしかこの創造過程はみられない。警察権力に監視されるしかないルンペン・プロレタリアートとして、バタヤたちのなかに、マルクスは革命の主体を見出すことをしなかった。それは正しい。バタヤは革命をしようとはしない。思想信条は関係なく、生活させてくれそうな人間の側につく。だが、これはバタヤのくらしの問題だ。バタヤの世界の作用と構造は、革命とは異なる世の中の変わり方を胎蔵している。各個人の恥ずかしさを超えた興奮と忘我が集まることで、各個体の意図や目的とは異なる全体的な動きが生みだされ、それが、各個人の行為を根底から見守り、助けるのである。

　この可能性に満ちた分解の世界がだんだんと不可視化されているいま、最初に必要とされることとは、つぎの「屑拾いのマリア」を探すことではない。みずからが屑を喰う存在であると認める恥ずかしさを捨てることである。

第5章　葬送の賑わい——生態学史のなかの「分解者」

1　生態系という概念

生態系とは何か。

もちろん、さまざまな定義が存在し、時代に応じて変遷を遂げてきたが、ひとまず沼田真編『生態学辞典』（一九七四年）を引いてみると、こんなふうに説明されている。

生物群集と無機的環境から成る一つの物質系。holocoen［全体系。生物と無機的環境を含めた全体の系］も同義。生物的構成要素は生産者 producer・消費者 consumer・分解者 decomposer に、無機的環境の構成要素は大気・水・土壌・光などに分けられる。これらの各構成要素は、環境作用 action・環境形成作用 reaction あるいは生物相互作用 coaction によって動的に結合されている。系内では無機物→有機物→無機物という物質代謝が行われ、それに従ってエネルギーあるいは物質が循環している。(1)

つまり、生態系とは、大気、鉱物などの無機化合物と、生命体やその死骸や排泄物など炭素を含んだ有機化合物とのやりとりのシステムを意味する。そのやりとりを担う生物は、生産者、消費者、分解者に分けられる。アブラムシをテントウムシが食べる、という行為だけでは生態系の一部でしかない。アブラムシをテントウムシが食べた場所であるナスの畑と、それが根を張っている土壌と、土壌に棲む生物と、それが酸素と二酸化炭素を取り入れたり排出したりしている空気と、それを照らしている太陽光、というふうに、一定の拡がりをもって物質とエネルギーのやりとりをとらえることが生態系を知るという営みである。生命活動をしない物体と生命活動をする生物との相互作用のなかでできあがる全体的なまとまりになってはじめて、生態系と名づけることができる。

アメリカの生態学者フランク・ベンジャミン・ゴーリーの『生態学における生態系概念の歴史』（一九九三年）によると、生態学という学問分野で生態系、つまりエコシステム ecosystem という言葉が研究論文に登場したのは、一九三五年のことである。[2] エルンスト・ヘッケルが生態学 Ökologie という造語を編み出した一八六六年から七〇年近くも経ったあとである。歴史学的に言えば、世界恐慌の余波のなかでまだ社会が荒んでいる時代、ヒトラーがドイツの政権を獲得してから二年後にあたり、ソ連ではスターリンによる粛清の嵐が吹き荒れ、日本が中華民国の東北部に満洲国を建国し、アジアでの勢力を拡大しようとしていた時代、二〇世紀も半ばにさしかかろうとしている時代にあたる。つまり、暗い時代の新しい概念なのである。

エコシステムという概念の発明者は、アーサー・ジョージ・タンズリーという一八七一年生まれのイギリスの生態学者である。タンズリーは、一九三五年の『エコロジー』誌に掲載された「植生の概念と用語の使用と誤用について」という論文のなかで、世界で初めて「生態系」という言葉を用いた。

タンズリーは、この論文でまず、従来の研究者が唱えていた「コンプレックス・オーガニズム」と「バイオティック・コミュニティ」という二つの概念を批判した。南アフリカの生態学者ジョン・フィリップスが用いたものだ。タンズリーは、「バイオティック・コミュニティ」には、「メンバーたち」というニュアンスがあり、人間のコミュニティや共同体の構成員というイメージに近くなって、なんらかの同質性が強調されるきらいがあるとして、有機物と無機物に満たされた物質系を説明する概念として退けた。また「バイオティック・オーガニズム」も、フィリップスが依拠する哲学の有機体論を想起させ、生物の世界を説明するには仰々しいし、生態学は哲学と線引きをすべきであるとしてこれも却下した。そのうえで、こう述べる。

しかし、私にとってより根源的な概念だと思うのは、完全なシステム（物理学の意味で）である。それは、たんに有機体の複合体を含むばかりでなく、我々がバイオーム［植物群系に対応した生物群集のこと］の環境と呼ぶものを形成する物質の諸因子の完全な複合体も含む。つまり、もっとも広義の意味で生息地の諸因子を含むのである。

生態学者の観点からすれば、それは地球の表面に存在する自然の基本的なユニットであるように形成されたシステムのことである。

これらの**生態系**と我々が呼んでもよいものには、さまざまな種類と規模がある。生態系は、ユニヴァースに存在する複数の群集的な物理学的システムを一つのカテゴリーにまとめあげ、その範囲は全体としてのユニヴァースから原子のレヴェルにまで及ぶ［太字は原典ではイタリック体］[3]。

ここで重要なのは、生態系は、システムである以上、物質の性質と構造を明らかにする学問である物理学をモデルとして生まれた概念であることだ。物理学がモデルということは、当然ながら、すべてを物質の法則に基づいて説明することが目指される。つまり、人間の理性と論理によって見通すことができる、説明可能なシステムが前提となる。

私は、生態系という言葉が生まれたとき、「物理学」が参照されていたという事実にとまどいを覚える。だが、それ以上に、私は同じ事実に可能性も感じる。有機体やコミュニティ概念をとっぱらったあとの「システム」という乾いた概念と、すべてを説明できるという「全能感」によって、逆説的に、生物たちで賑わう世界は豊かに、またダイナミックに描かれる。実際そうであったことは、生態学のユニークな研究成果を読むたびに思う。なぜなら、生態系という概念では、人間に含まれる窒素も、ゾウリムシに含まれる窒素も、土壌や空気中に存在する窒素も、同じ地平で論じられるからである。ただ、タンズリーが誤っていたのは、生態系という概念を、生態学を哲学の言語体系から守るために用いたことである。そうではなく、生態学を哲学に、もっといえば人文学全般に浸入させるために、生態系という概念は、さしあたり有効である。さしあたり、と述べたのは、システムという言葉に含意される全能感と違和感を批判しないかぎり、生態系は、人間世界をも同時に捉える概念にはならないからだ。

2　生産者と消費者と分解者

生産者・消費者・分解者という概念は、『生態学辞典』の説明にもあったように、生態系を説明するうえで欠かせないものである。それゆえに、この三つ巴の概念は、生態系という言葉が孕む、説明範囲の広がりの可能性と観察者のすべてを見通せるという全能感を両方含んでいる。この三つの概念が揃い踏みしたのは、一九二六年のドイツであったが、それについて論じる前に、まず、現在どのような言語環境のなかでこの三つ巴の概念が使われているのか、とくにその違和感を、生態学の教科書を読みながら考えてみたい。

そもそも、生産者・消費者・分解者という生態学の概念は、奇妙な響きを持つ。とりわけ、言葉のニュアンスに拘泥する人文学者にとっては、その奇妙さはそれほど不思議なものではないだろう。

これらの概念に私たちが出会うのは、ほとんどの場合、中学校の理科の時間である。光合成を営む植物が「生産者」、それを食べる草食動物や、草食動物を食べる肉食動物が「消費者」、そして、それらの排泄物や死骸をむさぼる菌類や微生物が「分解者」と定義されている。生態系を跋扈し育ち死んでいく生きものたちが、これら三種類の生物群集に分類されることは覚えるべき内容であった。もちろん、消費者は、第一次消費者（草食動物）と高次消費者（肉食動物）に分類されることも多いが、大まかに分けると三種類であることに変わりはない。

これらの概念との遭遇の記憶を辿ると、いまなお感じずにはいられないとまどいが浮かび上がる。

第一に、生きものを記述するにしてはあまりにも経済学的な用語法であること。ブドウ糖を「生産」するアサガオ。シマウマを「消費」するライオン。アサガオやシマウマやライオンの排泄物や死骸を「分解」する無数の微生物たち。全体として、とても人間的に、もっといえば人工的に響く。そして、生産者と消費者は経済学の用語であるため、新聞の経済面で報道される出来事のように響く。そんななかで、分解者はすこし浮いていることに気づくがここでは深入りしない。いずれにしても、こうしたたぐいの三つの生物群集に分けるのは良いとしても、そのさい生態学独自の用語を生み出さなかったことは人文学の立場からするとたいへん興味深い。

第二に、「食べる行為」が「消費」と表現されること。人間は、たしかに野菜も肉も食べることができる。食料を消費している、という言い方は不自然ではない。不自然ではないが、どこか機械的で、食べることの野性がそぎ落とされている感が否めない。ましてや、動物の食べる行為を観察すると、消費という表現はあまりにも人間的でそぐわない。消費とは、貨幣を媒体にして商品を購入することである。動物は、貨幣は言うまでもなく、身体の外にあるものを媒体にして何かを食べることは稀である。食べることの直接性が伝わってこない。

以上二つの違和感は、物理学と経済学という二つの異なった学問ジャンルの説明原理を混用していることにあるように思える。

生物界の全体像を生態系とみる生態学が、あきらかに物理学的な所作に基づくことは、すでに述べたように、その限界であり可能性である。物理的なシステムをモデルとしている以上、それは「感情」や「雰囲気」や「絆」や「縁」など、あいまいなものを説明用語として用いることは原則として忌避される。自動車の構造のように、生物群集の動きの「法則」が理解できること、そして全体を見通したいという知的野心が前提になる。その野心は、物理法則とそれを成り立たせる数学に基づいている。世界のなかの生きものの現象をピックアップして観察しそれを論理式に落とせば、現象同士の連関を見つめることが可能になる。

つぎに、生物の世界を経済学の所作に基づいて説明していること。経済学である以上、生物の世界は市場として比喩される。ジャングルであれ、サバンナであれ、この「市場」には、さまざまな植物や動物が同じ価値体系のもとで存在していることになる。ちょうど市場が貨幣を媒体とした価値体系に基づいているように。生態学の場合、貨幣に代わるものはエネルギーや物質であるが、生産者、消費者、分解者が行き交う場所、つまり食物連鎖のリングでは、自己保存の欲望を満たすか満たさないかという価値体系が渦巻く。自己保存、つまり、エネルギーを生み出し、それをもとに、細胞の物質の出し入れを管理して、組織や器官を動かすことが、このシステムの貨幣となっているのである。経済学もまた、貨幣の動きに基づき、社会を見通してみようという欲望に突き動かされた学問であった。欲望の発露がどこから、どのように生じるのか。その議論をいったん留保したうえで、関係性を見通す学問である生態学と経済学。これら二つの分野が多くの学生たちにとって魅力的に見え、世界各国で大きな学的なヘゲモニーを生み出しているのは、これらが説明できる規模と論理性にあるとみて良いだろう。物理学と経済学。この二つの学問の論理に基づいて描かれる生物の世界は、とても見通しが良い分、人工的で硬質なイメージを抱く。ここが言語のニュアンスを生命線とする人文学にとっての生態学への違和感の原因のひとつであろう。

ただし、本論の究極的な目的は、人文学の立場から、倫理的に生態学の言語を批判し、それの使用禁止を提案するものではない。人文学の立場からの生態学の観察は、基本的に外在的である。外在的なために、人文学の言葉での暴力的なスクラップアンドビルドをもたらす危険性をはらんでいる。それは、生態学が自然の世界に踏み込み、何日も観察し、虫に刺され、寝不足になって得られた豊富な知見を踏み潰すことにほかならない。そもそも、「積み木遊び」をひとつのモデルとする本書の「分解」の研究の方法としてふさわしくない。

生態学の魅力は、たとえば、生態学の教科書である『生態学入門　第二版』（二〇一二年）を紐解くと、たくさん描かれている。(4) イギリスのオオシモフリエダシャクという蛾が、もともとは白っぽい明色型ばかりであったのが、一八五〇年代から黒い暗色型が増え、一九四〇年代には暗色型が九六パーセントにまでなったという。この原因は、石炭の消費の増大によって大気汚染が進み、樹木の表皮を覆っていた白っぽい色の地衣類や蘚苔《せんたい》類が枯死したため、黒い色の樹皮がむき出しになり、明るい色では鳥などに捕食されやすくなったため、暗色型の方が、適応度が高くなり、暗色型を残す自然選択が起こったからだという。人間の経済活動によって、わずか一〇〇年で蛾の体の色が変わること。このような生態学的事実がもっと人文学で論じられれば、人文学はもっと時間概念を豊かに、歴史の動きをダイナミックにとらえることができるし、それによって学問自体もさらに鍛えられるだろう(5)。

それゆえ、人文学が抱く生態学への違和感をあくまで生態学の用語に沿って内側から積み直し、生態学のポテンシャルを人文学の言葉でもっと引き出してみたい。それが本章の課題である。

では、生態学の教科書では、生産者・消費者・分解者の定義は、どのように書かれてあるのだろうか。『生態学入門 第二版』をもう一度見てみよう。

生物群集内の生物を、生産者(植物)、生産者を摂食する一次消費者(植食者:草食動物ともいう)、[……]それをさらに摂食する高次消費者(高次肉食者)、さらにこれらの遺骸や排出物を分解するものを腐食者・分解者として分けたときに、これらの段階を栄養段階という。生物群集は複数の栄養段階から構成され、それぞれの栄養段階では多様な種が生活している。一つの栄養段階の種は、捕食者である上位の生物や、餌である下位の生物とで、それぞれ食う-食われるの関係を形成している。したがって、多くの生物群集において、ある栄養段階とその上下の栄養段階の捕食関係は、さらにその一つ上や下の栄養段階の生物にも影響を与えることになる(6)。

ここでもう一つのとまどいを覚える。生態学の用語では、栄養段階に応じて生物群集が序列づけられていることである。食べる側が「上位」、食べられる側が「下位」となっている。歴史学の用語で言えば、身分制社会を思わせるこの描き方は、もちろん、切れ味の鋭い説明であるし、生物の世界の呵責なさを見事にあらわしていると思う。

ここでもう少し深く考えてみたい。なぜ、食べる方が「上位」で食べられる方が「下位」なのか。もちろん、この序列は生態学の初学者には馴染みやすい。食べられた方は死ぬし、食べた方は生き続けるからである。それゆえに、生態学では、食物連鎖のピラミッドを描く。上位であればあるほど、個体数は少なく、下位であればあるほど、個体数は多い。肉食動物、草食動物、植物の順に描かれる。ところが、植物には他の生物にはできない光合成という能力が備わっているし、個体数から言えば、肉食動物のトップに君臨する鷲やフクロウよりは多い。また、栄養段階の低い分解者も「下位」に位置づけられている。しかし、このような栄養段階の描かれ方は、あまりにも人間社会に似ている。身分制社会で言えば、国王、貴族、平民、階級社会で言えば、資本家、中間階級、労働者、というピラミッド構造が思い浮かぶのである。食べられる存在は貶められる存在なのか、食べる存在は見上げられるべき存在なのか。実は、それは人間的な価値観に基づいているのであって、食という現象を生態系の枠組みで考えたときは、たんなるエネルギーと物質のやりとりの一環として観察されうるものだから、こうした序列づけは必ずしも自明ではないはずだ。捕食者は、「食べさせられている」とさえ言えるのだから。

生態学が人間社会をモデルにして生物の世界を説明しようとしているのは、ある意味当然のことである。生態学も、人間社会から生成した言語を用いてしか、自然現象を説明できないからである。この事実を、わたしは生態学の限界として考えるだけではなく、可能性としても考えたいと思う。とともに、その可能性を考えることが、これまで述べてきたように、人文学が忘れかけていた「分解者」を人文学の世界に呼び戻すことにつながるはずである。

3 「分解者」とは何か

分解者について、ひき続き非専門家の立場に留まりつつ考えを深めるために、ふたたび沼田真編『生態学辞典』（一九七四年）の「分解」（英語とフランス語は decomposition、ドイツ語は Zersetzung）の項目をみてみたい。

動植物の遺体、排出物、人工的産物などの有機物が微生物の作用によってより簡単な化合物に変ること。好気的〔酸素が十分にある状態〕に行われる場合と、嫌気的〔酸素が欠乏している状態〕に行われる場合がある。後者の場合で悪臭が生ずる時を腐敗 putrefaction と呼ぶ。完全に分解されると最終的には炭酸ガス・水・アンモニアなどになるが土壌中や水中には分解途中の有機物や、難分解性の腐植などの有機物が存在する。(7)

つまり、動植物の遺体や、そこから剥がれ落ちたものを好気性細菌（結核菌や納豆を作る枯草菌など）や嫌気性細菌（破傷風菌や乳酸菌など）が食べ、それをより簡単な構成の物質である一酸化炭素、水、アンモニアへと変えていくことである。言うまでもなく、これらのうち二酸化炭素と水は、生産者である植物が太陽光とともに光合成で用いる基本的な要素であり、アンモニアは生産者がアミノ酸とそれの組み合わせによって作られるタンパク質などの窒素化合物を合成する（窒素同化）ときに必要なので根から吸収するものである。では、この物質の循環を担う分解者（英語ではdecomposer、ドイツ語ではZersetzer、フランス語ではdecomposeur）とは、どのような定義なのか。

生態系の構成要素の一つで、死んだ生物体を分解して生活する微生物をいう。分解者の働きによって有機物は二酸化炭素をはじめとする各種無機物に戻される。消費者と定義される動物も分解を行うが、分解者の語は一般には、細菌・放線菌・カビ類等の微生物を指す。

要するに、分解者とは分解をする微生物のことである。炭素が含まれる有機化合物を解体し、脱炭素化していく生きものたちである（なお、二酸化炭素のような簡単な炭素化合物は無機化合物に含められる）。ただ、重要なのは「消費者と定義される動物も分解を行う」と但し書きがされていることだ。たしかに、死肉を貪り、消化器官で消化する動物、すなわち消費者も、有機物が二酸化炭素、水、アンモニアに戻るのに貢献している。分解者と消費者との違いがくっきりとは分からない。

そこで、『生態学辞典』よりも最近の生態学の成果を取り込んだマイケル・ベゴン、ジョン・L・ハーパー、コリン・R・タウンゼントの『生態学――個体から生態系へ［第四版］』（二〇〇五、邦訳＝二〇一三）の該当部分を読んでみよう。まず、「分解」の定義から。

分解はエネルギーの放出と合成された栄養塩の無機化（mineralization）である。無機化とは元素が有機態から無機態へと変換されることである。分解は、死んだ生物組織が徐々に崩壊することと定義され、それは、物理的作用と生物的作用の両方によって進行する。分解は、複雑でエネルギーに富んだ分子が、その消費者（分解者とデトリタス食者）により二酸化炭素、水、無機栄養塩にまで分解されて終わる。化学成分の一部は、一時的に分解者の体の一部として固定［無機の栄養塩が有機態の化合物に取り込まれること］され、有機物中のエネルギーは生命活動に使われて、やがて熱として失われる[8]。

無機栄養塩とは、生物の栄養として必要な、酸と塩基との中和反応によって生じる化合物である。『生態学辞典』の「アンモニア」は厳密には「アンモニウム塩」のことであり、具体的には肥料で用いられる硫酸アンモニウム（硫安）もその一種である。『生態学辞典』では記述されていなかった点として重要な二点目は、分解の過程でエネルギーが放出されることである。つまり分解者たちが担う分解という行為は、物質の循環だけでなく、光合成によって生物体に蓄えられたエネルギーの消失過程、熱力学でいえばエントロピーを増大させることでもある。そして、三点目に分解を担っているようにみえる消費者と、分解者の区別である。これは、第一一章「分解者とデトリタス食者」に記されている。(9)

ここでは、腐生生物 saprotroph という分類が立てられている。腐生生物とは「死んだ生物組織を利用する生物」である。これはさらに二つの種類に分けられる。一つがデトリタス食者 detritivore という消費者、もう一つが分解者である。デトリタスとは、生物体の遺体、破片、残骸、排泄物のことであり、「破片、残骸」とは、具体的に「節足動物の脱皮殻、ヘビの脱皮殻、その他の脊椎動物の皮膚、毛、羽、角」などである。これらのデトリタスを食べる動物をデトリタス食者という。デトリタス食者は、たとえば、この本ではイエダニ、ササラダニ、ミミズ、トビムシが挙げられている。

ではなぜ、デトリタス食者は分解者の仲間に入れてもらえないのだろうか。それは、デトリタス食者が、分解過程の一端を担っている一方で、餌をみずから捕食するからである。捕食は、細胞などを物理的に破壊するが、分解は、ゆっくりとした生化学的な反応であり、その二つの連携によって腐肉はやがて骨になっていく。

つまり、『生態学』では、分解者とは微生物に限られており、落ち葉を食べるミミズやヒトの皮膚を食べるイエダニは、分解者ではなく消費者に位置づけられるのである。『生態学辞典』から『生態学』まで「分解」と「分解者」の定義を追ってきたが、どうやら、この二つの生態学の概念のあいだには微妙なずれが生じているようだ。分解はかならずしも分解者だけが担うものではなく、消費者も担うので、線引きが難しいのである。そしてその難しさゆえに、湿気に満ちた陰気な分解者の世界は抗いがたい魅力を放つ。

4 「分解者」概念の誕生

「分解者」概念の線引きの難しさ、そしてその魅力を探るために、その誕生の光景に立ち会いたい。いつ、どこで、だれが産み落とした概念なのだろうか。

「分解者」概念の生みの親は、ドイツの沼沢学の専門家であるアウグスト・ティーネマンである。北ドイツ、シュレースヴィヒ＝ホルシュタイン州のプレーンという小さな町に、ドイツで初めて作られた淡水専門の研究所で二代目の所長を務めた人物である。これは現在のマックス・プランク進化生物学研究所の前身である。

プレーンは、プレーン湖という二八平方キロメートルの広さをもつ湖に接する。ここに一八九一年四月一日にオットー・ツァヒャリアスというプランクトンの専門家がプロイセン政府とさまざまな私人の援助を受けて、淡水研究所の「研究ステーション」を設営し、雑誌を発行した。もちろん、淡水を専門とする研究所はドイツで初めてである。ツァヒャリアスが一九一六年に死んだあと、この研究所はカイザー・ヴィルヘルム科学推進協会に引き継がれ、それとともにティーネマンがその協会の沼沢生物学研究所の所長に着任したのである。

ティーネマンが分解者の概念を初めて論文上で用いたのは、一九二六年である。タイトルは、『ドイツ動物学会論集』に掲載された講演録「水圏における栄養循環」[10]。動物学会なので、できるだけ湖沼学のテーマを普遍化しようとする努力が随所になされるうえに、湖の生物の多様性をダイナミックに説いた講演である。

もともとティーネマンは、湖という閉鎖的な、しかし、一つのまとまった生物たちの生きる世界を生命共同体 Lebensgemeinschaft と呼んでいた。また、学問の細分化を憂いて、この生命共同体をさまざまな角度から論じることを提唱した。それゆえ、ティーネマンは、ドイツのみならず世界各地の生物学者や生態学者たちに注目されていた。一つの共同体 Gemeinschaft、すなわちコミュニティとして生物世界を眺めるそのまなざしは、プレーン湖を研究するなかで培った全体性をとらえようとするまなざしである。すでに述べたように、この共同体という言葉に含まれるメンバーシップ的なニュアンスに反発して、イギリスの生態学者のタンズリーが生態系 Ecosystem というドライな用語を開発したのだった。ただ、タンズリーの「生態系」概念もまたティーネマンの議論がなければ存在しえなかっただろう。それほどまでにティーネマンは生態学の発展に重要な役割を果たしたのである。

ティーネマンは、「水圏における栄養循環」のなかで生産者・消費者・分解者についてつぎのようにあっさりと述べている。

「バラバラになった元素—緑色植物による有機物の合成 Aufbau —微生物によるこれらの物質の解体 Abbau —バラバラになった元素」という図式は、したがって物質循環の過程の大半の根底にある。そして、この過程の一部分としてのみ、動物や一連の動物群は、生産者たち（緑色植物）と還元者たち（微生物）のあいだに差し込まれているのである。[11]

「還元者たち」と訳した語は、Reduzenten、英訳では reducers である。還元とは化学の用語で、化合物から酸素を奪うことである。実は、私たちが馴染んでいる「分解者 decomposer」は、産まれたばかりのときには別の名前が与えられていたのである。このあと、彼は、湖の表面ではなく、湖底に堆積するプランクトンや魚の死骸を分解する還元者たちについて、湖の温度との関係から分解しやすいかどうかについて議論している。そしてこの生命共同体を「アウタルキー（自給自足）」ととらえ、そこで、デトリタスを食べる微生物やそれらを湖底でかき回すイトミミズなどの重要性を湖の特徴ごとに場合分けしながら、論じていく。生産、消費、還元というダイナミズムを一つの世界ととらえ、湖の豊かな生命共同体を論じるこの文章は五〇ページにも及び、最後には、「学問の細分化」を批判し、「自然界におけるもっとも小さきものたちの秘密に対して注意を向ける」ことが生物学者にとっての喜びであり、研究調査に対する充足感こそが研究の必要不可欠の前提であると述べるなど、かなり力のこもったものになっている。

では、ティーネマンの「還元者」を「分解者」に変えたのは誰か。

これこそが、アメリカの生態学者レイモンド・ローレル・リンデマンである。リンデマンは、ミネソタ大学で近くのシダー・バッグ湖の生物調査を妻と一緒に試みた。地道な調査の結果、膨大な数値情報に基づいた説得的な議論を展開でき、この湖が、「物質」の循環という意味で、タンズリーの言う「生態系」であることを確認したのである。博士号を取得したあと『エコロジー』に投稿したがリジェクトされ、その一年後の一九四二年六月二九日、珍しい型の肝炎で病死する。まだ二七歳にすぎなかった。しかし、死後に彼の論文が『エコロジー』に掲載され、生態学の一時代を画する仕事として繰り返し参照されることになる。

さて、リンデマンは、死後に発表されたこの論文「生態学の栄養のダイナミズムの側面」のなかで、ティーネマンの「生産者」「消費者」「還元者」の分類を先駆的試みと評価しつつ、「分解者」と訳し直して紹介している[12]。

独立栄養の植物は生産者生物である。これは、光合成によって得たエネルギーを用いてシンプルな非有機的な物質から複雑な有機物を合成する。植物はふたたび異化作用の過程で潜在していたエネルギーを手放すにせよ、膨大な有機物の余剰分は蓄積される。動物と従属栄養の植物は、消費者生物として、潜在するエネルギーの余剰分を食べ、消費された物質のかなりの量を酸化して、新陳代謝に必要な運動エネルギーを放出するが、残った剰余を自身の体内にある合成化学物質へと変化させる。死後、すべての生物は腐生生物のエネルギーの潜在的な源泉となり（死んだ組織を食べ）、それはふたたび、消費者のつぎの段階のカテゴリーにとってのエネルギーの源泉となることがある。従属栄養の微生物と菌類は、腐敗物を食べることでもっとも重要なエネルギーの消費をするが、便宜的に、有機物の分解者 decomposer と限定をして、動物の消費者と区別されることもある[13]。

要点を押さえたシンプルなまとめである。しかも、リンデマンは、ティーネマンの「還元者」概念をより精緻化している。「酸化よりも化学的還元によってのみ分解がなされる」というような誤解を与えてしまわないように、脱酸化を意味する還元ではなく、分解という語を提唱する。ここで繰り返し確認するとすれば、分解 decomposition は、組み立てる、構成するという意味の compose に否定の de という接頭辞を加えた語の名詞形である。それゆえ、composer は、音符を扱えば作曲家、活字を扱えば植字工と訳される。音符も活字も全体を構成する要素でありながら、一定のルールにしたがって構成すると、たんなる総和ではなく、それ以上の何かを生み出す。生態学も基本的には要素と全体をそのようにとらえる。分解者は、還元者から改名することで、ちょうどもう一度活字をバラバラにしてつぎの組版を待つような、豊かなイメージを与える概念に変身を遂げたのである。

ただ、やはり、これまで取り上げてきた生態学者たちと同様に、リンデマンもまた分解者概念と消費者概念のあいだにクリアな線を引きづらそうにしている。分解者は消費者の一部としても説明できるが、あえて特別に扱うならば「分解者」と言える、そんな物言いだ。食物連鎖は英語で food chain である。「フード」すなわち「食べる」という行為を根幹に据えた生態学の説明では、ダイナミックにかつ有機的に動植物の動きをみわたせる反面、どうしても分解者と消費者の境界があいまいになる。シマウマの肉に群がる生きものは、ライオンも微生物も、大きさこそまるで違うが、どちらも食べていることに変わりはないからである。

さらに重要なのは、リンデマンは、季節ごとに湖の諸要素の構成具合が変化を遂げることも突き止めている。その時間的変化を扱う以上、生産者・消費者・分解者という三要素の分類に固執することにも躊躇している。静的ではなく、動的に生態系の遷移をとらえようとしたリンデマンは、この三種類の名詞で論じることが窮屈だったのかもしれない。

生態学の「分解者」概念の誕生過程をみると、そこには、やはり、その概念の曖昧さにしっくりこない生態学者たちの苦悩の一端を垣間見ることができるのである。

ただし、ここで急いで補足しなくてはならないのは、これらの議論が起こった時代背景である。トーマス・ポットハストのナチ時代の生態学者たちの動向を論じた研究によれば[14]、ドイツでは、一九二五年頃から生態学が学問の一分野として認められるようになり、そこでティーネマンが果たした役割はとても大きかった。ただ、多くの生態学者たちは、世紀転換期からドイツで活発化した自然保護運動とは「田舎っぽい」などの理由から距離をとってきた。しかし、一九三三年にヒトラーが首相に任命され、「血と土」というエコロジカルな言葉を含んだスローガンを掲げる政権がドイツを覆ったあと、生態学者たちは政治の季節を迎える。生態学者たちは、その学問の根幹である多様性・多元性の重視や生命のダイナミズムを訴え、ユダヤ人や精神障害者たちや性的マイノリティに対するナチスの攻撃を批判したのではなかった。とりわけ、一九三五年六月二六日の帝国自然保護法以来、政治、学問、自然科学、文化、哲学の合一、さらに言えば、理論と実践の合一が訴えられるようになると生態学者たちを取り巻く空気は一変する。たとえば、そういったことをヴァイマル共和国期から訴えていたティーネマンも、ナチスの世界観にとって生物学こそが核であるというナチスの言説を評価し、その分野で学問を営むことを「重く深い任務」であると表明したうえに、みずからの発明した「生命共同体」などの概念を地政学や人種主義やアウタルキーなどのナチズムの教義と結びつけた[15]。敗戦間際にはナチスに対する失望を高めはするものの、西ドイツの国民として生き延びたあとも、ナチ時代に用いた言葉で生態学と文化の融合を訴えることをやめなかった。

ポットハストは述べていないが、ティーネマンの「生命共同体」や「還元者」に見られる「全体性」や「統一性」といった意味合いに対し、イギリスの生態学者が批判をし、あるいは、別概念を打ち立てたという事実は、たんに学問的な対決としてだけ片付けられるものではないだろう。序章で確認したように、生態学的な言説にはいつもナチズムの罠が潜んでいるのである。ポットハストは結論部でこう述べている。「ドイツで文化、自然科学、自然保護を結びつけるパースペクティヴの伝統は、もっとも深いところで非民主主義的になったし、問題なくナチズムと協定を結んだ[16]」。ポットハストであれば、おそらく、哲学と自然科学と生態学を結びつける本書のテーマにも警戒するにちがいない。

では、ナチズムと協定を結ばない生態学的知とはありうるのだろうか。序章でも述べたように、それは困難ではある。だが、私は、一つの中央に、一つの目的に、一つの指導者に還元されないものとして、いかに分解の現象を描くかに、生態学と哲学の合一の成否がかかっていると考える。そのために、分解者と消費者の線の引きづらさに、もう少し寄り添ってみたいと思う。というのも、そうすることは、ティーレマンのメンバーシップ的な生態観を「分解」という言葉を用いて崩したリンデマンの所作を、さらに徹底させることを意味するからだ。

5　葬儀屋とリサイクル業者

実際、現在も、分解者とデトリタス食者を分けて論じることに違和感を表明する生態学者もいる。バーンド・ハインリッチは、アメリカの生理生態学の専門家であるが、森の小屋で過ごすことの多いナチュラリストとしてエッセイも多数出版している。最新作の『生から死へ、死から生へ——生き物の葬儀屋たちの物語』（二〇一二、邦訳＝二〇一六）で、ハインリッチは、分解者の概念をあえてルーズに使うことを提案する。

私たちは、生命の素材を再配分するという重要な仕事をする動物たちのことを清掃動物《スカヴェンジャー》と考える。そして、私たちは、清掃動物たちが自然の葬儀屋《アンダーテイカー》として必要な「サービス」を提供してくれることを賞賛し、感謝するかもしれない。私たちは、自然の諸々のシステムの円滑な活性化を保ちつづける生命環のつらなりを構成するものとして清掃動物たちを考える。私たちは、腐食者を捕食者から区別しがちである。捕食者は同じサービスを提供するが、それは殺しによってであり、私たちはそれを破壊と結びつける。しかし、自然の葬儀屋について考え始めるにつれて、私の頭の中では捕食者と腐食者の区別がぼやけてきて、ほとんど恣意的なものになった。「純粋な」腐食者は死んだ生物だけを食べて生き、純粋な捕食者は自分が殺したものだけを食べて生きる。しかし、厳密にどちらかだけという動物はほとんどわずかしかいない。

ワタリガラスやカササギは、冬には純粋の腐食者かもしれないが、秋にはベリー類を食べる草食動物であり、夏には、昆虫やマウスや、ほかにも殺すことができるものなら何でも食べて生きる捕食者である。[17]

ここには生態学の分野に「サービス」という言葉を用いることへの違和感が示されているように感じる。いまの生態学では、人類が生態系から得ている「サービス」を「生態系サービス」と呼ぶようになった。たとえば、レクレーションを提供したり、食べものを提供したり、新鮮な空気を供給したり、生態系は人類にさまざまな利益を与えてくれる、という説明である。この「生態系サービス」という考え方が、生態系の破壊に対して一定の歯止めになりうることは認めなければならないにせよ、その前提としてある「市場」での「商品交換」のイメージに対して、おそらく、ハインリッチは明確ではない違和感を抱いている。「生態系サービス」という言葉は、植物や動物と、それらの作用を、ある特権的な人間にとって役立つかどうかという「機能」としてとらえ、あらゆる方向へと影響を及ぼしうる複数の「作用」という面をなおざりにし、一対一対応に縮減しがちだからである。サービスの供給元と需要者というふうに分類できるのであれば、消費者と分解者の分類ももっとすんなりいくのだろう。しかし、生物の世界は（そしてもちろん人間の世界だって）、そう簡単に、作用と存在が一対一対応になるわけではない。ちょうど、作用が、いろいろな生きものに乗り移っては、また別のところに移動するように、ワタリガラス一匹を観察しても、ワタリガラスは、いろいろな「者」を状況に応じて演じ分けているのである。

ハインリッチの興味深いところは、人間社会の概念を生物の世界に当てはめることの危険性を以上のようにきちんと意識しながら、その可能性もとことん突き詰めていることだ。彼は、動物の死骸を舞台の中心に置き、そこに群がる「葬儀屋たち」を主人公にした「物語」を描いている。動物を最初に食べる大型動物も、体内に卵を産む昆虫も、体内から腐敗を進行させる微生物も、彼にとっては葬儀屋の一員にすぎない。むしろ、主人公は、葬儀それ自体なのかもしれない。ハインリッチは、この本のなかで、たとえばコンラート・ローレンツのように一匹の動物を動物行動学的に追っていくことをしない。むしろ、絶えず入れ替わる葬儀屋たちのバトンリレーを観察しているのである。

ハインリッチは、分解者たちをぼんやりとルーズにとらえる代わりに、きわめて豊かな言葉をもう一つ得ている。こんな節のタイトルがある。「究極のリサイクル業者――世界を作り直す『The Ultimate Recycler : Remaking the World』。ティーネマンもリンデマンも言及していた分解者の作用、つまり有機物を無機物もしくは植物が吸収可能な有機物に変え、あたらしい有機物を作り直すための部品を揃える役割に「リサイクル」という言葉を当てはめるのは、おそらく、生物の世界を矮小化してみているというよりは、より生きいきと眺めることにつながる。第4章に登場した「屑拾い」たちは、ゴミを拾い、リサイクルすることで、まさに、世界を作り直すことを試みていた。ハインリッチが二〇世紀の東京のルンペンプロレタリアートを観察すれば、屑を「喰う」と呼ばれた被差別民たち、紙くずを集めて集団で暮らしていた蟻の街の子どもたちは、ものの「葬儀屋」であり、「世界を作り直す」「分解者」と映るかもしれない。

6　シマウマとサケとクジラの「葬儀」

ハインリッチの著作『生から死へ、死から生へ――生き物の葬儀屋たちの物語』の原題は、『永劫に続く――動物たちの死に方について』である。では、何が、どのように永劫に続いていくのか。ハインリッチは最終的に驚くべき結論に至るのであるが、そのまえに、ハインリッチの観察する生きものたちの「葬儀」の様子を紹介しておきたい。

ライオンがキリンを殺す。ライオンがキリンを食べると、今度はハイエナが嫌がらせにやってきてライオンをどかす。ハイエナが満腹になるとジャッカルがむさぼり食う。空には、ハゲワシたちが舞っている。ライオンやハイエナたちの群がるなか、降下してキリンの死骸をつっつく。一日も経つと骨と毛と皮ばかりになっている。骨にこびりついた肉にはハエが卵を産み、ウジが蠢いている。甲虫もやってきて「残飯を平らげる」。ライオン、ハイエナ、ジャッカルは、食べたキリンを「糞に加工する」。そこに糞虫たちが群がり、丸い球に変えて、それを転がし、運んで土に埋める。そこに糞虫の雌によって卵が産みつけられる。糞虫の幼虫は糞を食べて蛹になり、羽化して飛び立つ。「一頭のキリンは死んだが、数十頭のライオン、ハイエナ、ジャッカル、そしてたぶん何百羽ものハゲワシが食物を与えられた。何千匹もの糞虫が宴会を催して、平原はより多くの草を育てたことだろう[18]」。

木が枯れ、地面に倒れる。そこにはカミキリムシ、タマムシ、キクイムシが樹皮の上か中に産卵する。幼虫たちは木を掘り進む。そのあと、幼虫の親が穴に残していった真菌が木材を消化し始める。それらはキノコになる。ほとんどは腐敗するか、ハエの幼虫に食べられてしまう。しかし、棚型のキノコ、たとえば、カワラタケ、シュタケ、マイタケ、ヒラタケなどが生える。死んだ木の構成要素を「リサイクル」したものは、当然食卓で人びとの舌を喜ばせる。もちろん、枯れた木は生きものの棲家を用意し、別の植物の根がはり、コケが茂る。

太平洋で二、三年間泳いできたサケは、ふたたび故郷の川に戻る。そこにはクマが待っている。クマはサケを食べるが、満腹になると「皮を剥いでサケの生殖腺」や「脳」しか食べない。脂肪分が多いからである。残りは捨てる。死にかけたサケや捨てられたサケはカモメ、ハクトウワシ、カワウソ、カラス、カササギ、カケス、アライグマの餌になる。こうして、海からの豊富な栄養源を森に還す。

クジラが老齢で衰弱死する。シャチ、ホホジロサメが肉をちぎり、クジラの屍はゆっくりと海の底に沈む。オンデンザメが肉を食いちぎり、ヌタウナギが肉のなかにもぐり、ツコダラ、ストーンクラブ、そして何百万という端脚類が群がる。軟組織がひととおり食べられると、細菌たちがコロニーを作り、貝類がそれを食べる。さらに多毛類が一平方メートルあたり多いときには四万匹も取り囲み、栄養を吸い取る。さらに、骨の内部の脂肪も細菌が分解する。

まるで動物たちの九相図である。九相図のように、キリン、木、サケ、クジラの葬儀の模様を思い描いてみると、「消費者」と「分解者」という概念は、生態系を構成する、ある生きものの集まりに当てはめるには柔軟性を欠く、隔靴掻痒の言葉である。生きものの屍を食べる行為という意味では同じでも、ハゲタカは「消費者」であり、細菌類は「分解者」になる。もっと弾力性のある概念に置き換えるべきではないか。いっそのこと、「消費」という経済学的な言葉をとっぱらったほうがすっきりするのではないか。槍を持ってマンモスを追っかけるホモサピエンス、あるいは、キリンを食べるライオン、その残り物を狙うハイエナ、ジャッカル、ハゲワシ、そして、糞虫、ササラダニ、ミミズを経て微生物まで「葬儀屋」とハインリッチが名付けたことにヒントを得て、いっそのこと生態系を構成する生き物を「生産者」と「分解者」の二つに分けてしまってはどうだろうか。

しかし、これらのどちらの二分法も、生物群集のダイナミズムをとらえるにはあまりにも大雑把であり、しかも、世の中の生きものを植物と動物に分けることとあまり変わらない。「分解」という概念がもつ可能性を限りなくゼロに近づけてしまう。また、光合成細菌と呼ばれる一群の微生物は、植物の光合成とは若干異なるとはいえ、太陽光のエネルギーを生命活動に生かしつつ、同時に分解も営んでいる。光合成細菌はこの二分法には馴染みにくい。

もっと言えば、植物自体も、光合成によってブドウ糖を「生産」しているが、他方で広葉樹は秋になると葉への栄養供給を止め、地面に落とし、古くなった根毛もどんどん土壌中に供給していく。つまり、部分的に自壊する。あるいは「世界最大の生物」と言って良い木は表面に微生物に棲んでもらい、部分的にみずからの一部を分解してもらっている。人間もまた、古くなった皮膚と髪の毛を床に落とし、イエダニのエサを提供し続けている。つねに、細胞組織をリニューアルしていかないと、木も人間も生きていけない。

ハインリッチもまた、生きものが自分を分解させるように促す現象をサケに見ている。

サケは故郷に戻って繁殖し、それから死ぬ。実際、サケが故郷の川の淡水に入るやいなや、ホルモンが働き始めて彼らの生理を変え、ベニザケの場合は外観も変える。戻ってきたベニザケは大きな顎と背中のこぶを発達させ、鮮やかな赤に変わる。産卵後、ベニザケは突然の、生理学的に促進される老化を経験する。彼らの組織はほとんど文字通り溶解し、彼らは生まれた所で死ぬ。[19]

そして、その原因をハインリッチはこう推測する。

みずから課した死は自分の子の生存を助ける。この魚は自分の生まれ故郷の川と、自分が生まれた特定の場所に戻って行くことを思い出していただきたい。この場所は、彼らの子も結局は戻って行くであろう場所であり、彼らの親戚たちがいる場所でもある。そしてもし自分の子と親戚を食べないことが十分な淘汰圧ではないなら、別のもっと間接的な効果が自分たち自身を差し出すことの淘汰上の利益を高めるかもしれず、少なくともそれを減じないだろう。というのはつまりこういうことだ。彼らの体が川に大量に流れ込むことが、彼らの生態系を作り出し、維持するのを助けるのである。[20]

つまり、サケが故郷に戻ってきたときに老化を促すホルモンは、進化の過程で有利なように受け継がれてきたものである、というわけだ。それは、衰え、傷つき、クマやカワウソやカモメ、そして、無数の森の生きものたちに自身の肉体を提供する。とくに微生物たちのエサとなって、土壌を肥やし、植物を繁茂させ、子どもたちがよりよく育つ環境づくりに貢献するのである。こうした説が生態学のなかでどれほど支持されているのか分からないし、反対意見があることもハインリッチは認めている。けれども、本書で論じてきた分解論にとっては、たとえ一人の生態学者の想像に過ぎないことであっても、理にかなった行為であると言わざるをえない。

とするならば、サケは「自己分解者」であり、分解者の一員でもあると考えられないだろうか。いや、それでは、狭すぎるかもしれない。サケの老化現象もまた分解現象の一部ということはできないだろうか。すでに述べてきたように、これまでの生態学では、生きものたちは安易に人間に喩えられがちであり、生きものたちの動きはこれまた安易に人間の経済活動に喩えられた。そして、分解者は、あくまで能動的なものとみられがちであったが、みずからを分解させるように促す、という動物や植物の誘いのようなはたらきもまた、分解現象の一部と見ることはできないだろうか。

ハインリッチは、すでに述べたように、分解者たちの観察をしながら、分解者そのものよりもむしろその「葬儀」の様子を描いている。「永劫に続く」のは、この分解の共同作業にほかならない。分解は、一個体では完遂できない。分解する側の複数のアクターたちの協力関係のみならず、分解する側と分解される側の暗黙の協力関係が前提である。主体的でも客体的でもない「分解」というはたらきの担い手が、刻一刻と変化していくというふうに考えるほうが、生物界をより豊かにとらえることになるだろう。

7　人間の「葬儀」

つまり、生態系は、生産者、消費者、分解者という生物グループに分けられるのではなく、光合成という「生産」現象と、「分解」現象の二つに分けられ、そのうち「分解」現象は、さまざまな生きものという乗りものに乗ったり降りたりしながら、縦横無尽に駆け巡っているとも考えられるのである。

もちろん、人間も分解現象の乗りものにすぎない。人間社会は、ライオンやチーターのように生きているものにリスクを冒して牙を剥く動物とは異なり、ハイエナやハゲワシを、勇気をもたずに死肉を貪る、つまり、そのおこぼれを預かる卑怯者のようにとらえ、しばしば別の人間や集団を貶めるときにこれらの動物の名前を用いている。だが、そもそも人間はハイエナとどこが異なるのだろうか。死肉を貪ることはかわらない。動物の生命を殺すことは基本的に他人任せである。人間の食べるものは所詮生きものの死骸の塊にすぎない。さらに言えば、人間は排泄物を出し、来るべき生きものたちにご馳走を提供しているところまでハイエナと同じである。しかも、人間の口腔、小腸、大腸などの内臓器官には一兆を超える微生物が生きて、増殖して、人間の消化を助け、死んで、排出されていく。

そして、本来は、私たち人間の死骸もまた、川にさかのぼるサケのように、地球上の多くの生きものにとって最高のご馳走となるはずである。実際に、鳥葬などの自然葬を営む地域も存在している。ハインリッチの本も、実は、重病を患った同僚の（つまり生物学者の）手紙を紹介するところから始まっている。どうやったら自然葬ができるか、という相談だ。「死とは、ほかのものたちとともに、再生を祝う野生の祝賀会でもあり、そのパーティーを主催するのは私たちの本質だ。野生のなかでは、動物たちは死んだ場所に横たわり、そうして清掃動物たちが群がる輪の中に身を置く。結末はといえば、高度に濃縮された動物の栄養物が、ハエや甲虫などの大群によって地面一面にばらまかれる。［……］火葬は、温室効果ガスの増加を考慮すると、そして一つの遺体を燃焼させるのに必要な三時間のプロセスに投じられる燃料の量を考えると、選択肢には入らない[21]」。

ハインリッチは「適正な埋葬については法律があり、その行動は違法」という人間社会固有の理由で同僚に手助けをすることを断るのだが、当然、同僚の言うことには共感している。そして、そのまったく逆の行為として、「現代の商業的な埋葬」を挙げる。

それは裸の遺体を鋼鉄製の台のうえに置くことから始まり、その台のうえで死体防腐処理をする人が血液を抜き、非常に毒性の強いある腐敗防止用化学物質——ホルムアルデヒド——を遺体に注入する。そうして遺体は金属製の棺に入れられ、ホルムアルデヒドが漏れ出すことのないように封入される。まるで埋め立て式ゴミ処理場の有害廃棄物でもあるかのようだ[22]。

そして、返す刀で火葬も批判する。

現代の火葬は、しかし、セレモニーではなく、私たちの故郷すなわち生物圏を尊重するものでもない。それよりも処分というのに近い。火によって遺体を気化させることは、数え上げられないほど多くの有毒化学物質を発生させる。現代の工業的火葬場は、世界のダイオキシンとフランの発生の〇・二パーセントの原因であり、ヨーロッパの空気中の水銀の二番目に大きい発生源である。北アメリカの毎年のすべての遺体を火葬するのに必要な化石燃料の総量は、自動車一台が月まで八〇往復するのに使う量と同じであると推定される。(23)

ちょうど、第3章で述べたように、カレル・チャペックの『マクロプロス事件』をつらぬくテーマが、腐敗しない人間や老化しない（ように試み続ける）人間は、人間存在の不完全性を見失うことによって逆説的に美的世界から遠のいてしまうことだった。上記の「現代の商業的な埋葬」とは逆に、人間の死体は無防備で不完全であるからこそ、生きものたちの「セレモニー」もしくは「宴会」の連携ぶりは、すなわち、「分解」の有様は、賑やかで、華やかである。

しかしながら、ハインリッチが生きものの「死の有様」を追うことで得た結論が「驚くべき」だと冒頭で述べたのは、以上のような事実だけが理由ではない。もうひとつの理由について、以下考えていきたい。

8　糞のなかの宝石

糞虫《ふんちゅう》は、動物の糞を餌とする甲虫である。糞虫の一種は、糞を丸めて転がしていく「フンコロガシ」としてもよく知られているが、丸めずに食らう糞虫も存在する。日本はほとんどの場合後者だが、糞虫の研究者である塚本珪一《けいいち》によれば、日本に生息するマメダルマ属の四種の糞虫が、糞を転がすという。

バーンド・ハインリッチもまた糞虫に魅せられた生物学者であった。『生から死へ、死から生へ』のなかでも糞虫に一章を割いている。「葬儀屋」としての糞虫とそれが蝟集《いしゅう》するケニアの動物たちの糞について、ハインリッチはつぎのように書いている。

彼ら［糞虫］は、どうやら、地上での激しい競争から集めた糞を持ち去るために、穴を掘ったらしい。糞を生産する動物――ゾウ、バファロー、アンテロープ、キリン、イボイノシシ、ヒヒ、ライオン、ハイエナ、ジャッカル、ヒョウ、カバ、ヒト、サイ――がたくさんいることを考えれば、糞は多量であり、しかも種類が多い。動物たちは糞を落としながら、リサイクルする者たちの助けで、土壌を生み出し、そして、微生物の共生者と同様、消化されずに動物たちの腸のなかで生きて運ばれることのできるような植物の種子を各地に広め、植える。たとえばゾウは果実を好むのだが、果実をつけた植物をたくさん食べたあと、膨大な数の種子を地面

に散布する。(24)

つまり、ゾウは、微生物を胃腸のなかに取り込みながら殺さず、しかも、比較的荒い消化しかしない。だから、口に入れた草から栄養をあまり抜き取らない。そんなゾウの消化、つまり分解の特徴のおかげで、ゾウの糞は自己解体を始めることができ、そのうえさらに、糞虫たちに栄養豊富な食べものを与えているのである。

このような生態学的な連携の動きのみならず、糞虫の彫刻のような角と金属質の光沢に魅せられる愛好家も多い。古代エジプトで、糞虫は「スカラベ」という名称で呼ばれていたが、転がる糞球が太陽に見立てられ、この甲虫は太陽神ケプリ（またはケペラ）と同一視された。ケプリが、頭部が糞虫で、首より下が男性の体として、現代世界を生きる人間の目からすればとても異様な姿として描かれるのはそのためである。再生と復活の象徴として崇拝され、それをかたどった印章が護符として用いられたり、ハヤブサやハゲワシの翼をもつスカラベの護符がミイラの心臓の上に置かれたりしたことはよく知られている。

塚本珪一は、『日本糞虫記――フン虫からみた列島の自然』（一九九三年）のなかで、ハインリッチではあまり言及されていない糞虫の美しさについてこう述べている。

ダイコクコガネ属はこのダイコクコガネのほかに三種類あるが、すべてそれぞれにユニークな角をもち、大黒様の名に恥じない姿をしている。一番小さいのはゴホンダイコクコガネで体長は一〇～一五ミリメートルであるが、名のとおり五本の角をもった艶のある種類である。いつも考えるのだが、このゴホンダイコクコガネがもしダイコクコガネと同じ大きさかもう少し大きければ世界で一番すごいダイコクコガネになるだろう。フン虫をはじめとして甲虫のすばらしさはなんといっても立体感のある形であると思う。例えば、それはコメツキムシのようにスリムな姿の美しさ、クワガタムシのような強靭なというか闘争性のある美しさ、カミキリムシのような均整美のあるものなどいろいろである。[25]

続いて、塚本は、色について、たとえば、オオセンチコガネの一種ミドリセンチコガネについては「金緑色に輝き、糞の中の宝石といえるものである」と述べたり、「私たち人間の意識では糞という虐げられた環境の中に、このような美しい生物が生きていることは不思議なことであるが、糞には宝石のような甲虫が生活していることを人々に知ってもらう必要がある」と訴えたりしている。また、塚本は、糞虫の専門家として、糞虫の名誉挽回を繰り返し説いている。

フン虫たちは生物社会にあっては主体性をもった誇り高い分解者の仕事をずっと昔からもち続けていたのである。古代エジプトの人々がフン虫を聖なる甲虫とし、地球の動きに関係があるとした卓見を讃えたい。

宝石よりも美しい輝きと彫刻の美しさをもっているフン虫こそは、神の創造物の中でも傑出したものであろう。[26]

ここで塚本は、ハインリッチのように、糞虫の形態以外の美についても言及していることに注目したい。それらのはたらきの美である。「誇り高い分解者の仕事」について、塚本は『フンころがしの生物多様性——自然学の風景』（二〇一〇年）でこのように述べている。「生物多様性社会の創成は「生と死の連鎖」から始まると私は考える。私たちはこのことについての学習を長い間忘れていたと思う。さらに生物学的に考えればいのちと死の混沌たる空間には、腐敗臭と死体という現実があり、そこには《ママ》「ほんとうのいのちの美しさ」を知る空間であった(27)」。糞虫のはたらきに生と死の「うつろい」を見る糞虫研究者は、江戸時代に描かれた「鞍馬山曼荼羅図」の中央に位置する毘沙門天の両サイドにムカデが存在することを発見し、「衝撃」を受けている。このムカデは、向かって右側はS字に、左側は逆S字にうねっているが、「誰もが嫌うムカデ」がエジプトの「スカラベ」のように神聖化されていたことに、心を打たれたのである。

とすると、塚本は、たんに糞虫の神聖化を目指しているわけではない。ムカデやスカラベのような、分解過程のなかの生きものたちのつながりやうつろいの美しさと、色と形の美しさの一種類の美を、糞虫という昆虫に投影し、分解世界の神聖化を訴えているとも読めるのである。

9　ファーブルの糞虫

ハインリッチと塚本が「糞のなかの宝石」の復権を唱えるとき、念頭にあるのは、言うまでもなくフランスの昆虫学者ジャン＝アンリ・ファーブルの『昆虫学的回想録 Souvenirs Entomologiques』、邦訳で言えば『昆虫記』である。ファーブルは、一八七九年に第一巻を上梓してから三〇年かけてこの大著全一〇巻を完成させるのだが、その第一巻と、一八九七年に出版された第五巻の前半で、糞虫を活写している。『昆虫記』のこけら落としを担い、二度目は一冊分を占めるほど登場する糞虫は、別格扱いとさえ言えよう。ファーブルは、南仏のアヴィニョンの対岸にあるレ・ザングルという村のタイムが茂る砂地の丘で、糞虫の観察に没頭した。なお、日本では、二〇一七年の夏に、奥本大三郎による一〇巻二〇冊の翻訳が達成され、これまでの邦訳にはなかった可読性、正確さ、そして豊富な解説や図によって『昆虫記』を味わうことができる。

ファーブルによる「糞のなかの宝石」の復権も、つぎのような描写によってなされている。

いま、掃除屋の甲虫《こうちゅう》が仕事の真っ最中だ。彼らには、地上から汚物を一掃するという貴い使命が与えられているのである。材料となる糞《ふん》を運び、細かく砕き、形を整えるためのものにしても、あるいは糞の山からとってきた材料を抱えて閉じこもる深い隠れ家を掘るためのものにしても、これらの虫が身に着けている道具の多様さには本当に感心してしまう(28)(奥本大三郎訳)。

「貴い使命」と「道具」(つまり角や脚などの形態)を結びつけて、糞虫を描く。分解者という概念がまだ登場していなかったこの時期に、ファーブルは「掃除屋」という比喩で糞虫のはたらきを説明していたことは注目すべきだろう。さらに、糞虫の色合いについては、つぎのように絶賛する。

汚れ仕事の代償として、連中のなかには強い麝香《じゃこう》の匂いを放つもの、腹部が磨《みが》きあげた金属のように輝くものが少なからずいる。クロセンチコガネは腹部に銅《あかがね》と金のきらめきをもち、スジセンチコガネは紫水晶《アメジスト》の紫色をした腹をもつ。

とはいえ、一般に彼らの色調は黒であって、まばゆいばかりの衣装を身に着けた糞虫、まさに生きた宝石が分布するのは熱帯地方である。エジプト奥地に行けば、ラクダの糞の下に、エメラルドと碧《みどり》の光を競うようなスカラベが見られるであろうし、南米のギアナやブラジル、アフリカのセネガルに行けば、金属光沢に輝く赤いダイコクコガネがいて、その色の豊かさは銅に似、その鮮やかさはルビーに似ているであろう(29)(奥本大三郎訳)。

のちに、塚本に受け継がれる「汚い仕事」と「宝石」の対比がここではっきりと書かれている。また、糞虫の成虫が子どもにせっせと糞の塊をつくる姿を人間がパンをこねる姿に託していることで、読者の嗅覚のチャンネルが変わり、パンの香ばしい匂いを嗅ぎながら糞虫の子育てを追体験できるファーブルの描写力は、凄みさえ帯びている。

ファーブルの糞虫の描写として白眉と思われるのは、ここばかりではない。糞虫の糞の描写はユーモラスであるうえに、分解現象の「うつろい」を象徴的に論じているように思える。

虫の前方で、材料がたえず咀嚼《そしゃく》され飲みこまれているあいだ、後方では同じ調子で、たえずその材料の栄養分が吸い取られて、靴の修理屋が使う松脂《まつやに》を塗った麻糸のような黒い紐《ひも》になって外に出てくるのである。スカラベは食事をしているときしか糞をしない。それほどこの虫の消化の仕方は早いのである。最初に一口食うとすぐ、お尻から糸が出はじめ、最後のひと口を食い終わるほどなく糸のほうも終わるのである。

［……］

排泄は精密時計《クロノメーター》のように正確である。一分ごとに――もっと正確にいうなら五十四秒ごとに――一回の排泄があり、糸は三、四ミリ伸びる。ときどき私はピンセットを使ってこの糸を切り、まっすぐに伸ばして定規《じょうぎ》で測ってみた。

測定の結果を全部足すと、十二時間で二メートル八八センチに達した。食事と、それに必ず伴う糸紡《いとつむ》ぎの仕事とは、私が夜の八時にカンテラのほのかな明かりで最後に見たあともまだしばらく続いたので、この虫はとぎれることなく、おおよそ三メートルほどの糞の糸を紡いだということになる。

［……］

食物がなくならなければ、おそらくは決して止まらないこの見事な蒸留器《ランビキ》の中で、もとの材料は胃の働きによってたちまち栄養を吸い取られ、通過してしまうのである。これほど速《すみ》やかに汚物を浄化する実験室は、自然の浄化のために何か果たすべき役割があるのではないかと考えられる(30)（奥本大三郎訳）。

時速二四センチという驚異的スピードで、糞虫の口から肛門の外まで、消化器系の管を通って、一本の「漆黒の糸」が紡がれているとも読めるこの描写は、動物とはまさに食べものの通過点であり、食べものが浄化される通路である、というイメージを読者に与えてくれる。言うまでもなく、この糸は、糞虫の棲家に居候する微生物たちのごちそうになるのである。

こうしたイメージを抱かせるのも、糞虫の食べものを「パン」に見立てるファーブルの描写力があるからだ。ファーブルは人間社会の比喩を用い、昆虫の「美」を意識して描写しているが、それは、たんなる科学的文章の補足でも、読者の注意をひくテクニックでもない。生物世界のからくりをきちんと描こうとすれば、それはどうしても比喩の力に頼らざるをえない。すくなくとも、糞虫を通して分解の世界を描くファーブルの筆致は、分解の哲学の基本的なリズムを有している。

このファーブルの漆黒の糸の場面を読むと、私は、アガンベンが『裸性』のなかで、二〇世紀のフランスのある神学者の議論を参考にしながら、排泄についてこう述べていたことを思い起こす。

栄光に満ちた排泄というものが存在する。それは、ただ、自然の機能の完全さをひけらかすためにのみ、引き起こされる。しかし、そのありうべき使用法については、神学者たちは口を閉ざしている[31]（岡田温司＋栗原俊秀訳）。

排泄とは、生理学的な論理からすれば、ある物質を消化吸収したあとの残滓を体外に排出することである。けれども、ファーブルの筆致からすれば、排泄は、食事を作ることとほとんど境界線の引けない行為であり、自分の子どもや別の生物の住空間を偶然にも整えることであり、自分の消化器官を偶然にも物質循環の通路にすることである。近代社会の硬直した文脈に限定される排泄行為から、分解現象のなかで、よごれやけがれなどの意味がはぎ落とされ、「機能」を失い、「無為」となったものが、生きものたちのあいだを、たわむれのようにゆらゆらと動く。『昆虫記』はけっして昆虫だけを描いているわけではない。

10　分解世界としての蛹

これまで私は、ハインリッチの「生きものの葬儀」という視点を手掛かりに、糞虫という甲虫の生態を学びながら、生態学の「分解者」から「分解」を、うつろう「作用」として腑分けしてきた。機能ではなく作用としたのは意味がある。機能は、ある特定の受益者を想定しているような意味、政治的にはナチスの中央集権主義な意味を持つのに対し、作用は、ある特定の受益者に対して比較的ニュートラルな意味を持つからである。まさに、分解は、生産者にも消費者にも、そしてもちろん分解者にも宿っては去っていく作用としてみてきた。すると、鮭が川を上って死に、森の食事に変化していく在り方も、根毛を一週間で衣替えして、古いものを土壌に棲む微生物たちの餌にしている在り方も、それぞれ分解現象の「宿り」とみることもできる。

そして、何より刺激的なのは、ハインリッチが分解の奥義を、昆虫の蛹《さなぎ》の在り方にみていることだ。

そのまえにまず、ファーブルの蛹の描写をみておきたい。

幼虫は脱皮して蛹になる。昆虫の世界において、簡素な美しさの点で、皮を脱いだばかりのこの軟らかな蛹に匹敵するものはほとんどあるまい。鞘翅《しょうし》が太い襞《ひだ》のある肩掛けのような形で前方に前肢《ぜんし》を折り曲げているところは、亜麻布《あまぬの》を巻かれたエジプトのミイラが、きちんと柩《ひつぎ》に納められているようすを連想させる。

蛹は半ば透明であって、蜂蜜のような黄色をしているので、琥珀《こはく》を刻んで造ったように見える。この状態のままで硬化し、鉱物になり、腐らなくなってしまえば、素晴らしいトパーズの装飾品になるであろう(32)(奥本大三郎訳)。

ファーブルは、「琥珀色のトパーズ」に対して、「形も色も高貴にして簡素な、この驚嘆すべきもの」と称賛を惜しまない。昆虫なのに動かない蛹に、ファーブルは何をみたのか。

実は、ハインリッチは、ファーブルが糞虫の蛹を「エジプトのミイラ」に喩えた卓見を、生物学用語で詳しく説明し直しているのだ。それは、幼虫と成虫は遺伝的にまったく異なる生物である、とみなす見方である。ハインリッチは、スズメガを用いてその変態の有様をつぎのように描写してみせる。

私のスズメガの芋虫が完全な大きさまで育ったとき、それは芋虫としての生活をすべて養っていた桜の木から出て行き、地面をさまよい歩き、それから土に穴を掘ってもぐった。そこで芋虫は自分自身のための地下聖堂を作った。芋虫は、暗闇のなかでそこに動かずに横たわって、ついには縮み込み、死んだ皮膚を脱ぎ捨て、硬い覆いをまとったミイラのような形に変わった。芋虫の器官が溶解するにつれて、内部はかゆのような状態に変わり、細胞の大部分は死んだ。しかし、いくつかのグループの細胞、つまり「成虫原基」[……]とよばれるものが残った。これらは小枝に成長することのできる植物の芽や、すっかり新しい植物に成長することのできる小枝と同様、新しい器官を生み出す種子または卵のようである。この見たところ「休んでいる」段階すなわち蛹の段階のあいだ、成虫原基は、幼虫の細胞を破壊しそれらの細胞からタンパク質と他の栄養物を原基自体に取り入れる。最終的に幼虫細胞のすべては置き換えられ、新しい細胞は秩序だったやり方で集合してガを生み出す。(33)

遺伝子に指令される昆虫の変態とは、一度「死」を挟んでいる。古代エジプトで、ミイラの心臓にスカラベの護符を置いたのは、当時の人びとからすれば、スカラベが転がした球から、一定の時間が経過するとスカラベが登場するという、その再生の有様にあやかってのことだった。だから、古代エジプトの人びとは、糞虫には性別がないと思っていた。現代生物学は、そのような説明をしない。蛹は死と生の境界状態にある。亜麻布にくるくると包まれる死体は、たしかにまるで蛹のようだ。死後の世界の再生を祈るとき、昆虫ほど縁起の良いものはないのである。

ファーブルが「ミイラ」と形容した蛹の姿こそ、ハインリッチにとってみれば、「葬儀屋」の世界、つまり分解世界の究極の在り方にほかならない。ハインリッチは、この変態を人間にも当てはめる。「わたしたち人間ではこの変形のプロセスは同じだが、何か新しいものが加わる。第一に、変化のプロセスは漸進的で、わたしたちの生涯の全体にわたる。第二に、遺伝子がものを言うだけではない。脳も、思考の上で、わたしたち自身にも他人にも、ほとんど文字通り生まれ変わりを引き起こすことができる」。

人間の体も、古くなった髪も皮膚も剥がれ落ちて、新しいものが再生する。人間は蛹のように一気に「かゆ」にならないだけで、その「かゆ」状態をごく小規模で部分的に繰り返しているにすぎない。だとするならば、やはり、人間にも分解という作用は乗り移る。

ファーブルの糞虫は、食べながら排泄し続けている。人間もまた口から肛門まで一本のチューブを体内に有し、台所とトイレをつないでいて、この内なる外の空間で生きものや死んだものが蠢いている。[34] 消化器官が長いだけ食べるときと排泄するときが少し時間的にずれているにすぎない。だとするならば、やはり、人間にも分解は宿っていると言える。

大杉栄は、ちょうど蛹のように豊多摩監獄に収監されて暮らしているとき、英訳のファーブルの『昆虫記的自伝』を読み、出獄後、フランス語の原書からその日本語訳を試みた。『ファブル昆虫記』という題をつけたのは、繰り返し指摘されているように大杉である。「地から不浄を取り去る事を其の尊い天職としてゐる」という訳しっぷりにも惹かれるが、「一九二二年八月二十二日」という日付をもつ翻訳本の序文では、大杉はつぎのようにファーブルの糞虫の描写に感激している。「糞虫と云ふのは、一種の甲虫で、牛の糞や馬の糞や羊の糞などを食つてゐるところから出た俗称だ。糞虫が、さう云つた糞を丸めて握り拳大の団子を造つて、それを土の中の自分の巣に持ち運ぶ、其の運びかたの奇怪さ！　又、一昼夜もかゝつて其の団子を貪り食つて、食ふ尻から尻へとそれを糞にして出していく、其の徹底的糞虫さ加減！」[35]。

最新版『昆虫記』の翻訳者である奥本大三郎は、ここを引用して、無政府主義という思想と昆虫が結びつくというよりは、「大杉という一個の自由人と虫とファーブル」が結びついていると指摘している[36]。

たしかに、そうかもしれない。上の引用だけでは大杉の思想を抽出することは難しい。ただ、糞虫の世界が、大杉が変えたいと思う世界よりも魅力的に響いたと想像することもできる。「糞虫さ加減」、つまり「糞虫性」とも言い換えられる概念は、大杉を監獄に閉じ込めなくてはならないほど不自由な社会に対する抗いの言葉なのかもしれない。大杉が思想の根拠とした「本能」を上から押さえつけることでしか発展しない社会の構造への批判かもしれない。もちろん、それは想像の域を出るものではない。

馴染んだ思考様式を転換させることは難しい。とりわけ「汚物」と名指されたもの、「汚い」と形容されたもの、「汚れている」と指定されたもの、大杉にいわせれば「不浄」なものを、社会学的に、生物学的に、歴史学的に、実は有用であるといくら繰り返していても、生理的嫌悪感までは容易には消えない。

ただ、古代エジプトから始まり、ファーブルを経て、大杉栄、バーンド・ハインリッチ、塚本珪一と受け継がれてきた「糞虫性」から、一度たりとも「美」への言及が消えていない事実は、やはり何度強調してもしすぎることはないだろう。しかもそれは、中央集権的な機能美ではなく、拡散的で非統一的な作用が入り乱れる美である。

分解プロセスはたんなるプロセスではない。そのプロセスに付随して生ずる糞虫の宝石のような輝きが象徴しているように、副次的な派生にすぎないものが、人間界の文脈では風情を醸し出すこともある。牛乳が分解して、乳酸発酵が進み、独特の風味が生じてヨーグルトになるように。

汚物と食物の逆転。生から死へのうつろい。そして、逆転のユーモア。分解という作用がハヤブサやハゲワシの羽で飛び回る賑やかな世界であれば、ハインリッチの言うように、思考もまた生まれ変わるかもしれない。

第6章　修理の美学——つくろう、ほどく、ほどこす

1　計画的陳腐化

修理とはいつからこんなにやりにくくなったのだろう。

先日、かなり古いヴァージョンのスマートフォンの電池がすぐに切れるようになり、電話が途中で終わってしまうということが何度かあったため、あまりメーカーは推奨していないようだが、修理キットと電池を購入して、自分で入れ替えをしてみた。

とにかくやりにくい。ネジはゴマ粒の半分より小さく、電池のまわりの配線は意外ともろい。卓上ライトにガムテープで虫眼鏡を固定して、即席のラボを作り、修理に挑んだ。あやうくネジをつぶしてしまいそうになるし、なくしそうにもなった。たかが、電池交換ではないか。もっと簡単にできないものだろうか。途中何度か投げ出しそうになりながら、なんとか終わったのだが、これまで無機質な機械にしか思っていなかったものに、少し愛着が湧いたのが不思議だった。これこそまさに、壊れたものを愛するナポリ人の感覚であろう。

このスマートフォンのメーカーは、バッテリーが劣化したものの動作速度を意図的に落とすようにする「計画的陳腐化」をユーザーに内緒でやっているのではと批判され、二〇一七年末から二〇一八年初めにかけて話題になった。ユーザーに買い替えをさせるための仕掛けではないか、と抗議の嵐となり、フランスでは消費者団体が訴訟を起こした。

計画的陳腐化とは、マーケティング用語で、使用中にわざと質を落とすようにあらかじめ設計し、新しい世代の製品を買わせる手法のことである。世界の商品はいま多かれ少なかれ計画的陳腐化を始めていて、消費者たちの購買意欲を、まるで死にかけた人間にカンフル剤を打つように煽り続けていることに、やり場のない怒りをずっと感じていた人はけっして少数ではない。液晶画面が映らなくなるだけで、中身が健全なパソコンのまえに、私は地団駄を踏んだものだった。

万国の消費者は団結するまえに、みんな「お人好し」化してしまった。唯々諾々と新型機種に乗り換えては、捨てて、乗り換えては捨ててを繰り返し、不安の時代に貯めておかねば将来が危ぶまれるはずのお金を計画的陳腐化に貢献すべく投じている。掃除機、扇風機、パソコン、ゲーム機、ありとあらゆるものの壊れざまを見てきたが、ちょっとこれは早すぎるだろう、という壊れ方をする。一度、ノートパソコンの画面が消えてしまったので、あわててメーカーに電話してみたら、一〇万円かかるという。とても驚いた。ならば、新しいものを購入しようかとなるのも自然である。私は、悔しかったので、いろいろ探して、ノートパソコンの画面を照らす小さな蛍光灯みたいなものを三万円で購入し、それを付け替えてみた。ちょっと暗いけれども、問題なく使えた。

また、掃除機が使用五年目で動かなくなった。胸に手を当ててみるとたしかに荒々しく使ったときもあることは否めないが、買い換えるのが悔しいので、いろいろ調べてみたところ、本体ではなく、延長管の伸縮部の通電ができていないことが分かった。非常に多くのこの種の掃除機が、延長管の電気の不通でまるごと捨てられていることもきっと多いに違いない。マイナスドライバーでバリバリと分解してみたら、伸縮部で負荷がかかっているところが焼け焦げていて、断線していた。カッターナイフで動線をほじくりだし、ハンダゴテでつなぎ合わせたら、見事に再生した。これ以来、掃除機の延長管の伸縮はできなくなったが、やはり愛着が湧いた。完成品に面白みを感じず、壊れているものに技術世界の広がりを見出すあの「ナポリ人」に、さらにまた一歩近づいた気分だ。

この世の商品の保証期間はあまりにも短く、修理代はあまりにも高い。たとえば、パソコンや掃除機を一台買って、それが五〇年くらい使える世界は、ありえないのだろうか。修理屋にいけば、どんなに古くても最新のソフトをインストールもしてくれるし、弱ったキーボードのキーも一個からかえてくれるようなことは、ありえないのだろうか。液晶画面を張り替えて、この傷のついたままで、死ぬまで使い続けるというのは、夢の世界なのであろうか。せめて、部品だけ格安で売れている店はないのだろうか。

とにかく、この世界は修理代が高すぎる。

2　減築

計画的陳腐化に逆らう建築実践をしている建築家がいる。能作文徳という建築家で、その代表的作品の一つが「高岡のゲストハウス」（二〇一六年）である。このプロジェクトは、en［縁］というタイトルで、そのほかの日本の建築プロジェクトとともに、二〇一六年、ヴェネチア・ビエンナーレ国際建築展の日本館に出展された。[1]参加した建築家は全員一九七五年以降に生まれており、その新しい建築のあり方を示したことから、審査員特別賞を授与されている。

能作は、高岡の祖母の住まいを解体し、祖母も住むことができるゲストハウスに作り変えたのだが、「減築」という視点にみられるように、古いものをそのまま残し、コスト削減だけでなく、何か不思議な味わいを醸し出しているのである。「高岡のゲストハウス」の解説にはこう書いてある。

これから人口のさらなる減少が見込まれる日本の田舎では、建物を新築・増築するよりも、古い建物を減築することで豊かな空間や暮らしを得られるのではないか――こうした認識を出発点として、この作品はまず日本建築がもっている木造の屋根の単位を生かして小さな3つの家に分解している。既存家屋の中央部分を解体することで、祖母の住まい、コモンダイニング、ゲストルームの間に中庭を設けて、家族以外のメンバーを受け入れる開かれたつくりにしている。さらに、解体の際に出てきたマテリアルを廃棄せずに、それらを建築の新たな資源として捉えてリユースした。取り外した瓦を葺き直すことで周りの風景や街並みと繋げ、既存の家屋に残されていた障子や欄間を残し、家族の生業であった銅器を計画に組み込むことで、家族の歴史や記憶を大切に保存している。屋根をクレーンで移設するダイナミックなモノの再配置には、お祭りのような祝祭性があり、また、その軽やかな可動性が、土地に深く根付いた古い建物に新たな息吹きをもたらしている。(2)

この様子は、能作本人からも聞いたが、大きな痕跡を残すという建築家的な野心がいっさいなく、ゴミになりそうな「マテリアル」が、いつのまにか資材として残っていて、歴史を刻んでいるところがさりげない。これこそが、建築の新陳代謝（メタボリズム）ではないかとさえ思う。たてものは建てられた瞬間に老い始める。人間と同じだ。しかし、いつまでも若ぶっていては、顔に刻まれる皺は忌避されてしまう。顔に刻まれた複数の皺は、知性と経験がその人に宿る象徴にさえなりえるのに。ちょうど高岡のゲストハウスの再利用された屋根瓦、雪見障子、欄間のように。

解説にはこうも書いている。「一度に全体を完成させるのでなく、既存の建物を解体して生じた部材を新しい建物で利用する。このような段階的な建築によって、修復しながら成長していくという「モノ」による新陳代謝のネットワークをつくり出そうとしている」。

3　犂のメンテナンス

田中利和の『牛とともに耕す――エチオピアにおける在来犂』（二〇一八年）は、エチオピアの中央高原から北部にかけて、二〇〇〇年以上も前からこんにちまで、ずっと、牛とともに畑を耕してきたオロモの人びとの一〇〇〇日以上のフィールド調査の報告である。アフリカ大陸の農業の牽引力が急速にトラクターに置き換えられているなかで、それでも牛に犂を牽かせ続けてきたオロモの人びとは、犂の牽き方にとてもこだわる。

この本に、こんな記述がある。「人びとは牛耕期間になると、犂耕作作業前後、あるいは休日に犂の点検、調整を頻繁におこなっている」。きわめて簡単な作りなので、日常のメンテナンスによって犂の破損を予防しているということだ。田中は、フィールドワーク中に一度だけ犂が破損したところを観察できた。その場面である。

　二〇一一年七月二七日、この日は世帯No. 1が所有する耕作畑、黒土における四回目の牛耕及びテフの鎮圧作業である。昨晩に雨がよく降ったので、鎮圧作業には絶好の日であると世帯主バルチャは朝早いく《ママ》から筆者に語る。九時一〇分に畑に到着し作業を開始する。土は予測通り十分な水分をふくんでおり、バーディソルの粘土がひどく犂耳にへばりつき、犂体が重くなり犂を操作するのにも通常より力を必要とする。作業は特に問題なく順調にすすむ[3]。

問題はここからである。

一三時三〇分、犁手のビラハヌが扱っていた犁に破損が生じる。粘土の土がへばりつくことにより、犁の本体が重たくなり、畑の隅で一八〇度旋回して切り返す作業の際、犁柄（犁身の握り手）を上に持ち上げて犁を浮かす。そのときに過剰に犁身に負担がかかり、犁轅との接続部付近の犁身が折れるような形で破損、分断されてしまった。新しいパーツに入れ替えるしかない状況である。(4)

もしこれが機械であれば、近くの修理センターに電話をかけるだろう。しかし、ビラハヌは思いもかけない行動に出る。

犁手のビラハヌは慌てた様子もなくあたりを見渡し、犁耕を終了して帰路につく世帯に人に声をかける。「犁が壊れたのであなたの犁を貸してください」と申し出て、みず知らずの人から屋敷の場所の大体の位置を聞いて、帰る途中に返却すると伝え犁を借りた。(5)

その間わずか五分であった。わたしはこの文書を読んでいくなかで、きっと、ビラハヌは自分で修理をしてしまうのだろう、と思っていた。しかし、予想は裏切られた。見知らぬ人から借りてその場をしのいだのである。

この話もまた、わたしは田中本人から聞く幸運に恵まれたが、とても興味深いと思った。ここには二つの位相がある。まず、犁のメンテナンスを日頃怠らずやっていることである。平均二年で犁刃を変えるが、本体はそのままである。

そしてもう一つは、見知らぬ人の犁であっても、普通に借りられるし、障害なく使えることである。メンテナンスとは、このようなゆるやかな人間関係をも包摂するダイナミックな行為であることが、田中の観察から浮かび上がってくる。田中はこの一連の流れを「即興的調達」と呼ぶ。壊れても、人の力を借りて、即興でカバーできることは、計画的陳腐化とはまた別の、人と道具のあり方を示している。

4 メンテナンスと愛着

メンテナンスとは maintenance、つまり「維持する」、「保つ」を意味する動詞 maintain の名詞形である。ものは永遠ではないから、かならず、ほころび、とかれ、こわれる。しかし、つくろわれ、ふたたび使われるようになることもある。衣服も、家も、自転車も、自動車も、直しては使い、壊れたら直す。掃除して、洗って、拭いて、保存する。これを繰り返しているうちに、ものに愛着が湧き、できるだけ手元に置いておきたくなる。愛着とは傷をつけないことではない。傷やほころびを、なんらかの作用が失われないかぎりにおいて味わい尽くす行為なのである。

ところが、現在の新品世界では、愛着が湧くまえに次世代のヴァージョンが店頭に並ぶ。一部だけ取り替えればいいのに、修理費用が高いので結局買ってしまう。オロモの人びとの犂は、犂刃だけを買い換えるだけで、本体はメンテナンスをして使い続ける。どちらが、合理的で論理的なのか、答えは明らかであろう。オロモの人びとは、文明社会から取り残された哀れな農耕民などではなく、最先端のテクノロジーのあり方を「文明」を気取る人びとに示しているのである。

つくろうことには、しかも美的なものが滲み出てくる。

私の記憶に鮮明に残っているのは、小学校の書道の時間である。となりに座る友人の硯がいつもと異なることに気づいた。硯に亀裂が入っており、しかも、それが、つなぎ合わされているのである。どうしたの、と聞くと、友だちは、「落として割っちゃったから、家にある全部の接着剤を混ぜてくっつけたら、元どおりになった」と答えたのである。割れた硯が家の接着剤で復活を遂げたことに、驚きを禁じえなかった。これを買い直すお金が節約できるだけではない。何か、この傷の入った硯が、継ぎ目がボコボコしている硯が異様な魅力を放っているように感じられたのである。

とある民芸館で金継ぎの入った器をみたときも、同じような快感を覚えた。バラバラに割れてしまった器が、漆によって元どおりになっているだけでなく、割れたあとを継ぐ漆の色と金の鈍い光が、この器の価値を逆に高めているように思えた。割れたときの亀裂はそのまま残す。亀裂がなかったかのように取り繕うことはしない。残している、というところが、なんとも言えない。修理しました、と宣言してしまっている。しかもその宣言は、とても小さな声で、地味で、目立たない。目立たないが、亀裂のとおりに走る漆はとてもユニークな模様となり、器の装飾になっている。使う者や見る者が、壊れたものが戻っているという、治癒のものがたりを楽しんでいるだけではない。割れた茶碗の歴史が、きちんと刻まれて、ひっそりと新しい時代を生きていることに、魅かれるのである。

茶碗やガラスコップを割ることにかけては、人並み以上の経験をしてきた私なので、割れたものは危険であり、すぐに新聞紙をもってきてそれを包み込み、掃除機をもってきて、残りの破片を吸い取ることは、ハビトゥスに刻まれている。だが、それを接着剤で繋げようという発想をあまり持ったことがなかった。

けれども、金継ぎが施された器は、捨てられたかもしれない過去を乗り越えたことへの小さな恥じらいと、ちょっとした誇りを同時に私たちに見せてくれるように思える。

5　金繕い

割れた器を、漆を用いて修繕し、ふたたび使用できるようにする、という世界で類例を見ない「金継ぎ」は、「金繕い」ともいう。むしろ、金繕いというほうが、歴史的に正式な名称のようである。白鳥由加利著、原一菜監修『金繕いの本』によると、「金繕い」の「繕い」という言葉のほうが由緒正しいからである。その技術が発祥した室町時代以降、「繕い」「漆つくろい」という名称が使われるようになった、ということからも、金繕いという表現のほうが正確であることが分かる。金継ぎは「金繕いの技術の一部分を指す職人の略式名称」である。

現在、物質の洪水に溺れ疲れた人びとのあいだで金継ぎは静かなブームを起こしている。しかし、もともとは、金継ぎ、または金繕いは、実は、茶の文化と深く関わっていた。『金繕いの本』によると、「鎌倉時代に喫茶道が中国」から伝来し、その折に「お点前」として用いられたのが、中国の青磁、白磁、天目茶碗などの唐物であった。当時日本列島では中国の高みにまで陶芸技術が発達していなかったので、基本的には輸入に頼ったものの、船で運んでいるうちに破損することも多かったという。日本は、古代からあった漆の技術を用いて破損した器を修繕し、陶芸の技術的ギャップを埋めようとしたのである。世界最古の漆の遺物は、いまから約九〇〇〇年前のものが北海道函館市の垣ノ島遺跡から出土しており、島根県松江市の夫手《それて》遺跡から六八〇〇年前の漆液の塊が発見されている。漆は英語で japan とも表記されるように、日本列島の文化に深く根ざしたものであった。[6] 室町時代は金繕いの器は高級なものだったが、現在、それは使い捨て文化とは異なる文化として、よりカジュアルに受け容れられている。漆とは、落葉高木のウルシの木の樹皮に傷をつけ、採取した樹液（生漆《きうるし》）のことで接着剤にも塗料にもなる。肌が直接触れるとかぶれるので、作業には細心の注意が必要である。

器を修繕するという作業は時間がかかり、複雑である。短くて数ヶ月、長くて一年以上かかる作業である。ちょうど、ミミズや微生物などの土壌中の分解者たちが、地表の有機物を、時間をかけて、より小さな有機物や無機物へと変えていくように、金継ぎは遅効性の営みである。しかも、道具も多数必要だ。粉などを混ぜるための板、混ぜるためのヘラ、撒絵筆、生漆、呂色漆、ベンガラ漆、砥の粉、小麦粉、木の粉、金粉、筆を洗うための菜種油、漆に混ぜる無水エタノール、かぶれを防ぐゴム手袋、水、金粉を蒔く真綿、耐水サンドペーパー、漆のはみ出したところをカットするカミソリの刃、ずれを防止するマスキングテープなどが必要である。

工程も複雑である。たとえば、割れた食器を例にとってみよう。前処理として、修繕したい器を洗い、乾かし、接着面を粗めのサンドペーパーで研ぐ。少量の生漆とエタノールを混ぜて、それを接着面に筆を用いて塗って、布でおさえるように拭き取る。キャンドルの炎で接着面を一、二分炙り、コーティング。強力粉に水を加えて練ったものに生漆を加え混ぜる。これを麦漆と呼ぶ。麦漆は竹ベラを使って接着面に塗り込み、マスキングテープで固定、この状態でムロに入れて二週間乾かす。カミソリの刃ではみ出した麦漆を削り取り、サンドペーパーで整え、細筆を使って呂色漆を塗ってコーティング。さらにムロにいれて一日乾かす。またサンドペーパーで表面がなめらかになるまで磨く。そこに生漆を攪拌して黒くしたもの（絵漆）にベンガラをまぜた漆を接合部に塗る。金粉を真綿にまぶし、指ではたくように振りかける。そのあとふたたび二、三日ムロに入れる。無水エタノールで薄めた生漆を塗り、ティッシュなどで拭き取り、一日乾かす（これを三回繰り返すと金がより定着する）。最後に、鯛牙やサンドペーパーを使って金を磨き、光沢を出す。指に菜種油を馴染ませ、指紋に入る程度の石粉を付け、光るまで磨く[7]。

塗る、磨く、乾かす、待つという行為を繰り返す作業は、根気がいる。しかも、漆をムロで乾かすのは湿気によって乾かすので、湿度の調整が必要である。漆のなかのラッカーゼ酵素が空気中の水分を取り込んで「酸化重合」を起こし、乾燥硬化するのである[8]。実は、こうした修繕は、瞬間接着剤によって数秒でできることだ。瞬間接着剤は透明で、接着した痕跡が残らないので、修繕したあとの姿は金繕いよりも綺麗だとさえ言える。他方で、これだけ多くの道具を用いて時間をかけ、接着していく金繕いの手法は、面倒であるし、継ぎ目がやけに目立ってしまうと思う人もいるだろう。にもかかわらず、廃れるどころか、人びとの心を捉えているのはなぜだろうか。あくまで、器に対して裏方の意味しかもたないものが、人目を惹くということは、いったい何を意味しているのだろうか。

6　器の「景色」

ここで重要だと思われるのは、金繕いの技術では、壊れ方を五つに分類していることである。ものが壊れたあとに関心を持つことが少なくなり、ゴミ箱に捨てることに慣れた現代人にとって、壊れ方を分類するとは無駄なように思える。壊れ方を観察する時間があれば、新しいものを作るためのアイディアを絞ったほうが時間的に効率が良いからだ。では、あらためて、器が壊れるとはどういうことか。

一つ目は、「割れ」。割れた破片がすべて残っている状態である。
二つ目は、「欠け」。割れた破片が紛失してしまった状態である。
三つ目は、「ほつれ」。表面だけが剥離した状態である。
四つ目は、「ひび」。大きく亀裂が入った状態である。
五つ目は、「にゅう」。「ひび」よりも小さめの亀裂が入った状態である。

これらが複合的に起こることもある。それぞれの破損の仕方に応じて、漆の種類や修理の方法が異なる。「欠け」の場合は、木片などを欠けた部分に継ぎ合わせ、漆で固定する。「ひび」と「にゅう」でも、方法や用いる素材が異なる。

どこがどのように欠損しているか。その欠損部分は、埋められるべき空白であるだけではない。描かれるべき表現の舞台でもある。あくまで主ではなく副であることを宿命づけられながら、破損の痕跡の主張を許す。周知のとおり、日本の古典芸能にも類似の傾向がみられる。文楽では、傀儡師は姿を客席に見せている。見せているが、あくまで主は人形であり、生身の人間は副でしかない。消えていく。消え行き方が、同時に現れ方になる。客席の目線から傀儡師が消え始めると、人形は逆に生気を帯びる。消えることと生きること。これら二つの矛盾的同一性こそが、文楽の、金繕いの、そして、分解の世界が私たちを蠱惑する理由の一つであろう。

積み木は、積み上げるときに負けず劣らず崩れるときにも子どもを興奮させる。崩れ方だけでなく、崩れたあとの有様からつぎなる想像と創造の糸口を探すことが、教育学者のフレーベルにとって子どもの教育の重点でもあった。ちょうど、負荷をかけ切れた筋繊維が修繕するときに前よりも太くなるように、あるいは、食事後の歯のエナメル質が酸によって溶けたあと、唾液によって再結晶化されることで、虫歯が常時防がれているように、あるいはまた、包丁を研いで刃が削られたあと、砥石の表面のネバネバした研どろが包丁をふたたび鋭利にするように、傷跡を無視するのではなく、凝視し、観察し、埋めて、なお装飾するという行為はつねに過剰さを抱えている。過剰さは、傷との等価交換ではなく、治癒後の新たな展開さえ担おうとしているかのようだ。

また、傷の広さと深さを計測し、その痛みを抑え、修繕にもっていくことは、医者と同様のふるまいとも言える。傷の分析が十分でなければ、傷を癒すこともまた十分ではない。それはとりわけ、義足や義手、あるいは、義眼、義鼻、義耳にもみられる。どれもが体との継ぎ目に負担をかける。継ぎ目を消すことはできない。けれども、いつの間にか、それは、継ぎ目もろともその人にとって欠かせぬ体のパーツとなって、溶け込んでいく。手術後の縫い目のように、あるいは、やけどのあと移植した皮膚のように、独特の艶っぽさを内包しながら、残り続ける。

金繕いもそうである。「玉に瑕」の玉は、完全無欠の均整美を内包するが、「瑕」は熟した美になりうる。金繕いは、ちょうど片腕の欠けたヴィーナスや色の禿げた宗教画のように、時間の経過を告げる瑕の美である。

小澤典代の『金継ぎのすすめ』には、若手の金継ぎ職人の作品とインタビューが紹介されている。職人たちの言葉には、これまで述べてきたような瑕に対する逆転の発想がある。漫画家であり金継ぎ作家である堀道広は、富山県出身で、輪島漆芸技術研修所で基礎を取得していまも「金継ぎ部」という都内のワークショップを主宰し、漆に関わりつつ、漫画も描いている。堀は、金繕いの用いられる漆についてこう述べている。「中心になるものではないけれど、支える存在という印象があって。そうしたあり様に惹かれるんだと思います。金継ぎも、それ自体が主役ではなく、あくまで壊れた器を修繕するための技術。割れてしまい本来なら捨てられてしまうもの、ものとして運命が終わってしまうもの、いわば、日の当らなくなってしまったものを再生する技術であることが好きなんでしょうね」[9]。堀自身、繕われた器に囲まれて暮らしている。

この記事を見て、私は堀の話を聞きたくなった。まったくの偶然だが、この記事を読んだあと、私の前著『食べるとはどういうことか』（二〇一九年）[10]の表紙の絵と挿画を担当する予定の漫画家が堀であることを知って驚いた。編集者を通じて連絡し、二〇一九年三月一五日、私は堀の作業所に訪れて話を聞いた。

堀道広によると、金継ぎへの人びとの関心は東日本大震災後に急速に高まった、という。その理由として堀が挙げたのは三点。第一に、地震で器がたくさん壊れたこと。第二に、震災後に、「かわいそう」とか「いとおしむ」とか人間に対する気持ちが表明されることが増えたが、それが器にも向かったこと。第三に、若い陶芸家が増え、陶芸品の分母が増えたこと、である。二つ目の理由は興味深い。人に対する思いとものに対する思いが泰然と別れない、という堀の直感が正しければ、人間の心身の「欠け」「ほつれ」「割れ」「ひび」「にゅう」もまた「金継ぎ」ができることを意味すると私は思った。

さらに、接着剤と異なる漆の魅力はどこか、と尋ねたところ、「不完全なところが自分に似ている」「やり直しができる」という答えのほかに、「俺はこのまま死なないぞ」という漫符の怒りのマークのような「器の執念」がにじみ出る、そして、体に害がない、という答えが返ってきた。最後の点については、堀の著作『おうちでできるおおらか金継ぎ』（二〇一八年）にも、「天然素材である漆で繕えば、体に無害であり、やり直すこともできます」と記してある[11]。

ただ、金継ぎそのものの価値については極めて謙虚である。金継ぎをしたところで永遠に完成品には届かない。「メロンパンが永遠にメロンに届かないのと一緒」である、と堀は印象的な言葉を発した。自分の表現である、というアピールを私は堀からまったく感じなかった。

また、同様に金継ぎ作家である櫛谷明日香も、「作品づくりという自己表現よりも、人に喜ばれたり、役立っていると思えることが嬉しくて」と、一歩引いている感覚に満足を覚えつつも、「壊れたものの集合は暗いんです。でも、直していくうちに、ものから明るく元気な何かが発せられるのを感じます。それが地味な作業を続ける理由です」[12]と金継ぎの存在意義を明確に打ち出すとともに金継ぎが醸し出す味わいについても言及している。

堀や櫛谷の作品を眺めると、逆説的だが、金というもっとも輝きを放つ色の慎み深さに目がいく。金色の継ぎ目は、不思議なことに、器の全体像の後景に退いてくれる。逆に、壊れていたはずの地味な色の器の破片が前景に出てくる。他方で、継ぎ目を追っていくと、まるでこの継ぎ目が器の模様であるかのような主張を始める。遠景と前景とダイナミックな交換過程に興じていると、昔の日本で、金繕いで修繕したあとの模様を「景色」と呼んでいたというのも納得がいく。目立つがゆえに、目立たなくなる。この絶対的矛盾の合一にこそ、言葉では言い表しにくい金繕いの魅力が隠されているように思う。

社員食堂や学生食堂で用いられるプラスチックの食器は、たしかに安価で安全で大型の食器洗浄機で洗っても壊れにくい。しかし、これらは壊れた瞬間に廃棄となる。修繕するよりも、新たに購入するほうが安価だからである。

このように器が割れないことが前提となって動く商品世界は、人間が壊れないことを、人間のどこかが欠けたり、人間のどこかにほつれが生じたり、人間のどこかが割れたり、人間のどこかにひびやにゅうが入ったりしないことを前提として動く人間社会とどこか似ている。健康な人間がノーマルである、という前提で動く社会は、やがて、欠けていることや壊れていることに耐えられなくなり、それを排除し始めたことは、優生学の歴史を紐解くことだけで十分実証できる。けれども、欠けていること、ひびが入っていることを人間の前提とし、その欠けやひびを毎日、少しずつ修繕しながらかろうじてやりくりしていると考えると、金繕いの技法は、サヴァイバルと共存の技法に似ている。

私は、金繕いのことを考えているうちに、松嶋健の、イタリアの精神医療の歴史と現状の研究である『プシコ・ナウティカ――イタリアの精神医療の人類学』（二〇一四年）を無性に再読したくなった。たまたま開いたページが、ブドウ農場の話が書いてある「多様性と補完性」という節だった。[13] イタリアには「労働市場から排除されがちな、社会的に脆弱な立場にある人々に対して、実際に仕事をする経験をしてもらうことで、労働市場の参入の敷居を下げようというねらい」を持つ「労働奨励金」制度というものがある。松嶋は、この制度を利用してブドウ農場で働いている三〇代の男性ロレンツォの聞き取りを行なっているが、コミュニケーションが苦手で「自分の内的な感覚に対して過剰に敏感にみえる」彼がこのブドウ農場での労働のなかでブドウのふさの切り取りの工夫を楽しむ姿を紹介している。精神障害者、身体障害者、元受刑者、元薬物依存者など労働市場から剥落した人びとがここで働いており、何か不思議な風通しの良さを感じる農場である。なぜか。この農場主ジェンティリーニ氏の発言が収録されているのだが、ここにヒントがある。「社会は多様な人間、多様な存在からなっているからこそ、一緒に何かをすることができるのだと。でも一緒に何かをするためには、それなりの作法がそこには必要だ。それが補完性ということであって、その二つがうまくかみ合うと、そこから何か創造的なものが生み出されるり。あるいは「やれ雑草だ、やれ害虫だ、と言っては排除するのは人間の一方的な都合であって、どんな草も、虫も、微生物も自分たちの生を全うしているだけだ」。一見よくある有機農法家の常套句のようにも聞こえるが、そうではない。ここで有機農業を実践するジェンティリーニ氏（とそれを紹介する松嶋）が、まさに人びとの「欠け」や「ほつれ」や「ひび」の補完性と、自然界の「欠け」や「ほつれ」や「ひび」の補完性を同じレベルで語れているのは、それが自分の生を全うしているだけ、というささか突き放した観察に依っているからであり、それが凡百のエコロジー的言説にはない迫力となって読者の耳に響くのである。

過去に割れ、修理した跡を、後景に退かせたり、前景出したりする金繕いの錯覚の技法は、他方で、過去と現在の往還の技法でもある。序章で論じた藤田省三の「新品文化」も繕うことについてつぎのように述べている。

例えばまた綻びが巧みに継ぎはがれた時そこに現われる「再生」と「復活」の新しさも又新品の世界にはない。継ぎはぎの繕いが、周囲の部分との抵抗関係を考慮しながらそれとの「対立を含む和解」として出来上った時、そこに現われる新しさは一個の全体的構成における新しさである。再生や復活はそういうものとして部分的でありながら関係的全体の蘇生であった。(14)

現在性に覆われ、過去が消え去り、前景だけが問題となり、割れやひびが死を意味するクリーンでスマートな世界では、新品こそが万物の王である。人類が地球に登場する以前から蓄積された有機体の液化した石油を、燃料や素材として使い尽くすいまの時代では、過去はそのまま現在でしかない。他方で、現在と過去が対立しつつ不器用に織り重なって、前景と後景が不気味に入り混じり、揺らぐ王国では、やはり、繕われたものにこそ王冠が捧げられるべきである。ただし、その王冠にはすでに修繕が施されていることだろう。

7　「ほどく」と「むすぶ」

さて、もともと「つくろう」という言葉は、「作る」の未然形である「つくら」に継続や繰り返しをあらわす接尾語である「ふ」がついた「つくらふ」である。「作って終わり」ではなく、たびたび補修して続かせていくというニュアンスが込められている。漢字の「繕」も、糸が意符で、善が音符であり、破れたところにたっぷりと布をあてて縫いふさぐという意味である。それが派生して「見栄えを良くする」という意味にも、「修繕する」という意味にも、両方用いることができる。

とともに「ほどく」、漢字で書けば「解く」という動詞もそれがとらえることのできる範囲は意外に広い[15]。「解」という漢字は牛を刀で解体することを表しているが、やまと言葉の「ほどく」では、もう少し柔軟なニュアンスをもつ。

よく言われるように、和服は、古くなったらほどいてふたたびサイズを変えた服にしたり、別の用途のものに作り直したりできる。ほどくのに必要な道具はリッパー一本で十分だ。洋服では「ほどく」ことはできないが和服がほどけるのは、和服が、幅約三六センチメートル、長さ約一二メートルほどの絹の生地、すなわち反物を直線に裁断した長方形の生地の組み合わせからできており、しかも、それぞれ手縫いで縫い合わせていて、ほどきやすくなっているからである。数世代にわたってサイズを変えて布を受け継ぐことが前提なので、着物を仕立てることは、そのまま、着物をほどくことの前段階でもある。逆に言えば、着物をほどくことは、そのまま断絶なく仕立て直すことにつながる。和服だけではない。毛糸の衣服もほどける。ほどいたあと毛糸に戻して、整えれば、ふたたび利用することも可能である。

こうしたことは、結ばれた靴ひもをほどくという単純な動作にもあてはまる。靴は、体のなかでもっとも負荷がかかるため、生半可な結び方ではすぐにほどけて危険なので、かたく結ぶ。かたく結ぶが、それはほどきやすいように結ぶ。結ぶという動詞は、凝固と弛緩の矛盾の同時的統合である。そうしなければ脱いだり履いたり繰り返しができない。足のむくみにあわせて、緩めたり縛ったりもできない。繰り返すためには、「結ぶこと」と「ほどくこと」が交互に移行しやすい状態で溶け合っていなければならない。

これもよく知られているとおり、村などで田植えや屋根の葺き替えなど大量の労働が必要なとき、人間を貸し借りすることを「ゆい」、すなわち「結い」と呼ぶ。言うまでもなく、「結い」とは絶対に離れない接着ではなく、そのあとふたたびその場から離れるからこそ、結いという。髪結いもまた、髪の毛が一本一本離れて存在しているがゆえに、それをまとめ、しかも、結った髪はふたたび解かし、梳くことができる。これ以外にも無数の事例があるが、とにかく、まとめたり、離れたりすることに「むすぶ」という動詞は使われる。

凝固と解体という二つの様相の繰り返し。凝固の凝集力にすでに解体の予調があり、解体の経過のなかにかつてはあった凝固の力が残る。凝固と解体は子どもの遊びにも頻繁に登場する。すでに第2章でも論じた積み木がそうであったように、創造と破壊、凝固と解体の反復に子どもたちは魅せられている。

静岡県掛川市で子どもたちの美術学校を運営する美術家の渋垂秀夫は、著書『砂場』(一九九八年)のなかで、砂場で遊ぶ子どもたちに対する入念な観察を、つぎのように報告している。

ヒトは、生まれたときからモノを自分の力で生み出すことを楽しむ。誰かに教えられたというのではなく、なぜか知っていて、何もないところからモノを創造していく力を備えている。砂場のような解放された環境であればあるほど、この小さな子どもたちの無限の力は自然に発揮される。しかし、この砂はいとも簡単に壊れるし、壊すこともできる。そしてよく大人が子どもにするような作品を強要しない。だから子どもが遊び終えた砂場には作品ではなく子どもたちの想像したエネルギーが漂っているだけだ。

砂場は、子どもたちをいつもニュートラルな状態で迎え入れてくれ、子どもたちが繰り返す無秩序な創造と破壊のエネルギーを快く受け入れてくれる。だからいつも子どもたちは、新鮮な気持ちで砂と遊ぶことができるのだ⒃。

ここでは砂場という場所に対する一風変わった見方が披露されている。砂場は、たんに山やトンネルや橋やビルなどの作品を製作する場所ではない。図工室とは異なる。砂場では破壊や融解が前提になっている。雨や風による作用も受け容れることが前提になっている。いつも「ニュートラル」だと渋垂が述べるのはこの点にほかならない。壊しもできるし、作りもできる。破壊者も創造者もともに受け容れてくれる場所こそが砂場だというのである。子どもたちの作品ではなく、エネルギーだけが砂場に漂っている、というのは深い表現である。

ここには水と砂をめぐるダイナミズムがある。渋垂はこの「ダイナミズム」についてこう述べている。

水は砂の中にスーッと入り込み、みるみるうちに砂は流動することをやめ、固まっていく。しかし、一定の水の量を超えたとき、ふたたび砂は、水と融合し、泥水のように流れ出す。それは、先ほどのサラサラとした砂の流動する姿とは違い、子どもたちが生まれながらに持っている、あのどろっとした身体感覚に似た感触をおびた砂の姿だ。

砂つぶと砂つぶは、水によって結合する。だが、水が増えるとその結合は緩み、もっと大きな泥水となって崩れ、低い方に向かって動き始める。凝固と解体。着物にせよ、毛糸のセーターにせよ、髪にせよ、靴ひもにせよ、身の回りにある反復運動を、砂場は、とても分かりやすく示してくれる。

8　「とく」と「とき」

「ほどく」は「とく」から来ている。これも漢字では「解く」が当てられる。言うまでもなく、英語で「解決する」を意味するsolveと同様に、「溶ける」「融ける」も同源だ。もう一つ付け加えれば「説く」もそうである。分からないことを分かるようにする。それが説くである。

問題を「解く」。疑問が「氷解する」。まるで固く結ばれた結び目のように、あるいは、凍った池のように、問題は張り詰めた表皮をまとって目の前に転がっているが、それがほぐれたり、溶けたりしたときのように、答えは出現する。問と解は常にセットである。

大野晋《すすむ》編『古語基礎語辞典』によれば、古語の「とく」には自動詞と他動詞があったが、意味は必ずしも対応していないという。自動詞としての「とく」は、現代日本語の話者は慣れていないので、解説を読んでみよう。

自動詞は、人が手を加えないのに結んである紐がおのずとほどける意を示し、これが原義となる。なお、古くから紐（特に下紐）が自然にほどけるのは、恋しい相手と逢える前兆、あるいは相手が自分のことを想っているからであるという俗信があったため、紐が結ばれているか否かは、人々にとって大きな関心事であった。紐や帯など具象物についていうトクが精神的なものにも用いられると、各自を束縛していたものがなくなることから、相手に対する警戒心がなくなる、心のわだかまりがなくなる意となる。[17]

そこから、解氷、つまり氷が溶けること、解任、つまり身分や役職から離れる（解く）という意味にも用いられる、とこの辞書にはまとめられている。

他動詞の場合は、「きちっと結んである紐や帯などをゆるめほどく意」であり、「凝り固まって明らかではなかったものをときほぐし、道理を立てて相手にわかるように言い聞かせるところから説教する、解明するの意も表す」とある。[18]

このように古代の「とく」という言葉の用いられ方を見ていくと、まだ訪れないことや目のまえに現れないものの予兆の意味さえ、まとうことができる、幅広いニュアンスを持つ言葉であったことが分かる。

しかし、それればかりではない。国語学者の大野晋は、古い時代の日本語の「ほどく」と「とく」の驚くような展開を論じている。

著書『日本語をさかのぼる』のなかで、大野晋は、「夜のほどろ」という言葉に着目する。たとえば、「夜のほどろ出でつつ来らく度まねくなれば吾が胸たち焼くごとし」という万葉集の歌にあるように、夜のほどろとは、夜明けという意味である。この「ほどろ」とは、ホドケ（解）、ホドコス（施す）、ホドハシル（奔）の「ホド」の意味だと大野は言う。「ホドケとは、固く結ばれていた結び目が、ゆるんで、結ぶ力がうすれ、結んでいる状態がなくなってしまう意」であり、「ホドコスとは、持っている力を、固く一人で持っていずに、ゆるめて四方の人々に分けあたえる意」、ホドハシルは現在では迸るというが、四方に散るという意味である。「ほどろ」の「ろ」は、状態を示す接尾語である。とすると、ほどろは、「ゆるみくずれ散るさま、そのころ」の意味になる。よって、「夜のほどろ」は、太陽の光が漏れ、夜がゆるみ、明るみ始める頃という意になる、と言うのである。

永遠の観念は、鞏固な盤石によって象徴され、夜から朝への移り行きは、固い夜の崩壊の観念によって把握された。中国においては、「時」は、ゆくもの、すすんで行くものの意で把握され、ヨーロッパでは、伸び拡がるという観念で把握されている例がある。(19)

大野の議論にしたがえば、ちょうど砂の城や積み木のタワーが音を立てて崩れゆく瞬間に子どもたちが全身を動かして何かを感じているように、凝固したものの解体は、「時間」が生まれることを表しており、これは日本語の話者が独特の時間概念を持つ証左であることを意味する。なお、空間を示す言葉の「ところ」の「とこ」は、「とこしえ」の「とこ」と同根であり、永遠を意味する。漢字としては「床」や「常」という漢字があてられる。「ろ」は「ほどろ」の「ろ」と同様に、状況を表す接尾語である。不動の「ところ」には時間が生まれる余地はない。永遠に続くことが保証されているからだ。しかし、「ところ」はやがて「ほどろ」へと向かう。

「ほどき」が永遠性を解体し、その解体の瞬間に時が始まる。

ここから、大野は仮説を披露する。日本語の「時」つまり「とき」も、「とく」から来ているのではないか、という指摘である。別の古語辞典によれば、「とき」は「疾く」から来ていて、走るという意味だとあるので定説というわけではないだろう。大野は、あくまで「試み」と断ったうえで、「とき」を「とく」から考えていく。

トキという語は、経過して行く時間という意味を持つ。「トキ移りなば逢はずかもあらむ」「トキも過ぎ月も経《へ》ぬれば」などがそれである。このとき（töki）という形はトク（töku）という四段活用の動詞の連用名詞形と同一である。トクという四段動詞は、締まって固まっているものをゆるくして、流動できるようにする意を持つ。「紐をトク」「衣をトキ、洗う」「氷をトク」など、文献に残る例は、他動詞のトクである。そしてトクは自動詞としては下二段活用のトケ（溶け）となる。

しかし、今、古代の動詞の活用形を顧みると、「垂《た》れ」という下二段活用の自動詞の古い形は四段活用「垂り」であり、「明け」という下二段活用の自動詞は「アキ」という四段活用の自動詞を併せ持つ。このような例があるので、トケ（溶）という下二段活用の自動詞が、古くはトキという四段活用の自動詞形を持ったと想定することができるであろう。

その「トキ」という連用名詞形は、ものが溶けること、また、くずれ流動して行くものの意である。してみると、古く、文献よりはるか以前に日本人は「時」を、存在するものが、ゆるみ流動して行くこととして把握し、その意味を表わすトクという動詞の名詞形トキをもってこれにあてたのではないかという想定が導かれる。(20)

「時」は進むものではなく、崩れていくもの、という見方は現代社会に慣れきった人間には受け入れがたいものかもしれない。だが、夜に男が逢瀬に訪れた、という、繰り返し和歌に詠まれている情景には、ぴったりあう。逢っているあいだは、時間は進行しない。ただの夜であり、永遠である。その夜の暗い凝固が無情にも解体し始める夜明けに、ようやく時間が生まれる。「時間よ止まれ、いかにもお前は美しい」と叫んだ男の魂を奪うメフィストーフェレスは、時間が進まなくてもあたりまえの世界からはるかに遠ざかったような、「進歩」を引き受けた世界でしか活躍できない。

あるいは、こう言っても良いかもしれない。盤石な大地のうえに鍬を入れ、土を掘り起こし、種を蒔き、農を営む。収穫すれば、そこにはふたたび草が生え、根が覆い、場合によっては雪が積もり、元の状態に戻る。それ自体はサイクルであり、サイクルは回転であり、ベクトルが生まれないので、ものに「向き」が生まれない。大地も動じる気配はない。ただ、渋垂が砂場に認めたように、そこには人間のエネルギーだけが残っている、と言えるかもしれない。しかし、地震や土砂崩れが起こり、大地が揺れ、崩れ、裂け、盤石と思われていたサイクルが「とける」と、同時に「とき」が発生する。

とするならば、日本列島に住んでいた古代の人びとにとって、時間はあまり発生してほしくない「破壊」を表わすものでもあり、それは「ところ」の永遠性のちょっとした寄り道、危険な遊びに過ぎないのかもしれない。毎日、夜はほどかれるが、しかし、やがてふたたび結ばれ、闇の状態に復元する。地震は永遠には続かず、ふたたび揺れない状態に戻る。「ほどき」は「むすび」という予感のうえにあり、「むすび」は「ほどき」という予感のうえにある。

「分解」の「解」は、「ほどく」、あるいは、「ほぐす」というやまと言葉にあてられた漢字である。「くだく」や「わる」のように原型をなくしてバラバラになることを表わす動詞とは異なり、ふたたび結びあわされるという予感のうえにあえて離れていく、離れていくという予感のうえにあえて結びあわされる、という往還を表わす概念である。大野晋のそれ自体が詩のような思索を敷衍すれば、私たちが感じている「時間の進行」は、私たちの生活を均等に刻み計測するというある意味おこがましい機械、すなわち時計が私たちに見せているイリュージョンにすぎない、ということになる。分解の運動は、子どもがときを忘れて没頭する積み木や砂場遊び、そして変身ごっこ、その延長としての、もっと言えば延長でしかない「建築」や「陶芸」や「衣服」にも本来なら適応されてしかるべきものであろう。

こわれ、くずれ、ほどくことが、もっと言えば、それらを待ち、迎え入れることが、建物や器や衣服、あるいは「解く」や「説く」の前提であること。それは何も奇異なものではなく、奇異だと思う私たち自身が奇異にすぎず、建築と陶芸と衣服、そして、問いに向き合うことや言葉を用いて相手に語ることの元の姿であるとさえ言えるかもしれない。

この意味で、「ほどく」と「ほどこす」が言葉の親戚であるという大野の指摘は熟考に値するだろう。富の集中と富の四散は本来セットである、ということを意味するからだ。富はいずれほどかれ、四方八方に「ほとばしる」ものである。

もちろん、「解く」ことが「始まり」である、という感覚に対し、日本列島は独占権を有していない。ナポリ人を観察したアルフレート・ゾーン゠レーテルは、こう述べていた。「技術は、むしろ、人間が、自分に敵対的で閉鎖的な機械のオートマティズムに拒否権を発動するところではじめて始まる」。「技術が始まる Die Technik beginnt……」というあまり馴染みのない主語と自動詞の組み合わせに込められているのもまた、「ほどく」と「ほどこす」と「はじまる」に共通の根があることを示している。道端に落ちていた木片でボロボロのオートバイを修理するナポリ人は、乗ったあと、すぐにまたどこかで故障することを予想している。そこには木片が落ちているかもしれないし、なければ、別のボロやクズが、あるいは別の人が何かを持ってきてくれるかもしれないという期待もあるだろう。ちょうど、犂が壊れたときに見知らぬ通りかかりの人の犂を借りるオロモの犂手のビラハヌのように、原始的な関係と時の始まりの音を、まだナポリ人もビラハヌも聴いていたはずだ。ちょうど、死体の粘液が潤う部分から、世界で初めての作物、つまり万人の腹を満たす穀物の芽が出る音を聴き漏らさなかった古代の書き手たちのように。

しかし、富がほどかれず、蓄積され、集中し、それが貸借され、富が富を生むようになると、「時間」は「発生する」ものではなくなり、「とこしえ」に刻み続けるものなる。時間が永遠に従属するのではなく、永遠が時間に従属する。時間は寝ているあいだも、起きているあいだも人間を刻み続ける。人間はたゆまぬ向上を求められ、そのために一致団結を要求される。時間が恒常化するゆえに、時間そのものが「発生する」ものだったことに思いも至らない。時間を感じなくなる経験は、ギャンブルやテーマパークや睡眠のなかに囲い込まれ、老いることは醜いことになり、死は包み隠され、若さを保つことが執拗に求められる。

けれども、くずれ、ほどくことが前提の人間とそれに基づく集団もまた考えうる。ちょうど、和服や結いがそうであるように、「むすぶこと」と「ほどくこと」は切り離すことができないからである。

終章　分解の饗宴

1　装置を発酵させる

積み木を崩してはカラカラと笑い転げる乳幼児、自分の破壊を望むことで初めて愛を覚えたロボット、地球上に増殖した知性を有する山椒魚、土の芳香に酔いしれるアマチュア園芸家、路上に落ちている縄を拾う恥を捨てて初めて聖母マリアの声を聞いた大学教授の娘、崩壊する満洲国から命からがら逃げバタヤ部落に行き着いた一家、「糞の中の宝石」と呼ばれる金緑色の糞虫、川を昇って森の動植物の餌に昇華する無数の鮭、祖母の家の解体で生じた「産業廃棄物」を味わいある建築資材に変え「減築」した建築家、器のほつれを漆で接合する金繕い職人、壊れたものにこそ創造力がくすぐられるナポリ人、壊れた掃除機を自力で修理した私、そして、東京の公共住宅で働く掃除のおじさん。人間非人間を問わず、本連載で登場したこれら分解者たちに共通するのは、人間社会では負の烙印を押されるものを、どちらにも転びうる中立的な存在へと転換する作用の担い手であることだ。

多種多様な植物と子どもが一緒にくじけてはまた育つ幼稚園、ミミズが這い園芸家が指でほじくり糞虫が糞のベッドを赤子のためにこしらえる土壌、戦争や経済変動によって社会からこぼれ落ち集まってきた人びとが所有権を失ったゴミを宝に変えるバタヤ集落、大きな動物から微生物までが参加してクジラの死体を食い尽くす大海のリサイクル・セレモニー、使いものにならない壊れものを時間をかけてつなぎ合わせ新たな模様を生じさせる職人工房、こういった分解の場《にわ》に共通するのは、根本的な形態転換の祝祭性、さまざまな生物がよってたかって食べ尽くすという残酷で、鳥肌が立つような賑わいのかたちである。

このように、全体のための機能を付与されていた要素を、潜在的にあらゆるもののために及ぼしうる作用を持つ要素に変える存在たちが集まってくること。私は、これを分解の饗宴と呼びたい。

ロッサムズ・ユニバーサル・ロボッツ社長のドミンに象徴されるようなチャペックの作中人物たちは、主観的には労働から人間を解放させ、人類の福利に身を捧げた崇高な人物だが、ロボットとヘレナがなぜ彼に対し反乱を起こそうとしたのか、ロボットに殺されるまで理解できなかった。自分の優越性をざわつかせる存在を恐れ排除することと、分解世界を忌避しようとすることは、同じコインの表と裏である。

二〇一三年七月の『現代思想』の「ネグリ＋ハート」特集に寄稿した論文「分解の哲学」をきっかけとして、私は「分解の哲学」という連載を始めた。ネグリとハートは、二〇〇〇年の段階で、地球を覆う「脱中心的で脱領土的な支配装置 a decentered and deterritorializing apparatus of rule」を〈帝国〉と名付け、その「かたち」を、発生と腐敗は相補的プロセスであるというアリストテレスの議論を参考にして描いた。チャペックの時代から八〇年も経つと私たちを統べる者たちも学習する。分解世界を忌避するだけではなく、取り込み始めた、というのが〈帝国〉論の肝であった。〈帝国〉という言い方は独特で、流行になるほどの力を持ちえたが、結局世界共通の概念にはなりえなかった。ゆえに、〈帝国〉と名指されたものを別様に言い直すことも必要かもしれない。一定の層に富が自動的に集中するような装置 apparatus、世界の不正義を固定化して差異を安定的に産出するグローバルな装置と言っても良いだろう。この装置は、まるで世俗宗教のようである。「運命」のように広まり、「諦念」を各地域に散布し、「荒廃」や「抗議」でさえもその養分にしていく。つまり、腐敗と再生の両方の側面を持ちえたものである。

ネグリとハートは、ネットワークでつながったマルチチュードを養分とする装置がそれを吸収しすぎて自壊するヴィジョンを描いた。フーコーの生権力概念を援用しながら分析したそのナマナマしい装置である。しかし、それは容易ではない。装置の胃袋は伸縮自在で貪欲なので、吸収がそう簡単には終わらないからである。

さらに、装置もまた分解世界を擬態する。創造的破壊によるマーケットの創出である。あたかも、有機物を分解してより単純な有機化合物や無機化合物に変え、それをふたたび有機物で構成される生命体が吸収するというサイクルを擬態したかのように、古くなったものやサービスをいったん破壊し、新しいものやサービスをそこから生み出す。

だが、いくらナマナマしいとはいえ、装置はそれでも生産を分解に優先させる。ここにこそ、矛盾は内包している。ところが、本書で繰り返し述べてきたように、この世界自体の生産や構築や拡大は、分解や崩壊や減縮を基盤に動いているのであって、その逆ではない。冷静に周囲の現象を観察すればあたりまえの事実である。国民総生産合戦に明け暮れる国際政治も、縮小することが本質的に不可能なあの装置も、広大な分解世界の一部に過ぎない。「分解できないゴミの存在しない惑星」は、「人間が遺棄されない惑星」というヴィジョンと同様に安易に口走ると道徳家や偽善者の烙印を押されるだけだが、理論的にはありえなくはない、政治経済文化自然をすべて包括する像である。装置を打ち倒すために、あるいは粉砕するために装置の真似をして、結局飲み込まれる。歴史はその繰り返しだった。そうではなく、装置が扱いきれていない分解過程を加速させること。そうすれば、装置が量産する不正義もまた、「運命」や「宿命」の座を分解に譲ることになるだろう。

しかも、装置の創造的破壊は本連載で述べてきた分解とは根本的に異なり、分解の擬態にすぎない。創造的破壊は不正義の固定化を破壊するほどの威力も、不正義を流動化させるほどの余裕も持ち合わせていない。根本的に怯懦でしかない。怯懦であるから抗う者たちを道具で監視し抹殺する。それに対して分解は、善悪の彼岸ですべてを破壊し、すべてを再利用する。分解は、チャペックが描いたように人類を破壊さえできる潜在力を持つ。だが、装置はそれを擬態さえできない。装置にエネルギーを吸い取られ続けるだけの存在がそうではない世界を構想するならば、装置を徐々に分解し、発酵させ、美味しくなったらほかの分解者とともに食べ尽くし、排泄する術、つまり、分解を制御する術を研鑽する必要がある。発酵とは生物からすれば腐敗、もっと言えば食べることであるが、人間からすれば、人間にとって有益なものを得るために腐敗を制御させる技術のことである。

それゆえ、どの章の分解と再生のプロセスにも、つねに多彩な副産物の世界が広がっていたのは偶然ではない。ちょうどブドウや大麦やコメの果実の死骸が微生物の力で発酵し、ワインやビールや日本酒が生まれるように、積み木が崩れる音にせよ、厩肥から立ちのぼる湯気にせよ、屑を集める人たちの相互扶助や屑を拾う愉しさにせよ、シマウマやクジラの「葬儀」の賑わいにせよ、糞虫の煌めきにせよ、金繕いの「景色」にせよ、すべてが偶発的で芳醇な「発酵物」であった。それは、チャペックが警戒をした、過剰な破壊の副産物である「絶対」とは異なり、発酵の基本である「待つこと」と「委ねること」を巧みに組み合わせた技法であった[1]。本書は、その技法を深めていくための学問面からの貢献となるだろう。

2　食現象の拡張的考察

歴史哲学のない歴史研究はただの作業にすぎない。事実調査を丹念に積み重ねた堆肥が発酵し、安定したうえで初めて抽象的思考が解きほぐれていく、という経過は歴史学の基本である。逆に言えば事実の積み重ねだけでは理論に昇華しない。「レディメイドの思考〔思想〕に恍惚となって、思考のイメージを新たにつくることをせず、またそれが問題だということに気づきもしない者は、哲学者ではなく、むしろ官吏である[2]」というドゥルーズの警句は、歴史学の現状にも当てはまる。

　歴史の書き手は哲学の営みをあまりにも他人にまかせっきりだったように思う。分解という壮大な世界を記述し、思考することはつまり、生み出す、作り出す、積み上げる、生産する、という現象が、壊す、分ける、砕ける、腐敗する、という現象よりも、暗黙のうちに上位に置かれている思考体系を批判することであった。

　一九回に及ぶ連載中、予想に反して、各方面から反響があった。たとえば、美術家の渋垂秀夫は、この連載にインスピレーションを受けて作品をつぎつぎに生み出し、二〇一八年一月二一日から二月四日、さらに二月六日から一三日にかけて「decomposition－分解」というタイトルの個展を開いた。本書のカバー図版も彼の作品である。また、人類学者の猪瀬浩平も私の用いた「分解者」という言葉を援用して、さまざまな過去、ハンディを持つ人びと、とくに障害者の居場所を考察する研究を同時に続け、その発表を聞くこともできたし、単行本『分解者たち』も二〇一九年三月、ついに刊行された。陶芸家の本原令子も、「分解の哲学」を自分の芸術行為を説明するひとつの見方としてイラスト付きの美しいノートをとりながら読んでくれた。また、私も「分解の哲学」をめぐって本原と何度か議論する機会に恵まれ、『登呂で、わたしは考えた。』（二〇一八年）という本原の芸術活動を紹介する本に、私を含む鼎談と私との対談が大幅な紙幅を割いて掲載された(3)。まずアカデミズムの外でこの概念が根を張り出したのは僥倖であった。

　さてそれでは、こうした知的環境のなかで育ててもらった各章の論稿をひとつの鍋のなかに溶かし込んでいきたい。そのまえに、あらためて本書の内容を大急ぎで振り返っておきたい。

フリードリヒ・フレーベルという一九世紀の教育学者の議論を発展させていけば、積み木を積み上げることは積み木を崩すという前提のうえで成り立っていることになるし、その形成と崩壊の繰り返しこそが、フレーベルの作り上げた「幼稚園」の理論的支柱にもなる。崩すことを前提とする界面の滑りやすい積み木という玩具は、分解論全体のモデルである。

この積み木の原理を現実の世界に当てはめることは容易ではないが、サイエンスフィクションの作品のなかでそれを試したのがチャペックであった。「ロボット」という言葉の発明者であるチャペックが、金属のロボットではなく、腐敗するロボットを想定していたことをひとつのきっかけとして、このロボットや『山椒魚戦争』の山椒魚ように、腐敗力を持つ非人間が栄え、腐敗力を失った人間が滅びていく作品を描いた。そのうえで、分解をもはや再統合不可能なほどまで徹底した結果、人類崩壊寸前にまで到達した『絶対製造工場』や『クラカチット』のような、核エネルギーによって現在進行中の状況の対比として、背骨を邪魔と考える、土壌と一体化するような「園芸家」の身振りを置く。

チャペックがユーモラスに描いた脱人間的分解者を、現実世界で探すのは困難であるが、ボロとクズから人間社会を眺め直すと、とたんに園芸家たちの親戚に出会う。ルンペンとマルクスに名指された人びとの差別の歴史の背後には、驚嘆すべき分解力がつねに存在した。警察権力は法律と消毒液でそこを管理しようとしたが、どうしても及びにくい領域があった。法とくらしのはざまにある領域だけに、歩き、拾い、集め、分類するという「屑拾い」の作業は、法で支配された世界ではかき消される逆転の力を内包している。

では、そもそも、「分解」とは何か。その分解という概念の源流への旅として生態学の「分解者」概念を追っていった。生産者、消費者、分解者という生態学の三つのカテゴリーの境界が実は曖昧であり、しかも、一つの個体のなかにも、消費と分解という二つの現象が共存することもある。むしろ、現象が先で、それぞれの動植物個体はそれらの現象のいわば「乗りもの」とさえ言える。昆虫は、蛹になると自分でいったん体をドロドロに溶かし、まったく別の生物に羽化する。動物の世界では、産卵のために川に上ってきた鮭の栄養豊富な部位だけクマに食われ、その残飯が森の動植物と微生物の食料になり、最後は土の肥やしになるように、死は生に属するのではなく、生は死に属する。

これらの生物界の分解は、人間社会の修理行為にも親和性がある。着物はほどくとふたたび長方形の部分に分けれ、それを仕立て直すことができるように、「とく」ことは、「はじまる」ことの前提であり、ちょうど夜のとばりが解かれ、明るくなるように、「とく」が「とき」という語の原型である。この大野晋の議論を参考にすれば、分解とは時間の始まりにほかならない。

それぞれの結論を一言で言えば、「積み上げることとは分解することに従属する」、「分解するまでならば再利用できるが、粉砕すると再利用できない」、「分解と再生の変化の領域は、法とくらしの境界にある」、「分解は個体を移動する作用である」、「生は死に属する」、「分解は時間の始まりである」、となるだろう。

これをさらに一文にまとめてみよう。分解とは、壊しすぎないようにした各要素を別の個体の食事行為やつぎの何かの生成のために保留し、それに委ねることであり、それゆえ分解は、各要素の合成である創造にとって必須の前提基盤である、となるだろう。究極的には、分解論とは食論、すなわち、脱領域的かつ拡張的に「食現象」を再考することにほかならない。

3　食い殺すことの祝祭

ならば、一連の「分解の哲学」は、これまで築かれてきた思考世界のなかにどう位置付けられるのだろうか。ここでは、筆者として最低限のことだけ申し添えておきたい。

第一に、人種主義を経由しない食を通じた人間と非人間の関係の統合的分析。社会進化論や社会生物学の人間社会分析への応用が帯びていた議論の突破力を保持しつつ、それらの人間社会の過度の単純化、言うまでもなくその到達点が生物学（狭義には人種学）を学問の王座に据え、動物よりも劣等人種を下位に置いたドイツのナチズムであるが、これに抗う思考のあり方である。動植物の世界に理解の深い研究者が人間社会を論じると、人文・社会科学ではおよそ到達しえない深い淵を垣間見させてくれるが、人間の行動や心理、人間同士の相互作用を浅薄にとらえることが少なくない。人間が刺激と反応のなかで生きているのではないことを前提としたうえで、生物界と人間界の接点を見出すのは難しい。分解の作用は、この意味で人間とそれ以外の生物とを、「食べること」を蝶番として、シームレスにつなげるダイナミックなものであった。チャペックのような「園芸家」も北原怜子のような「屑拾い」も、そして、食べる人も、排泄する人も、分解の担い手であるとみれば、そこから自然界と人間界の接合部分が浮かび上がるだけではない。分解部分をタブーとして隠し、法と警察の力によって管理しようとする人間界の複雑な様相も、逆にそこからいまとは異質な世界、つまり、屑の世界に別の存立可能な世界を構想する力が芽生える事実も、両方とも明らかにすることができる。

もちろん、この構想力は、口という分解の器官の入り口に、食事と呼吸以外に言語運用という不思議な機能を持つ人間にしか備わっていない。精神分析を研究する上尾真道はジャック・ラカンの「人間腐植土 humus humain」という概念を敷衍しつつ、こう述べる。「人間は、切断的理性の特殊な様態としての言語のうちに住まい、そうすることで、その寸断的でしかない存在の集積を、肥沃な土壌へと変えることができる」「人文学の読み取るまなざしは、ミミズのように、世界のなめらかな表層を読み崩していく。歴史の折りたたまれた頁を開き、生活の思いがけぬ細部を掘り起こし、文字の間隙に細い轍を探り当て、そのようにしながら私たちが生きるこの「現在」が、いかに複数の人間性によって多重決定されているか、実践の中で開示するのである」[4]。上尾の人文学診断はこう言い換えてもいいだろう。人文学が世界を読み取り、知を蓄積するだけならば、「装置」が人間と自然を自分の延命のために同時的かつ恒常的に利用し続けるのを助長するだけだが、世界を読み崩すならば、今度は「装置」を人間と自然の活性化のために発酵させて、大勢でよってたかって食べ尽くす宴を催すことにもなりうる。この意味でも、ロボットに食べものを口まで運んでもらうような人類は滅びるしかないと警告したチャペックは、的を射ていると言うべきだろう。

第二に、生と死という二項対立から漏れ出る生物および非生物の形態の分析。

すでに第1章で論じたように、マルクスは『資本論』第四章第二節で、貨幣から資本への転化を、「資本家の幼虫」がチョウになって羽根を広げる「変態」と表現し、「経済的社会構成の発展を自然史的過程として」描くという序章での文言を実行している。ただし、ここでは蛹は出てこない。たとえば、岩波文庫版や筑摩書房版の日本語訳では幼虫を蛹と誤訳しているが「経済的社会構成の発展」を描写するために、蛹を比喩として導入しなかったことこそが『資本論』の価値を高めるのである。というのも、第5章の生態学論で触れたように、蛹の殻のなかでは、幼虫の面影は消え、ドロドロのかゆのようになっていて、いわば幼虫の「死」と言っても良い状態にあるからだ。蛹のなかの無方向で無定形的な分解状態は、蛹の外の時空間とはまったく異なる。そしてそれはやがてチョウのかたちになり、羽化を待つ。羽化と同時に新たな分解、つまり死への旅が始まる。時間が動き始めるのである。

哺乳類にとってみれば胎盤で育つ子、それ以外の動物や単孔類にとってみれば卵の中で育つ子、胎生にせよ卵生にせよ、誕生以前の子の超時間的状況と誕生後の時間のほとばしりには質的な違いが存在するだろう。出産も孵化もこれまでの分解から再生への動きから、ふたたび死に向かっての長い分解の旅への出発を意味する。時計のような等間隔の「時間」は一つの限られた時間の表象にすぎない。マルクスが「経済的社会構成の発展」を描くとき蛹をスキップしたのは正しい観察だった。蛹はその「構成」、あるいは「装置」には真似できない。生物の絶えざる分解のリレー、つまり、満ちて破裂して解かれて時間が始まる、という蛹を介在した時間のイメージは魅力的に映る。

第三に、第二と関連して、近代的時間を相対化する時間を前提にした歴史叙述。分解の世界から眺めてみると、歴史は発展してきたし、いまもしている、という議論は妄言以外の何ものでもないだろう。むしろ、歴史は分解世界から遠ざかることを進歩もしくは発展ととらえることを暗黙の了解としてそのあゆみを進めてきた。けれども、近代化と呼ばれてきたものは、財産や権力や技術を持つ人間の地球上の分解力からの離脱でもあった。また、人間たちが営んできた暮らしの総体としての歴史を、人口と二酸化炭素排出量と貨幣量に置き換えられるような非人間の世界史に完全には陥らない程度に動植物の観察を増やすことで、より苛烈に、しかし豊かに描いていくこともできるだろう。生態学で言う「食物連鎖」を、たんに食を通じた動植物の脱境界的ネットワークと置き換えると、「生態サービス」という経済学的な概念に飲み込まれて消費されてしまう。「食い殺す」ことの連鎖という流動的祝祭のなかでしか私たちは生きられないのであれば、せめて食いちぎり、噛み殺す能力で動物に勝ち目のない人間の社会では、動物から本格的に学びを開始することはけっして無意味ではない。これまでの歴史学が前提とするものさしの直線的均等的時間軸ではなく、発作や眠り、断絶や破裂を組み込んだ時間の描きかたを、分解世界は歴史の書き手に要請するだろう。「時間が突然とだえて、再び出現したような場合に、この途絶の間の時間を見積るということは本来不可能なこと」なのだから[5]。

最高の美を求めて腐敗する妻を描いた中国の絵描きにはなれなくても、あるいは、みずから森を肥やすべく川を遡る鮭になれなくても、さまざまな存在が死者を食べ尽くす壮大な死の祝祭に、私たちはいつでも参加できる。残酷である、と目を覆ったその手をもう一度振り払い、装置のもたらす残虐さと分解のもたらす徹底さの違いを見極めることが、分解の世界の担い手となる第一歩になるだろう。

あとがきにかえて

本書は、雑誌『現代思想』に、二〇一三年七月号に掲載された独立した論文「分解の哲学」（第一章）と、二〇一五年一二月号から二〇一八年一一月号まで断続的に連載された「分解の哲学」全一九回、さらには、職場の広報誌『人文』のエッセイ「掃除のおじさん」（序章の一部）を同じ書籍としてつながりが生まれるように書き直したものである。ほかにも、市民向けのお話会や、大学での講義や研究会やシンポジウムなどでその一部を発表させていただいた。給食研究やトラクター研究と並行して足かけ七年にわたって考えてきた「分解」の研究がようやくこのような書籍のかたちになったのは、これまでの危なっかしい私の思考を鍛えた出会いのおかげである。

分解という言葉に取り憑かれるようになったのは、院生の頃。池田浩士研究室で江村公さんがロシアの画家マレーヴィッチの研究発表をしていた時である。マレーヴィッチが絵画論で「分解」という言葉を使っていたことを知り、これまで遠い存在でしかなかったこの画家がなぜか近くに感じられたのであった。

本書でも紹介した見沼田んぼを生きる障害者たちのエスノグラフィー、『分解者たち』の執筆者で人類学者の猪瀬浩平さんには、私の連載からタイトル名を選んでいただいた上に、いろいろな場所で意見交換をして、とても励みになった。科学史の塚原東吾さんからは、化学を歴史学で扱うときの構えを教えてもらった。小塩海平さんは植物学の観点から、篠原雅武さんは哲学・思想の観点から折に触れて知識やインスピレーションをいただいた。インタビューに応じていただいた金継ぎ職人で漫画家の堀道広さん、私の連載に触発されて個展を開き、本書表紙の絵の制作者でもある美術家の渋垂秀夫さん、登呂遺跡での実験からいろいろなヒントを与えてくれる陶芸家の本原令子さんにもお礼を申し上げなくてはならないだろう。

歴史学さえきちんと研究できているか甚だ怪しい人間が、「哲学」なんて恐ろしい言葉を本の題名に掲げることに正直いまでもためらいがある。だが、それが掲げられているのは、ひとえに青土社の村上瑠梨子さんがその言葉を掲げないことを拒否し続けたからである。村上さんは、『現代思想』連載の伴走者であり、ネグリとハート、加古里子、ハイデガー、トドメとなる「分解の哲学」の書籍化にいたるまで原稿依頼をやめず、原稿には毎回長くて深い感想文を送り、ともすれば歴史学者に安住しようとする私を鍛える手を一切緩めなかった。

思想や哲学の本を読むのは結構好きで、史料分析に疲れると手に取っている。多くの哲学本にお世話になっているので、哲学の専門家であれば、どんな本を読んできたのかすぐに見破ることができるだろう。けれども私程度の読書遍歴で、あとは自分のポンコツ頭で考えるという吝嗇家ぶりでは、哲学・思想の世界のとば口にたどり着けたかどうかも怪しい。このことは、京都大学人文科学研究所の同僚たちの旺盛な読書と愉快な哲学談義を毎日見せつけられている私にとって動かしがたい「不都合な真実」である。

それゆえに、ここではただ、私をこんなテーマに向かわせてくれた偶然の出来事や人びととの不意打ちと、そんな不意打ちとつきあうことこそが哲学の構えであることを教えてくれた掃除のおじさんに感謝しつつ、恐る恐る読者のご批判を待ちたい。

藤原辰史

二〇一九年五月　京都にて

註

序章

（1） 化学では、有機物は炭素を含む化合物であり（＝有機化合物）、無機物は炭素を含まない化合物（＝無機化合物）のことをいう（ただし、金属の炭酸化合物や二酸化炭素は無機物とする）。本書でも原則として化学の定義を踏襲する。ただし、文脈によって、より一般的な言い方、すなわち生物を構成する物質としての有機物、水、鉱石、空気、さらには無機化合物の総称としての無機物、というニュアンスを含むこともある。

（2） 藤原辰史『ナチス・ドイツの有機農業――「自然との共生」が生んだ「民族の絶滅」』柏書房、二〇〇五年（新装版＝二〇一二年）。

（3） 藤原辰史『ナチスのキッチン――「食べること」の環境史』水声社、二〇一二年（決定版＝共和国、二〇一六年）。

（4） 藤原辰史「ボロとクズの人文学――「どん底」の総合的考察」山室信一＋岡田暁生＋小関隆＋藤原辰史編『われわれはどんな「世界」を生きているのか――来るべき人文学のために』ナカニシヤ出版、二〇一九年。

（5） 藤原辰史『トラクターの世界史――人類の歴史を変えた「鉄の馬」たち』中公新書、二〇一七年。同『戦争と農業』集英社インターナショナル新書、二〇一七年。

（6） ハンナ・アーレントによる古代と近代の「労働」観（とくにマルクスの「労働」）の対比を参照。「近代は伝統をすっかり転倒させた。すなわち、近代は、活動と観照の伝統的順位ばかりか、〈活動的生活〉内部の伝統的ヒエラルキーさえ転倒させ、あらゆる価値の源泉として労働を賛美し、かつては〈理性的動物〉が占めていた地位に〈労働する動物〉を引き上げたのである」（『人間の条件』志水速雄訳、ちくま学芸文庫、一九九四年、一三九頁）。アーレントによれば、ナチズムとスターリニズムの労働中心主義は、マルクスの労働賛美の延長線上にある。なお、これはしばしば「誤読」だと批判されるが、この誤読にこそ、アーレントの可能性を見い出す研究も出ている（百木漠『アーレントのマルクス――労働と全体主義』人文書院、二〇一八年）。

（7） 百木『アーレントのマルクス』は、労働（耐久性の低いものを生産すること）、仕事（耐久性の高いものを制作すること）、活動（公共の領域において意見を交換し合うこと）という三つのジャンルを混同させ、すべて労働と消費へと渾然一体化していくことを「労働のキメラ化」と呼び、アーレントはこの肥大化した「労働」を全体主義につながるものとして批判してた、と論じている。

(8) 倉野憲司校注『古事記』岩波文庫、二〇〇七年(改版。初版＝一九六三年)。

(9) 小泉義之のコメント。小泉義之＋千葉雅也＋仲山ひふみ「思弁的実在論「以後」とトランプ時代の諸問題」『現代思想』「総特集＊現代思想の総展望2019――ポスト・ヒューマニティーズ」四七巻一号、二〇一九年。

(10) メアリ・ダグラス『汚穢と禁忌』塚本利明訳、ちくま学芸文庫、二〇〇九年、三六五頁。

(11) 筆者は、前出論文の「ボロとクズの人文学」で芸術作品とボロやクズとの関係について論じたことがある。また、カトリーヌ・ド・シルギー『人間とごみ――ごみをめぐる歴史と文化、ヨーロッパの経験に学ぶ』(久松健一編訳、ルソー麻衣子訳、新評論、一九九九年)も参照。

(12) 福岡伸一『生物と無生物のあいだ』講談社現代新書、二〇〇七年。同『新版 動的平衡――生命はなぜそこに宿るのか』小学館新書、二〇一七年。同『新版 動的平衡2――生命は自由になれるのか』小学館新書、二〇一八年。「合成することよりも、分解することのほうを絶えず優先している」は『新版 動的平衡』、二九四頁より引用。なお、福岡の諸著作は初稿校正中に読んだが、福岡のように分子生物学からアプローチした分解のイメージと私のように人文学からアプローチした分解のイメージが、少なからず重なる偶然に驚いた。この偶然については別の機会に考えてみたい。

(13) Alfred Sohn-Rethel, Das Ideal des Kaputten : Über neapolitanische Technik, in : *Frankfurter Zeitung vom Sonntag*, 21. März 1926. なお、壊れたものを愛するナポリ人については、岡田温司『アガンベン読解』(平凡社、二〇一一年)に教えられた。

(14) 河村彩『ロシア構成主義――生活と造形の組織学』共和国、二〇一九年。

(15) ジョルジョ・アガンベン『裸性』岡田温司＋栗原俊秀訳、平凡社、二〇一二年。

(16) 前掲書、一五六―一五七頁。

(17) 前掲書、一六四頁。

(18) 初出は、『みすず』(一九八一年二月号、みすず書房)。藤田省三『精神史的考察』(二〇〇三年、平凡社ライブラリー)所収。引用は平凡社版より。

(19) 前掲書、二七五頁。

(20) 前掲書、二七六頁。

(21) 吉村不二夫『形態学の復権――分子生物学を超えて』学会出版センター、一九八七年、一一頁。

第1章

（1）『夢野久作全集　第4』三一書房、一九六九年、三〇五頁。
（2）山本聡美＋西山美香編『九相図資料集成——死体の美術と文学』岩田書院、二〇〇九年。
（3）山本聡美「日本における九相図の成立と展開」、前掲書、二〇一頁。
（4）久馬一剛編『最新土壌学』朝倉書店、一九九七年、七頁。
（5）アントニオ・ネグリ＋マイケル・ハート『〈帝国〉——グローバル化の世界秩序とマルチチュードの可能性』水嶋一憲他訳、以文社、二〇〇三年、二五六—二五七頁。
（6）前掲書、二六三頁。
（7）アントニオ・ネグリ＋マイケル・ハート『コモンウェルス（上）——〈帝国〉を超える革命論』水嶋一憲監訳、幾島幸子＋古賀祥子訳、NHK出版、二〇一二年、二九〇頁。
（8）ネグリ＋ハート、『〈帝国〉』、二六二—二六三頁。傍点は筆者。
（9）アントニオ・ネグリ＋マイケル・ハート『マルチチュード（上）——〈帝国〉時代の戦争と民主主義』幾島幸子訳、水嶋一憲＋市田良彦監修、日本放送出版協会、二〇〇五年、二三三頁。ここではdemonicは「悪魔的」と訳されている。
（10）柄谷行人『マルクス　その可能性の中心』講談社学術文庫、一九九〇年、一二八頁。
（11）椎名重明『農学の思想——マルクスとリービヒ』東京大学出版会、一九七六年、二〇〇—二〇一頁。現在では、マルクスをエコロジカルな視点から読み直そうとする研究が急速に進み、そのなかでリービッヒとマルクスの問題の再検討も進んでいる。たとえば、岩佐茂＋佐々木隆治編『マルクスとエコロジー——資本主義批判としての物質代謝論』（堀之内出版、二〇一六年）は、その入門編として参考になった。
（12）ネグリ＋ハート、『〈帝国〉』、二四三頁。
（13）アリストテレス『生成と消滅について』池田康男訳、京都大学学術出版会、二〇一二年、一七四頁。
（14）この点のネグリ＋ハートの不十分さについては、水嶋一憲も『コモンウェルス（下）』の解説で指摘している。
（15）ネグリ＋ハート、『マルチチュード（上）』、一八七—一八八頁。
（16）久馬編、前掲書、五八頁。
（17）たとえば、ポール・ロバーツ『食の終焉——グローバル経済がもたらしたもうひとつの危機』（神保哲生訳、ダイヤモンド社、二〇一二年）を参照。「食の終焉」（企業による食の安全性の放棄）に向かわせるものは、ウォルマート、マクドナルド、フィリップモリスなどの世界的フード企業だけではない。そこには私たちの欲望がある、というロバーツの結論はあまりにも暗い。だが、それは、私たちが食べるという行為を回復することで、これらの企業と私たちを結ぶフードシステムを瓦解させる可能性の示唆とも読み取れる。

(18) ハンナ・アレント『人間の条件』志水速雄訳、ちくま学芸文庫、一九九四年、一五一頁。

(19) 藤原辰史『ナチスのキッチン――「食べること」の環境史』（水声社、二〇一二年。決定版＝共和国、二〇一六年）の第五章「台所のナチ化」を参照。

(20) 幸徳秋水「世田ケ谷の襤褸市」中川清編『明治東京下層生活誌』岩波文庫、一九九四年、一九〇頁。初出は、『平民新聞』（一九〇三年一二月二七日付）。

(21) 前掲書、一九〇―一九一頁。

(22) 横山源之助『日本の下層社会』岩波文庫、一九四九年、四三頁。初出は一八九九年。

(23) 作者未詳「東京の貧民」中川清編『明治東京下層生活誌』岩波文庫、一九九四年、一二四頁。初出は、『時事新報』（一八九六年一〇月一一、一八、二五日、一一月一、二二、二九日付）。

第2章

(1) 松田道雄『定本 育児の百科（中）』岩波文庫、二〇〇八年、二八一頁。

(2) キディオ『ガラガラ ドッシャーン』キディオフォーラム、一九九一年。

(3) 伊藤智里＋高橋敏之「一幼児の積み木遊びに見られる多様な発達的特徴」『美術教育学――美術科教育学会誌』三二号、二〇一一年、四一―五三頁。「一幼児の積み木遊びに見る生活体験を通した立体表現の多様性」『美術教育学』三三号、二〇一二年、九三―一〇五頁。

(4) なお、『アンパンマン』や『ウォーリーをさがせ』などの子ども向けの本の出版で知られているフレーベル館（創業一九〇七年）の名称は、フリードリヒ・フレーベルからとられている。

(5) 以下、フレーベルの生涯については、下記の本を参考にした。マルギッタ・ロックシュタイン『遊びが子どもを育てる――フレーベルの〈幼稚園〉と〈教育遊具〉』小笠原道雄監訳、木内陽一＋松村納央子訳、福村出版、二〇一四年。ヘルムート・ハイラント『フレーベル入門』小笠原道雄＋藤川信夫訳、玉川大学出版部、一九九一年。荘司雅子『フレーベル研究』玉川大学出版部、一九八四年。

(6) ロックシュタイン『遊びが子どもを育てる』三三頁。

（7）小原國芳＋荘司雅子監修『フレーベル全集　第四巻　幼稚園教育学』荘司雅子訳、玉川大学出版部、一九八一年、一八〇頁。傍点は隔字体。なお、以下、フレーベルの文章の訳語については原則として邦訳を用いたが、原典を確認のうえ変更した箇所もある。Wichard Lange (Hrsg.), *Die Pädagogik des Kindergartens: Gedanken Friedrich Fröbel's über das Spiel und die Spielgegenstände des Kindes*, Osnabrück: Biblio Verlag, 1966.

（8）荘司雅子は、フレーベルが積み木を「神が幼児のために贈ったもの」と考え「恩物」と名づけたと認めたうえで、「森羅万象一切の形状や性質や法則を象徴」するものであり、自然の理、神を知る媒体的性質を有するというフレーベルの世界観と相応していると述べている（荘司『フレーベル研究』二五七―二五八頁）。

（9）『フレーベル全集　第四巻』、一八六頁。

（10）前掲書、二七六頁。

（11）前掲書、一八八頁。

（12）前掲書、二一八頁。

（13）前掲書、二七七頁。

（14）前掲書、三四八―三四九頁。

（15）前掲書、二七五頁。

（16）前掲書、三六五頁。

（17）荘司雅子『フレーベルの教育学』玉川大学出版部、一九八四年、二〇〇頁。

（18）この浩瀚な農業書は、日本でも翻訳がなされている。アルブレヒト・ダニエル・テーア『合理的農業の原理』上巻・中巻・下巻、相川哲夫訳、農山漁村文化協会、二〇〇七―二〇〇八年。

（19）岡田暁生『ピアニストになりたい！――19世紀　もうひとつの音楽史』春秋社、二〇〇八年。なお、岡田は、「分解／反復／強化の思想こそ、一九世紀のすべての音楽の共通分母だとすら主張したくなるほどである」（一〇六頁）と述べているが、この場合の「分解」とは、ちょうどロマン主義の時代にドイツで流行した体操運動と同様に、あらゆるものを要素に落とし込み、分節化するというものである。まさに、積み木そのものともいえるが、本稿は、積み木に映る分解という過程に、反復・強化へと進まない何かをとらえることを目的としている。

（20）ジョン・デューイ『学校と社会』宮原誠一訳、岩波文庫、一九五七年。

（21）『フレーベル全集　第四巻』、三〇一頁。なお、以下、引用文中の傍点は、原文の強調をあらわす。

（22）荘司雅子『フレーベルの生涯と思想』玉川大学出版部、一九七五年、二五―二六頁。

（23）『フレーベル全集　第四巻』、二〇―二一頁。

(24) 前掲書、五四四頁。
(25) 前掲書、五五一頁。
(26) 食用葉牡丹 Grünkohl は、もともとソーセージの付け合わせなどに使用する食用の非結球で緑色のキャベツ。日本で改良されて観賞用になった。
(27) 『フレーベル全集　第四巻』、四六六頁。
(28) 前掲書、二三頁。
(29) 前掲書、三四七頁。
(30) フレーベルの身体教育については触れられなかったが、もちろん、彼は、積み木のみならず、かけっこや農作業をつうじて体を動かすことに、身体発達の効果を認めている。
(31) 荘司雅子『フレーベルの教育学』玉川大学出版部、一九八四年、一五八頁。
(32) 前掲書、二三七頁。
(33) 小原國芳＋荘司雅子監修『フレーベル全集　第五巻　続　幼稚園教育学　母の歌と愛撫の歌』荘司雅子＋藤井敏彦訳、玉川大学出版部、四二頁と四四頁。
(34) 『フレーベル全集　第四巻』、四七七―四七八頁。

第3章

(1) 腐敗の兆候のあらわれていたレーニンの遺体をいかにミイラに変えていったのか、その防腐処理をめぐる科学者たちの奮闘は驚嘆に値する。しかも、その技術は、ソ連崩壊後マフィアのボスなどをミイラにする、ミイラビジネスにつながっていくのである（イリヤ・ズバルスキー＋サミュエル・ハッチンソン『レーニンをミイラにした男』赤根洋子訳、文春文庫、二〇〇〇年）。
(2) 中国の仙人思想については、大形徹『不老不死――仙人の誕生と神仙術』（講談社現代新書、一九九二年）を参考にした。
(3) 小嶋菜温子「「竹取物語」にみる皇権と道教――不死の薬の歴史から」『日本文学』三七巻四号、一九八八年。
(4) 『柳田国男全集　5』ちくま文庫、一九八九年、三〇九―三二七頁。
(5) 『ユリイカ』「増頁特集＊カレル・チャペック」（第二七巻一二号、一九九五年）には、チャペックの年譜と主要著作解題が掲載されており、全体像を知るには便利である。また、飯島周『カレル・チャペック――小さな国の大きな作家』（平凡社新書、二〇一五年）も、本稿の構想を練るうえで大変参考になった。チェコ以外でチャペックがもっとも読まれている国が日本である、というのも興味深い現象であるが、それは、千野栄一、栗栖継、飯島周、田才益夫、石川達夫といった訳者たちの膨大かつ丁寧な仕事によるものであることを、彼らの訳業のおかげでチャペックファンになった私は、たえず感じずにはいられなかった。

(6) カレル・チャペック「マクロプロス事件」『チャペック戯曲全集』田才益夫訳、八月舎、二〇〇六年、一五五―二二九頁。

(7) ただ、二〇一一年にザルツブルクでウィーンフィルの演奏によって上演された『マクロプロス事件』では、冒頭でチャペックの戯曲にある議論の一部を無言劇というかたちで提示する演出が施された。また、チャペックとヤナーチェクの『マクロプロス事件』を同時に論じたものとして、小沼純一「〈ふつうさ〉というユートピア――チャペック／ヤナーチェクのオペラ《マクロプロス事件》をめぐって」『ユリイカ』「増頁特集＊カレル・チャペック」第二七巻一二号、一九九五年。

(8) 毒ガスと農薬の双子的な性格については、藤原辰史「第一次世界大戦の環境史」公益財団史学会編『災害・環境から戦争を読む』山川出版社、二〇一五年。

(9) 山室信一＋岡田暁生＋小関隆＋藤原辰史編『現代の起点　第一次世界大戦』全四巻、岩波書店、二〇一四年。

(10) メチニコフの日本での受容（とくにカルピスとの関係）については、科学史研究者の野坂しおりさんにご教示いただいた。

(11) チャペックは、戦争中の食糧難で健康を害し、一九一六年八月に両親のもとで静養をしている。飯島『カレル・チャペック』、二二八―二二九頁。

(12) 「思いかけぬ戦争が勃発したとき、カフカと同様に健康上の理由で軍隊に入ることができなかった。しかしこの戦争は彼に大打撃を与えた。その間に彼の考え方も著作もすっかり変わった」（イヴァン・クリーマ『カレル・チャペック』田才益夫訳、青土社、二〇〇三年、一七頁）。

(13) 千野栄一『ポケットのなかのチャペック』晶文社、一九七五年、一〇頁。

(14) 飯島『カレル・チャペック』、四二頁。

(15) 赤塚若樹「チャペックはいまどこにいるのか?――チェコが生んだ小説家と「現代小説」」『ユリイカ』「増頁特集＊カレル・チャペック」一九九五年一一月号。

(16) カレル・チャペック『ロボット（RUR）』千野栄一訳、岩波文庫、一九八九年。巻末に掲載されているチャペックの「ロボットという言葉はどのように生まれたか」という小文と、千野栄一の「あとがき」を参照。

(17) チャペック『ロボット』、三四頁。Karel Čapek: ‹Dramata (Karel Čapek Spicy VII)›, Český Spisovatel, 1992, p. 107.

(18) ES細胞やiPS細胞のように、さまざまな組織へと分化できる能力をもつ未分化の細胞のこと。

(19) チャペック『ロボット』、一六一―一六二頁。Čapek : ‹Dramata›, op. cit., p. 164.
(20) 同右、八四頁。Čapek : ‹Dramata›, op. cit., p. 129.
(21) 積み木の考案者フリードリヒ・フレーベルが、積み木という玩具の性質として増殖だけでなく、制御を見ていたことは、ここでもやはり重要である。
(22) エリック・シュローサー『核は暴走する――アメリカ核開発と安全性をめぐる闘い』上下、布施由紀子訳、河出書房新社、二〇一八年。
(23) カレル・チャペック『山椒魚戦争』栗栖継訳、岩波書店、一九七八年、七四頁。
(24) 前掲書、七三頁。
(25) 前掲書、九三頁。
(26) 前掲書、一八四頁。
(27) 前掲書、二三三頁。
(28) 前掲書、一八八頁。
(29) 前掲書、一八九頁。
(30) 前掲書、一九六頁。
(31) 前掲書、三四八―三五五頁。
(32) カレル・チャペック『絶対製造工場』飯島周訳、平凡社、二〇一〇年、三三三頁。
(33) 前掲書、二六頁。
(34) 前掲書、三六頁。
(35) 前掲書、三七頁。
(36) カレル・チャペック『クラカチット』田才益夫訳、青土社、二〇〇八年、一八―一九頁。
(37) 前掲書、一一六頁。
(38) 前掲書、二九六頁。
(39) カレル・チャペック「白い病気」『チャペック戯曲全集』田才益夫訳、八月舎、二〇〇六年、二三一―二九四頁。
(40) チャペック『クラカチット』、三二三―三二四頁。
(41) カズオ・イシグロ『わたしを離さないで』土屋政雄訳、早川書房、二〇〇八年。
(42) パオロ・バチガルピ『ねじまき少女』上下、田中一江＋金子浩訳、ハヤカワ文庫SF、二〇一一年。
(43) カレル・チャペック『絶対製造工場』飯島周訳、平凡社ライブラリー、二〇一五年、一五〇頁。なお、訳語の「百姓、農民」は、原文では rolník の一語である。たしかに、ドイツ語＝チェコ語辞典を読めば、どちらかというと自然や家族に根ざした農家経営を行なうBauer（農民）と比較的資本家的経営に近い Landwirt（営農家）という二つの意味がこの語には込められてはいるが、ここでは、挿絵の農民の姿が百姓というには立派すぎることと、格言としてのリズムも考慮して、たんに「農民」とした。

(44) 前掲書、一四八頁。
(45) イシグロ『わたしを離さないで』、四三一—四三二頁。
(46) カレル・チャペック『園芸家の一年』飯島周訳、平凡社ライブラリー、五〇—五一頁。
(47) 前掲書、一六五頁。
(48) 前掲書、一八四頁。
(49) 同右。
(50) 前掲書、一八七頁。
(51) 前掲書、一九四頁。
(52) 前掲書、一九五頁。
(53) 前掲書、一九六—一九七頁。
(54) カレル・チャペック『イギリスだより』飯島周訳、ちくま文庫、二〇〇七年、八三頁。
(55) 前掲書、八四頁。
(56) 前掲書、九三—九四頁。
(57) 前掲書、九六頁。

第4章

(1) 稲村光郎『ごみと日本人——衛生・勤倹・リサイクルからみる近代史』ミネルヴァ書房、二〇一五年、一一二頁。
(2) 村瀬敬子『冷たいおいしさの誕生——日本冷蔵庫100年』論創社、二〇〇五年、一七頁。
(3) 藤井誠一郎『ごみ収集という仕事——清掃車に乗って考えた地方自治』コモンズ、二〇一八年。
(4) 塩見鮮一郎『江戸の貧民』文春新書、二〇一四年。
(5) 前掲書、六四—六五頁。
(6) 前掲書、一一七頁。
(7) 横山源之助『日本の下層社会』岩波文庫、一九四九年、四四頁。
(8) 東京都資源回収事業協同組合二十年史編纂委員会編『東資協二十年史』資源新報社、一九七〇年。
(9) 安丸良夫『出口なお——女性教祖と救済思想』岩波現代文庫、二〇一三年、三七頁。
(10) 横山『日本の下層社会』、四四頁。
(11) 中川清編『明治東京下層生活誌』岩波文庫、一九九四年。引用にあたっては、中川は、旧仮名遣いを新仮名遣いに、旧字体を新字体に改めている。
(12) 前掲書、二四三頁。
(13) 横山『日本の下層社会』、四五頁。
(14) 中川編『明治東京下層生活誌』。
(15) 前掲書、一三七—一三八頁。なお、引用にあたって、改行をして整理した。
(16) 草間八十雄『不良児』玄林社、一九三六年、一七六頁。
(17) 伊藤隆監修、百瀬孝著『事典　昭和戦前期の日本

――制度と実態』吉川弘文館、一九九〇年。
(18) 東京都資源回収事業協同組合編『東資協二十年史』、九頁。
(19) 前掲書、一四―一五頁。
(20) 前掲書、四〇頁。
(21) 前掲書、一一頁。星野朗+野中乾『バタヤ社会の研究』蒼海出版、一九七三年、五二頁。
(22) 東京都資源回収事業協同組合編『東資協二十年史』、五六頁。
(23) 前掲書、七六―七七頁。
(24) 前掲書、二〇七頁。
(25) 星野+野中『バタヤ社会の研究』。東京都資源回収事業協同組合編『東資協二十年史』、三五―四〇頁。
(26) 星野+野中『バタヤ社会の研究』、三七―三八頁。
(27) 前掲書、三九頁。
(28) カール・マルクス『マルクス・コレクションⅢ』横張誠+木前利秋訳、筑摩書房、二〇〇五年、六九頁。
(29) Karl Marx/Friedrich Engels, *Gesamtausgabe*, I–11, Dietz Verlag, Berlin 1985, S. 142.
(30) 以下、フランシスコ会の長崎での活動については、松居桃楼『ゼノ死ぬひまない――〈アリの町の神父〉人生遍歴 新版』(春秋社、一九九八年)、石飛仁『風の使者・ゼノ神父――アウシュビッツの死』(講談社、一九八四年)、ダイアナ・デュア『コルベ神父』(山本浩訳、時事通信社、一九八四年)を参照した。なお、長崎丸の長崎到着の日付については、コルベ神父とゼノ修道士の記録にあいだに食い違いがみられるが、前後の文脈からコルベ神父の日付を採用した。
(31) 石飛『風の使者・ゼノ神父』、三五頁。
(32) デュア『コルベ神父』、一〇五頁。
(33) 石飛『風の使者・ゼノ神父』、一七六―一七七頁。
(34) 以下、北原怜子の足跡については、北原怜子『蟻の街の子供たち』(三笠書房、一九五三年)、松居桃楼『アリの町のマリア 北原怜子』(春秋社、一九六三年)、北原金司『マリア怜子を偲びて――その愛は永遠に』(八重岳書房、一九七一年)、パウロ・グリン『蟻の街の微笑み――蟻の街で生きたマリア北原怜子』(大和幸子編、聖母の騎士社、二〇一六年)を参考にした。
(35) 石飛『風の使者・ゼノ神父』、二一〇頁。
(36) 以下、吉田恵子の足跡については、北原『マリア怜子を偲びて』(二四四―二四九頁)、グリン『蟻の街の微笑み』(二八一―二八四頁)を参照した。
(37) 北原『マリア怜子を偲びて』、二八四頁。
(38) 前掲書、一六九頁。
(39) 前掲書、二四八―二四九頁。
(40) 前掲書、一〇五―一〇六頁。

(41) 松居桃楼『貧乏追放――蟻の街の経済学』サンケイ新書、一九五六年、一二二―一二五頁。
(42) 北原『マリア怜子を偲びて』、六八―六九頁。
(43) 前掲書、七一頁。
(44) 前掲書、二七三頁。
(45) 前掲書、二八六頁。
(46) 前掲書、三九―四〇頁。
(47) 前掲書、二五四―二五五頁。
(48) 前掲書、四五頁。つぎの引用も同じ。
(49) 前掲書、四七頁。
(50) たとえば、一九五八年には、五所平之助監督が映画「蟻の街のマリア」を制作し、北原怜子を千之赫子《ちのかくこ》が演じたり、一九七一年には、宝塚歌劇団が「星のふる街」と題して上演したりしている。
(51) 北原『マリア怜子を偲びて』、二一〇頁。
(52) 松居『貧乏追放』、二三一―二三七頁。
(53) 北原『マリア怜子を偲びて』、一四四―一四五頁。つぎの引用も同じ。
(54) 前掲書、一四五―一四六頁。
(55) 前掲書、一四七頁。
(56) 梶大介『バタヤ物語――俺達だって人間だ』第二書房、一九五七年、一四―一五頁。
(57) 前掲書、一六頁。
(58) 前掲書、一七―一八頁。
(59) 前掲書、二三頁。
(60) 前掲書、一九頁。
(61) 北原『マリア怜子を偲びて』、一五〇頁。
(62) 前掲書、一五一頁。
(63) 梶『バタヤ物語』、一九―二〇頁。
(64) 前掲書、五五―五六頁。
(65) 開高健『日本三文オペラ』新潮文庫、一九七一年、七一頁。
(66) 開高『日本三文オペラ』、一三四頁。
(67) 梶『バタヤ物語』、一七九頁。
(68) 北原『マリア怜子を偲びて』、一四八頁。
(69) 磯村英一監修、安岡憲彦編『都市下層民衆生活実態資料集成〔II〕草間八十雄 1921年―1937年調査』明石書店、一九九三年、四〇五―四三六頁。なお、引用部は四三五―四三六頁。また、残飯屋については、湯澤規子『胃袋の近代――食と人びとの日常史』（名古屋大学出版会、二〇一八年）の第七章も参照。
(70) 渡辺信一郎『江戸の生業事典』東京堂出版、一九九七年、一〇二頁。

第5章

(1) 沼田真編『生態学辞典 増補改訂版』築地書館、一九八三年、二〇三頁。

（2）Golley, F.B., *A History of the Ecosystem Concept in Ecology: More than the Sum of the Parts*, Yale University Press, 1993, p. 8.

（3）Tansley, A. G., The Use and Abuse of Vegetational Concepts and Terms, *Ecology*, Vol. 16, No. 3, 1935.

（4）日本生態学会編『生態学入門　第2版』東京化学同人、二〇一二年

（5）日本生態学会編『生態学入門　第2版』、三五、三七ページ。

（6）前掲書、一八一頁。

（7）沼田編『生態学辞典』、三四五頁。分解者の項目も同じページ。

（8）マイケル・ベゴン＋ジョン・ハーパー＋コリン・タウゼンド『生態学——個体から生態系へ〔原著第四版〕』堀道雄監訳、京都大学学術出版会、二〇一三年、四二六頁。

（9）前掲書、四二五—四五一頁。

（10）Thienemann, August, Der Nahrungskreislauf im Wasser, in: *Verhandlungen der Deutschen Zoologischen Gesellschaft*, Vol. 31, 1926.

（11）*a.a.O.*, S. 30.

（12）Lindeman, Raymond L., The Trophic-Dynamic Aspect of Ecology, *Ecology*, Vol. 23, No. 4, 1942.

（13）*op. cit.*, pp. 158–159. 傍点部は、原文ではイタリック。

（14）Thomas Potthast, Wissenschaftliche Ökologie und Naturschutz Szenen und Annährung, in: Joachim Radkau/Frank Uekötter（Hrsg.）, *Naturschutz und Nationalsozialismus*, Campus Verlag, 2003.

（15）*a.a.O.*, S. 238.

（16）*a.a.O.*, S. 254.

（17）Heinrich, Bernd, *Life Everlasting: the Animal Way of Death*, Marinar, 2012, p. XIII.（邦訳＝ベルンド・ハインリッチ『生から死へ、死から生へ——生き物の葬儀屋たちの物語』桃木暁子訳、化学同人、二〇一六年、一〇—一一頁）。以下、引用は、邦訳を参照しつつ、藤原が訳した。

（18）*op. cit.*, p. 86.（邦訳、一二一頁）。

（19）*op. cit.*, p. 152.（邦訳、一九七—一九八頁）。

（20）*op. cit.*, p. 152.（邦訳、二〇〇頁）。強調はハインリッチ。

（21）*op. cit.*, pp. IX–X.（邦訳、五頁）。

（22）*op. cit.*, p. 195.（邦訳、二四六頁）。

（23）*op. cit.*, p. 196.（邦訳、二四七頁）。

（24）*op. cit.*, p. 137.（邦訳、一八一頁）。

（25）塚本珪一『日本糞虫記——フン虫からみた列島の自然』青土社、一九九四年、四六—四七頁。つぎの引用は五五頁および五六頁。

（26）前掲書、一九八頁。

(27)塚本珪一『フンころがしの生物多様性——自然学の風景』青土社、二〇一〇年、二四八頁。
(28)ジャン＝アンリ・ファーブル『完訳 ファーブル昆虫記 第一巻上』奥本大三郎訳、集英社、二〇〇五年、二二一頁。
(29)前掲書、二三三頁。
(30)ジャン＝アンリ・ファーブル『完訳 ファーブル昆虫記 第五巻上』奥本大三郎訳、集英社、二〇〇七年、五二—五四頁。
(31)ジョルジョ・アガンベン『裸性』岡田温司＋栗原俊秀訳、平凡社、二〇一二年、一六二頁。
(32)ファーブル『完訳 ファーブル昆虫記 第五巻上』、一四〇頁。
(33)Heinrich, *Life Everlasting*, pp. 183-184.（邦訳、二三〇—二三一頁）。
(34)人間を一本のチューブとして論じたことがある。藤原辰史「人間チューブ論——食のダイナミズムを考える」『美術手帖』一〇六〇号、二〇一七年。
(35)ジャン＝アンリ・ファーブル『大杉栄訳 ファーブル昆虫記』大杉栄訳、明石書店、二〇〇五年、八—九頁。
(36)ファーブル『完訳 ファーブル昆虫記 第一巻上』、二二頁。

第6章

(1)このプロジェクトの理論的柱であった篠原雅武さんより、能作プロジェクトについてご教示いただいた。
(2)山名善之＋菱川勢一＋内野正樹＋篠原雅武編『en〔縁〕：アート・オブ・ネクサス』TOTO出版、二〇一六年、六一頁。つぎの引用は六七頁。
(3)田中利和『牛とともに耕す——エチオピアにおける在来犂農耕の未来可能性』松香堂書店、二〇一八年、九〇—九一頁。
(4)前掲書、九一頁。
(5)同右。
(6)白鳥由加利著、原一菜監修『金繕いの本』グラフィス、二〇一六年、八八—八九頁。
(7)小澤典代『金継ぎのすすめ——ものを大切にする心』誠文堂新光社、二〇一三年、一二四—一三五頁。
(8)堀道広『おうちでできるおおらか金継ぎ』実業之日本社、二〇一八年、一七頁。
(9)小澤『金継ぎのすすめ』、一〇〇頁。
(10)藤原辰史『食べるとはどういうことか——世界の見方が変わる三つの質問』農山漁村文化協会、二〇一九年。
(11)堀『おうちでできるおおらか金継ぎ』、一六頁。
(12)小澤『金継ぎのすすめ』、一〇九—一一〇頁。
(13)松嶋健『プシコ・ナウティカ——イタリア精神医療

の人類学』世界思想社、二〇一四年、二五八—二六二頁。

(14) 藤田省三「新品文化——ピカピカの所与」『精神史的考察』平凡社ライブラリー、二〇〇三年、二七六頁。

(15)「分解の哲学」の「分解」には「ほどく」という言葉がぴったりあっているのではないか、たとえば、茅葺き職人はほどきやすいように茅を葺くと言っていた、という示唆をいただいたのは、陶芸家の本原令子さんである。近著『登呂で、わたしは考えた。』(静岡新聞社、二〇一八年)に掲載されている私との対談を参照。

(16) 渋垂秀夫『造形と子どもの宇宙I　砂場』明治図書出版、一九九八年、三八—三九頁。つぎの引用は三四頁。

(17) 大野晋編『古典基礎語辞典』角川学芸出版、二〇一一年。なお、ここからの議論は、連載での執筆後に読んだ國分功一郎の『中動態の世界——意志と責任の考古学』(医学書院、二〇一七年)の議論と重なるところが多いが、詳細な検討は別の機会に挑戦したい。

(18) 前掲書、八三二—八三三頁。

(19) 大野晋『日本語をさかのぼる』岩波新書、一九七四年、一八七頁。

(20) 前掲書、一八七—一八八頁。

終章

(1) 発酵世界の人文学的可能性については発酵学者との下記の対談で論じたことがある。小泉武夫+藤原辰史「発酵食から考える新しい〈エコロジー〉」『現代思想』「総特集*微生物の世界」四四巻一一号、二〇一六年。

(2) ジル・ドゥルーズ+フェリックス・ガタリ『哲学とは何か』財津理訳、河出文庫、二〇一二年、九二頁。

(3) 本原令子『登呂で、わたしは考えた。』静岡新聞社、二〇一八年。

(4) 上尾真道「腐植土の人文学」山室信一編『人文学宣言』ナカニシヤ出版、二〇一九年、一三八—一三九頁。

(5) 木村敏『時間と自己』中公新書、一九八二年、一四二頁。この引用はてんかん発作を念頭に記述された文章である。蛹の議論を展開するうえで、木村敏の、「もの」と「こと」を分けて思考する方法、精神病理から時間の根源に迫る議論には大いに刺激を受けた。

初出一覧

序　章　生じつつ壊れる（京都大学人文科学研究所『人文』六一号、二〇一四年。2〜5は書き下ろし）
第1章　〈帝国〉の形態——ネグリとハートの「腐敗」概念について（『現代思想』二〇一三年七月号）
第2章　積み木の哲学——フレーベルの幼稚園について（『現代思想』二〇一五年一二月号—二〇一六年二月号）
第3章　人類の臨界——チャペックの未来小説について（『現代思想』二〇一六年三—四月号、同二〇一六年七—八月号）
第4章　屑拾いのマリア——法とくらしのはざまで（『現代思想』二〇一七年一—三月号、同二〇一七年五月号）
第5章　葬送の賑わい——生態学史のなかの「分解者」（『現代思想』二〇一七年一一—一二月号、同二〇一八年五—六月号）
第6章　修理の美学——つくろう、ほどく、ほどこす（『現代思想』二〇一八年九—一一月号）
終　章　分解の饗宴（『現代思想』二〇一九年一月号）
あとがきにかえて（書き下ろし）

＊本書収録に際して、適宜改題および加筆修正を施している。

人名索引

＊原則として，引用文の訳者名としてのみ登場する人名は除いた。

あ　行

か　行

さ 行

た 行

な　行

は　行

ま 行

や 行

ら 行

わ 行

藤原辰史（ふじはら　たつし）
1976年生まれ。京都大学人文科学研究所教授。専門は農業史、食の思想史。著書に『ナチス・ドイツの有機農業』（柏書房、2005年→新装版：2012年）、『カブラの冬』（人文書院、2011年）、『ナチスのキッチン』（水声社、2012年→決定版：共和国、2016年）、『稲の大東亜共栄圏』（吉川弘文館、2012年）、『食べること考えること』（共和国、2014年）、『トラクターの世界史』（中公新書、2017年）、『戦争と農業』（集英社インターナショナル新書、2017年）、『給食の歴史』（岩波新書、2018年）、『食べるとはどういうことか』（農山漁村文化協会、2019年）、『縁食論』（ミシマ社、2020年）、『農の原理の史的研究』（創元社、2021年）、『歴史の屑拾い』（講談社、2022年）、『植物考』（生きのびるブックス、2022年）、『これからの日本で生きる経験』（SURE、2023年）、『食べる』（スケラッコ絵、福音館書店、2024年）がある。

分解の哲学
腐敗と発酵をめぐる思考

2019年 7月10日　第1刷発行
2025年 7月30日　第11刷発行

著　者——藤原辰史

発行者——清水一人
発行所——青土社
〒101-0051　東京都千代田区神田神保町1-29　市瀬ビル
［電話］03-3291-9831（編集）　03-3294-7829（営業）
［振替］00190-7-192955

印刷・製本所——双文社印刷

装画——渋垂秀夫「decomposition 分解 no. 6」
装幀——今垣知沙子

ISBN 978-4-7917-7172-1　C0010